犯 / 罪 / 学 / 名 / 著 / 译 / 丛

吴宗宪◎主编

犯罪人：切萨雷·龙勃罗梭犯罪学精义

【意】吉娜·龙勃罗梭-费雷罗 著
吴宗宪 译

Criminal Man: According to the Classification of Cesare Lombroso

PHCPPSU 中国人民公安大学出版社

图书在版编目(CIP)数据

犯罪人:切萨雷·龙勃罗梭犯罪学精义/(意)费雷罗著;吴宗宪译.—北京:中国人民公安大学出版社,2009.1

(犯罪学名著译丛)

书名原文:Criminal Man: According to the Classification of Cesare Lombroso

ISBN 978-7-81139-355-2

Ⅰ.犯…　Ⅱ.①弗…②吴…　Ⅲ.犯罪学-研究　Ⅳ.D917

中国版本图书馆 CIP 数据核字(2008)第 198351 号

犯罪人:切萨雷·龙勃罗梭犯罪学精义

Criminal Man: According to the Classification of Cesare Lombroso

[意]吉娜·龙勃罗梭-费雷罗　著

吴宗宪　译

出版发行:中国人民公安大学出版社
地　　址:北京市西城区木樨地南里
邮政编码:100038
经　　销:新华书店
印　　刷:北京蓝空印刷厂

版　　次:2009 年 1 月第 1 版
印　　次:2009 年 1 月第 1 次
印　　张:15.25
开　　本:787 毫米×1092 毫米　1/16
字　　数:267 千字

书　　号:ISBN 978-7-81139-355-2/D·307
定　　价:45.00 元

网　　址:www.cppsup.com.cn　www.porclub.com.cn
电子邮箱:cpep@public.bta.net.cn　zbs@cppsu.edu.cn

营销中心电话（批销）:（010）83903254
警官读者俱乐部电话（邮购）:（010）83903253
读者服务部电话（书店）:（010）83903257
教材分社电话:（010）83903259
公安图书分社电话:（010）83905672
法律图书分社电话:（010）83905637
公安文艺分社电话:（010）83903973
杂志分社电话:（010）83903239
电子音像分社电话:（010）83905727

Criminal Man: According to the Classification of Cesare Lombroso

Gina Lombroso – Ferrero

New York: Putnam, 1911

No. 27 in G. P. Putnam's Sons' Science Series edited by Edward Lee Thorndike and F. E. Beddard

总 序

吴宗宪*

人类知识积累的过程和学术发展的轨迹有两个明显的特点:一是继承性,即任何知识的积累和学术的发展,都是在继承前人经验的基础上进行的,只有站在前人的肩膀上,才能看得更远,想得更深。二是国际性,即知识的积累和学术的发展不能固守某个国家和地区的界限,既不能认为只有自己的才是最好的,也不能用很大精力低水平重复别人已经做过的事情。只有吸收全人类文明发展的精华,才能推动学术事业的进步。《犯罪学名著译丛》就发端于这样的基本理念。

犯罪学(criminology)是一门在国外产生的重要学科。自产生以来,这门学科不仅自身得到很大的发展,出版了一大批优秀的著作,而且对于人们科学认识犯罪和有效应对犯罪,也发挥了重要作用。虽然早在20世纪20年代,就有学者翻译了国外的犯罪学书籍,也有国人自己从事过犯罪学研究,但是,毫无疑问,犯罪学研究的重镇一直在国外,特别是在西方发达国家。学术研究是一项薪火相传、前后相继的事业,中国的犯罪学研究要想得到很大的发展,必须很好地吸收全人类犯罪学研究的精粹。为此,大约从20世纪80年代初开始,笔者就致力于西方犯罪学历史的研究,经过8年之久的努力,撰写了《西方犯罪学史》①一书,对西方犯罪学的发展进行了一个初步的梳理。在从事这项研究的过程中,阅读了一些重要的西方犯罪学书籍,深深感到很有必要将它们翻译出来,供我国犯罪学研究者参考。而且,美国等其他国家犯罪学发展的成功历史也表明,翻译国外的重要犯罪学书籍,是发展本国犯罪学研究、提升本国犯罪学水准的重要途径。

基于这种想法,在以后的出国考察和访问研究等活动中,注意收集重要的犯罪学书籍,多方了解它们的出版等情况,为翻译它们做准备。同时,也在国内寻找适合的出版单位,希望出版一套有价值的犯罪学翻译丛书。《犯罪学名著译丛》就是在这样的情况下产生的,是笔者与中国人民公安大学出版社长期磋商

---

* 法学博士、北京师范大学刑事法律科学研究院教授、犯罪与矫正研究所所长、博士生导师。

① 吴宗宪:《西方犯罪学史》,警官教育出版社1997年版。

的结果,也是该社致力于发展中国犯罪学事业的重要举措。

我们希望将国外犯罪学领域中有代表性的优秀的"名著"翻译过来,介绍给广大读者。收入本"译丛"的名著,主要是根据下列标准来衡量的:(1)在犯罪学史上产生过重大的影响;(2)获得过重要的学术奖项(专业学术组织和团体评定的学术奖项,是衡量犯罪学书籍的价值的重要指标);(3)统计研究表明被广泛引用(随着科学研究的发展,专业文献被引用率方面的研究日趋活跃与完善,这给评价犯罪学论著的价值提供了一种有效的参照;被广为引用的论著,往往是有价值的论著);(4)与中国犯罪学的发展关系密切(本"译丛"主要是给使用汉语的读者,特别是中国读者使用的,那些仅仅研究某个国家或者某些地区特有的犯罪现象而与中国关系不大的犯罪学书籍,不拟收入本"译丛")。

本"译丛"是一套开放的丛书,它为广大有志于犯罪学译介事业的人士提供一个良好的平台,诚邀海内外犯罪学界同仁共襄此举,积极物色、推荐和翻译各个语种的犯罪学名著。希望通过大家较长时间的潜心努力,把尽可能多的犯罪学名著翻译过来,不断累积,蔚为大观,成为了解国外犯罪学研究的重要桥梁,为中国乃至整个华人世界犯罪学事业的发展,为恰当认识、有效预防和科学处置犯罪与犯罪人作出我们的贡献。

翻译学术著作是一项"费力不讨好"的工作。高水平地翻译一本好书所产生的积极效果,要比自己写几本低水平的书籍大得多,然而,学术界和管理部门并没有达成这样的共识,严肃认真的翻译工作还没有得到应有的认可。同时,翻译中遇到的困难和付出的辛劳,也非局外人所能体验。因此,翻译学术书籍仍然是一项需要奉献精神的工作。那些兢兢业业、认认真真致力于译介工作的同仁和朋友,应受嘉许,值得褒奖。

尽管我们以严谨细致的态度从事译校工作,力求提供忠实原著含义、符合汉语规范的译文,但是,其中的不当甚至错误之处,肯定在所难免,在此也恳请海内外有识之士和广大读者不吝赐教,以便进一步完善译文。如此,则幸甚。

2008年3月6日于北京

目　录

① 这一节的标题,是译者根据原书目录中的内容添加的。——译注

② 这一节的标题是原书就有的,但是,原书中并没有“第二节”的字样。——译注

① “犯罪型精神错乱的一般形式”的原文是 general forms of criminal lunacy，其中，lunacy 的含义与 insanity 近似，可以翻译为“精神错乱”、“疯狂”等。不过，lunacy 是一个在早期文献中使用得较多的术语，在当代的精神病学文献中，已经很少使用这个术语。同时，这一“节”的标题，是译者根据原文中的字体和版式等增加的。——译注

第二部分 犯罪及其根源、原因和矫治

第三部分 犯罪人的特征和类型

伟大的犯罪学家切萨雷·龙勃罗梭
(中文版序)

吴宗宪*

目　录

切萨雷·龙勃罗梭(Cesare Lombroso,1835—1909,又译为"隆布罗索"、[①]"龙布罗梭"、[②]"龙勃罗索"[③])是意大利精神病学家、犯罪学家、实证主义犯罪学学派的创始人和主要代表人物。从犯罪学史来看,龙勃罗梭是现代犯罪学最重要的开拓性研究者之一,被许多犯罪学家称为"犯罪学之父"(father of criminolo-

---

* 吴宗宪,北京师范大学刑事法律科学研究院教授,法学博士,犯罪与矫正研究所所长,社区矫正研究中心主任。

① 《简明不列颠百科全书》,中文版,中国大百科全书出版社 1986 年版,第 5 卷,第 374 页。

② 马克昌主编:《近代西方刑法学说史略》,中国检察出版社 2004 年版,第 163 页。

③ 王牧:《犯罪学》,吉林大学出版社 1992 年版,第 77 页。

gy)、[1][2][3]“现代犯罪学之父”(father of modern[4] criminology)、[5]“生物实证主义学派的创建之父”(the founding father of the biological positivist school)、[6]“意大利学派之父”(father of the Italian School)[7]等。美国现代犯罪学家伦纳德·萨维茨(Leonard Savitz,1926 - 2002)也指出:“他是一个思想和研究学派的创始人,这个学派分别被称为意大利学派(Italian school)、人类学学派(anthropological school)、现代学派(modern school),最广泛使用的名称是实证主义学派(positivist school,la Scuola Positiva)。”[8]

这些称号在一定程度上表明了龙勃罗梭所进行的犯罪学研究的价值及其在犯罪学历史上所占居的地位。本文简要论述龙勃罗梭的生平、犯罪学研究并作初步的评论。

一、生平与著作

从龙勃罗梭的生平来看,他的一生是辛勤研究、锐意探索的一生。了解他的生平、研究和思想发展轨迹,对以后的犯罪学家而言,有重要的借鉴价值。

龙勃罗梭于1835年11月6日生于意大利维罗纳的一个犹太人家庭,在5个孩子中排行第二。先后在帕维亚大学(1852—1854)、维也纳大学(1855 - 1856)读书。龙勃罗梭早期对病理学的兴趣就是在维也纳大学时产生的,这种兴趣逐渐发展成为持久的对精神病学的职业性研究,使龙勃罗梭有可能对脑解剖学和脑生理学进行深入研究。1858年,龙勃罗梭从帕维亚大学获得医学学位,这时他对呆小病和糙皮病产生浓厚兴趣,这是两种流行意大利北部地区达两个

---

① Gresham M. Sykes, *Criminology* (New York: Harcourt Brace Jovanovich Inc., 1978), p. 12.

② Frank E. Hagan, *Introduction to criminology: Theories, methods, and criminal behavior*, 4th ed. (Chicago: Nelson-Hall Publishers, 1998), p. 115.

③ Larry J. Siegel, *Criminology: Theories, patterns, and typologies*, 8th ed. (Belmont, CA: Wadsworth, 2004), p. 7.

④ modern 这个词既包含“近代的”意思,也包含“现代的”意思;“近代”、“现代”之分似乎是中国历史研究中使用的特有分类。过去翻译为“近代的”,是以中国的框架衡量西方的内容,似乎不妥。

⑤ Stephen Schafer, *Theories in criminology: Past and present philosophies of the crime problem* (New York: Random House, 1969), p. 123.

⑥ Ian Taylor, Paul Walton & Jack Young, *The new criminology: For a social theory of deviance* (London: Routledge & Kegan Paul., 1973), p. 41.

⑦ Hermann Mannheim (ed.), *Pioneers in criminology*, 2nd ed. (Montclair, NJ: Patterson Smith, 1972), p. 241.

⑧ Leonard Savitz, “Introduction to the reprint edition,” in Gina Lombroso-Ferrero, *Criminal man: According to the classification of Cesare Lombroso* (Montclair, NJ: Patterson Smith, 1972), pp. vi-vii.

世纪之久的地方病。1859年，他发表了关于呆小病的初步研究，这项研究作为博士论文，使龙勃罗梭在同年获得了热亚那大学的外科学学位。同年，意大利和奥地利之间发生战争，龙勃罗梭从军入伍，担任军医，直到1863年。在战争结束后，龙勃罗梭开始对3000名士兵进行系统的观察和测量，试图用测量方法分析和表达他在意大利不同地区的居民中已经注意到的身体差异。在此期间，他也对文身，特别是对他觉得品质很差的士兵身上的淫秽标记作了观察。文身后来成为龙勃罗梭识别犯罪人的特征之一。

在军队驻帕维亚的和平时期，他有机会从事临床精神病学研究。他得到允许，可以对圣尤菲米娅医院的精神病人作临床研究。1862年，龙勃罗梭在当军医的同时，又兼任了帕维亚大学精神病学及病理学讲师，获得了讲授自己学说的机会，他在该大学作了一系列精神病学与人类学方面的演讲，并于1863年出版了《精神疾病临床教程导论》一书，第一次系统论述了他所研究过的糙皮病、天才、犯罪与精神错乱的关系。1863年，龙勃罗梭辞去军医职务，但是讲师的薪金又很少，因此，他不得不靠翻译外国著作补贴生活费用。

1864年，龙勃罗梭被任命为帕维亚大学精神病学教授。他当教授后发表的第一篇论文是《天才与精神错乱》，这篇论文当年就被扩充成同名著作——《天才与精神错乱》出版，得到很多的好评，于1894年出了第6版，并被译成多国文字出版。这部著作也是龙勃罗梭的代表著作《犯罪人论》的先驱，它的续篇《天才与退化》于1897年出版。从1863年起，龙勃罗梭也兼管帕维亚医学院中的精神病人，这使他有机会用人类学方法观察和测量精神病人和在精神病院中关押的犯罪人，对他们进行比较研究，特别注意研究犯罪人的头盖骨和相貌。

1869年，34岁的龙勃罗梭与22岁的犹太姑娘亚历山德里娅(Alexandria)结婚，婚后生有两个女儿波拉(Paola)和吉娜(Gina)。这两个女儿及她们的丈夫都对龙勃罗梭的研究给予了帮助，并且对龙勃罗梭产生了重要影响，他们将新颖的世界观带给了他们的父亲。大女儿波拉与医生马里奥·克拉拉(Mario Carrara)结婚。小女儿吉娜与历史学家古格列莫·费雷罗(Guglielmo Ferrero，1871－1943)结婚。

随着研究的发展，龙勃罗梭产生了建立精神病人与犯罪人的人类学学说的想法。恰在这时，他得到一个极好的实践机会，于1870年被任命为佩萨罗(Pesaro)地方的精神病院院长。当地有一个很大的监狱，为龙勃罗梭研究犯罪人提供了可能，他便用1年时间在监狱中精心研究，收集了许多有关犯罪人的人类学资料。1871 年,龙勃罗梭在解剖一个犯人时发现,这个犯人的头盖骨上有在某种低等动物脑部才有的形态特征——中央枕骨窝(median occipital fossa,又译为"枕骨中窝"、"中央缀头窝"),于是,他在 1872 年发表了题为《对 400 名威尼斯犯罪人的人体测量》的论文,提出了一种关于犯罪人生来就具有犯罪本能的假说。同年,加罗法洛和菲利也发表了有关犯罪行为的这方面的论文,因此,有的人把 1872 年看成是犯罪人类学产生的年代。

1876 年,龙勃罗梭接受了都灵大学任命他为法医学和公共卫生学教授的职位,后来又担任都灵大学的精神病学和临床精神病学教授(1896)、犯罪人类学教授(1906)。1876 年,龙勃罗梭在米兰出版了他的代表著作——《犯罪人:人类学、法理学和精神病学的思考》,简称为《犯罪人论》(*L'Uomo delinquente*),由于所收集到的资料较少,这本书仅是一个 252 页的小册子。在都灵,有一个很大的拘留未决犯的监狱,龙勃罗梭兼任这个监狱的狱医,因此,他每年精心在监狱中研究 200 个左右的犯罪人,不断发表关于犯罪人研究的论著:1877 年发表了《尸体法医学》;1878 年在都灵出版了《犯罪人论》第二版,篇幅增至 740 页,这本书为龙勃罗梭在意大利之外赢得了声誉。

1880 年是一个比较重要的年代,在菲利和加罗法洛的协助下,龙勃罗梭创办了《精神病学、犯罪人类学和刑罚学档案》,作为宣传犯罪人类学领域的思想学说的阵地。1881 年,龙勃罗梭发表了《自杀及犯罪中的恋爱》;1885 年出版了《犯罪人论》第 3 版;1888 年出版了《监狱笔记》;1889 年《犯罪人论》第 4 版出版,篇幅扩充为两卷;1890 年与拉司奇(Rodolfo Laschi)合著《法律及犯罪人类学中的政治犯罪与革命》;1893 年发表《精神病及犯罪人类学最近的发现及其适用》,同年又与其女婿古格列莫·费雷罗合著《女性犯罪人:卖淫者及普通妇女》;1896 年出版了《犯罪人论》第 5 版的第 1 卷(序言 35 页,正文 650 页)和第 2 卷(576 页);1897 年出版了《犯罪人论》第 5 版的第 3 卷(正文 677 页,另外有附录 102 个图表)。

1896 ~ 1897 年间出版的 3 卷本的《犯罪人论》第 5 版,是集中体现龙勃罗梭犯罪人理论的集大成的著作。该书第一卷是对植物、动物、野蛮人和儿童中的犯罪的隔代遗传根源的调查。这是对生来犯罪人、癫痫病人的生理特征,对现代颅相学,对与各类犯罪有关的异常现象,对脊柱、骨盆、肢体和观相学进行详尽研究的结果。所提供的数据,是以龙勃罗梭及其同事对 7000 多名犯罪人进行检查的结果为基础的。书中论述了犯罪人和癫痫病人的脑回和大脑皮层组织结构中肉眼可见的异常现象,论述了犯罪人的许多生理退化特征和心理特征。最后,分别论述了不同类型的犯罪人——癫痫犯罪人和悖德狂犯罪人,政治犯罪人和激情犯罪人,醉酒犯罪人,癔症性犯罪人和精神紊乱犯罪人,并且互相加以比较。第2卷讨论了癫痫病人及其肌肉疲劳测定情况、癫痫病人的心理、笔迹和视觉异常。此外,还补充了对激情犯罪人、精神病人的一些研究。第3卷论述了犯罪的原因、矫治和预防。

1899年,龙勃罗梭的《犯罪人论》第5版的第3卷被译成法文在巴黎出版,书名为《犯罪,原因与矫治》,1902年被译成德文在柏林出版。1910年由亨利·霍顿(Henry P. Horton)翻译成英文,而于1911年在美国出版的《犯罪及其原因和矫治》(Crime:Its Causes and Remedies)一书,就是根据《犯罪人论》第5版第3卷的法文版和德文版转译的,这是龙勃罗梭《犯罪人论》一书的唯一的英译本,《犯罪人论》原书并没有出过完整的英译本。[①] 1911年在美国出版的由龙勃罗梭的女儿吉娜·龙勃罗梭-费雷罗(Gina Lombroso-Ferrero)用英文写的《犯罪人:根据切萨雷·龙勃罗梭的分类》(Criminal Man:According to the Classification of Cesare Lombroso)一书,是英语读者用来了解龙勃罗梭《犯罪人论》全书内容的权威性著作,龙勃罗梭本人为此书写了序言。

龙勃罗梭兴趣广泛。在都灵大学时代,他除了进行大量有关犯罪人的研究之外,还对精神病学、法医学等继续进行研究,成绩卓著。1873年,他出版了一本《精神病的法理学》。1883年,他出版了《精神病人反常的爱与早熟》。

1886年出版的《法医学讲义》(*Leziori di Medicina Legale*,1900年出第2版),试图以简明扼要和通俗的形式表述犯罪人类学家的理论。该书主要由作者以前在大学中进行的一系列演讲稿组成。该书有3个部分:第一部分是犯罪人类学,概述了作者关于犯罪人的隔代遗传和病理根源的观点;第二部分是与法医学有关的精神病,包括精神错乱、先天性精神病、习得性精神病、与神经病有关的精神病和中毒性精神病;第三部分深入讨论了严重犯罪与法医学的关系。

1889年出版了《精神病学中的天才》。1890年出版了《尸体法医学》第2版,同年又出版了《精神错乱与变态》。1895年出版了《笔迹学》一书。1902年发表了《关于天才的新研究》。1905年发表了《法律精神病学鉴定》。1908年发表了《催眠及心理现象研究》一书。

---

① Hermann Mannheim (ed.), *Pioneers in criminology*, 2nd ed. (Montclair, NJ: Patterson Smith, 1972), p.237.

1902 年,龙勃罗梭出版了《古代与近代的犯罪》(*Delitti Vecchi e Delitti Nuovi*)一书。该书共分 3 部分:第一部分是对欧洲、墨西哥、美国和澳大利亚的犯罪的比较与统计研究;第二部分描述了近代以前的著名犯罪人的生涯;第三部分论述了近代的著名犯罪人。

1905 年,出版了《法律精神病学的诊断方法》(*La Perizia Psichiatrica Legale*)。这是一本供与犯罪人接触的专业人员,例如,法官、医生、鉴定人使用的教科书,第一部分包括由作者与其同事在工作中收集的、用新方法进行诊断的 50 个案例;第二部分是"犯罪人类学的技术方面",详细论述了检查犯罪嫌疑人、对犯罪嫌疑人进行分类的方法。

1906 年,龙勃罗梭获得法国政府授予的第三级法国荣誉勋位,并在法国创建了犯罪人类学博物馆。1908 年 5 月,美国刑法与犯罪学研究所(the American Institute of Criminal Law and Criminology)第一任所长、美国西北大学法学院院长约翰·威格莫尔(John Wigmore,1863 – 1943)拜访龙勃罗梭,推荐他担任 1909 – 1910 年西北大学的哈里斯讲座演讲人(Harris Lecturer)。龙勃罗梭很感兴趣,但是由于年老未能成行。几个月后的 1909 年 10 月 9 日清晨,龙勃罗梭这位伟大的犯罪学家安静地去世。根据他的遗愿,他的遗体被送到法医学实验室,由托瓦(Tovo)教授代替龙勃罗梭的女婿克拉拉(M. Carrara)进行尸体解剖,龙勃罗梭的大脑被安放在解剖学研究所中。①

龙勃罗梭是一位兴趣广泛、涉足领域较多的伟大学者。他的研究辐射到精神病学、人类学、犯罪学、历史学、文学等很多方面。从龙勃罗梭的一生来看,他在犯罪学方面的兴趣与活动大致按这样的顺序发展:②

(1)当他在意大利军队中任军医时,发现了文身士兵的不良品性和行为。他注意到,坏的士兵在身体的许多部位都有淫秽下流的文身图案。文身后来成为龙勃罗梭识别生来犯罪人的主要特征之一。

(2)将身体测量方法应用于对精神病院的精神病人的研究,因为龙勃罗梭不满意当时的精神病学的理论与实践。这方面的研究使他得出了调查研究的中心是精神病人而不是精神疾病的结论。

---

① Hermann Mannheim (ed.), *Pioneers in criminology*, 2nd ed. (Montclair, NJ: Patterson Smith, 1972), p. 241.

② Gina Lombroso-Ferrero, *Criminal man, According to the classification of Cesare Lombroso* (Montclair, NJ: Patterson Smith, 1972), pp. xxii-xxx.

(3)将这些身体和心理方面的研究方法应用于对犯罪人的研究,即研究犯罪人与精神病人的差别与相似之处。

(4)直接将犯罪人与正常人、精神病人进行比较和分析研究。

二、生来犯罪人论

(一)理论产生的过程

生来犯罪人(意大利语 *delinquente nato*,英语 born criminal)学说,是龙勃罗梭最重要、最有影响的犯罪学理论,也是龙勃罗梭用力最多、最富于创新精神的理论,当然,也是后来最有争论的理论观点之一。这种理论是龙勃罗梭在运用体质人类学等学科的方法进行大量的人体测量、尸体解剖和对获得的资料进行多方面的分析、比较的基础上提出的。不过,龙勃罗梭并没有创造"生来犯罪人"这个术语,这个术语是由他的朋友、意大利社会学家和犯罪学家菲利(Enrico Ferri,1856-1929)首先提出来的。[①]

龙勃罗梭的生来犯罪人学说,是在大量实证研究的基础上提出的。在龙勃罗梭时代,观相术、颅相学已经有了很大发展,实证主义、进化论、唯物主义也已经得到广泛传播,体质人类学的人体测量方法在人类学研究中已经得到大量应用,文化人类学对许多地方居民的风俗习惯进行了较多研究。受过系统医学教育并对许多方面感兴趣的龙勃罗梭,通过对士兵、精神病人、犯罪人等的观相术和颅相学观察、身体测量、尸体解剖等方法,发现善良的人和不良的人不仅在性情方面,而且在身体解剖特征等方面,都有明显的差异。龙勃罗梭对 383 名死刑犯人的颅骨(头盖骨)进行的解剖检查发现,这些犯罪人具有一系列不同于正常人的解剖学特征。特别是在帕维亚时,龙勃罗梭认识了伦巴第省的一个江洋大盗维莱拉(Vilella,又译"维内拉"),这个犯罪人的残忍的犯罪活动,使整个伦巴第省都产生了恐怖。龙勃罗梭在监狱中与这个犯人进行了接触,这个大盗很直爽地将他无耻的犯罪行为告诉了龙勃罗梭。龙勃罗梭发现,维莱拉是一个体力强壮、行动敏捷的人,表现出危险犯罪人或职业犯罪人通常所具有的自负傲慢。因此,龙勃罗梭确信,他找到了解释犯罪行为的正确线索。1870 年 11 月,当这个犯人死后,龙勃罗梭应邀对他进行尸体解剖。当他打开维莱拉的颅骨后,龙勃罗梭发现了一个明显的凹陷,他称为"中央枕骨窝"(median occipital fossa)。在维莱拉的大脑中,龙勃罗梭还发现中央枕骨窝附近的小脑蚓部肥大(发育过

① Stephen Schafer, *Theories in criminology*: *Past and present philosophies of the crime problem*(New York: Random House, 1969), p. 126.

度),这两种特征是众所周知的低等灵长目动物,例如,类人猿的特征,在低劣的人种中都很少见,这说明维莱拉是在龙勃罗梭生活的那个时代出生的原始野蛮人。受这一事实的启发,龙勃罗梭提出了生来犯罪人理论,认为犯罪人是出生在文明时代的野蛮人,他们的生物特征决定了他们从出生时起就具有原始野蛮人的心理与行为特征,这种行为必然不符合文明社会中的传统、习惯和社会规范,必定构成犯罪。由此可见,犯罪人是一种自出生时起就具有犯罪性的人,他们的犯罪性是与生俱来的,是由他们的异常的生物特征决定的,犯罪人就是生来就会犯罪的人。决定犯罪人生来就具有犯罪性的这种生物异常,则是通过隔代遗传(atavism)而来的。

(二)生来犯罪人的特征

龙勃罗梭对生来犯罪人特征的描述,大体上可以分为6个方面:[①]

1.生来犯罪人的身体特征

龙勃罗梭发现,生来犯罪人的头部外形、面部、眼睛、耳部、鼻部、嘴部、颊囊(cheek pouches)、腭部、牙齿、颏部(下巴)、皱纹、毛发、胸部、骨盆和腹部、上肢和下肢、脚、大脑和小脑等,都与正常人有所不同。例如,生来犯罪人的颚部异常发达,下巴向上突起;有犬齿窝,这个部位的肌肉像狗那样发达。女性犯罪人和杀人犯的嘴唇多肉膨胀而向外突出,就像黑人那样。诈骗犯的嘴唇薄而直挺;犯罪人中有兔唇的也比正常人多。很多生来犯罪人脸颊上有肉褶皱,就像一些哺乳动物的颊囊那样。生来犯罪人的面部皱纹在数量、变化和产生时间方面,都与一般人明显不同。犯罪人的皱纹往往有这样的特征:额部有竖皱纹和横皱纹,鼻根部有竖皱纹和半圆形皱纹,两个眼角的外部有鱼尾纹,嘴和鼻子周围有鼻唇皱纹。

2.生来犯罪人的感觉和功能特征

龙勃罗梭发现,生来犯罪人的一般感受性与一般人不同,他们的左侧比右侧更加敏感,与一般人相反。生来犯罪人对疼痛和触摸的感受性比正常人低。生来犯罪人的触觉迟钝。正常人中极少有磁感(sensibility to the magnet),而48%的生来犯罪人有明显的磁感。生来犯罪人和精神病人中有气候感的远远多于正常人,随着气温和气压的变化,生来犯罪人和精神病人会变得焦虑不安,性情和各种感觉也产生变化,正常人很少有这样的体验。生来犯罪人的视力一般比普

① Gina Lombroso-Ferrero, *Criminal man, According to the classification of Cesare Lombroso* (Montclair, NJ: Patterson Smith, 1972), pp. 20 - 48.

通人更敏锐。生来犯罪人的听觉、嗅觉和味觉一般低于平均敏锐度。生来犯罪人一般灵活敏捷,甚至在老年时也保持这种特性。大盗维莱拉在70多岁时,还能像山羊一样爬上他家乡陡峭的岩石。生来犯罪人通常并没有超人的体力。

3. 生来犯罪人的感情

自然感情(natural affections)在正常人的生活中起着重要作用,事实上也是正常人存在的理由,但是,生来犯罪人极少体验到这类感情,他们尤其不考虑自己的同胞。另一方面,生来犯罪人表现出对动物和陌生人的过分喜爱。生来犯罪人往往用一些激情代替家庭和社会感情,这样的激情包括虚荣心、冲动性、复仇心和放荡性(licentiousness)。

4. 道德感

道德感是辨别是非的能力,它是文明人最多的属性,这种属性在身体发育和心理发展受到阻碍的人中明显缺乏。许多犯罪人并没有认识到他们的犯罪行为是不道德的。犯罪人使用的隐语就可以表明这一点。犯罪人似乎认为,他们有权抢劫和杀人,阻碍他们的犯罪行为的人们的行动是不公平的。尤其是在复仇动机支配下杀人的人,更认为他们的行动是绝对正确的。

5. 心理特征

龙勃罗梭通过研究,发现了生来犯罪人的一系列心理异常特征。犯罪人很少有悔恨和自责。他们玩世不恭,完全缺乏自责,不能区别美德与邪恶,夸耀自己的堕落行为,捏造他们并没有感觉到的虔诚的感情。犯罪人很有可能出卖和背叛他们的同谋和朋友,他们很容易受到诱惑,为了获得个人利益或者伤害那些他们怀疑背叛了自己的人而充当告密者。犯罪人中骄傲自满,或者更确切地说是虚荣心、夸大自己的重要性的心理特别强烈。冲动性是生来犯罪人所具有的、几乎是病态的特征,癫痫病人和悖德狂者也有这样的特征。与冲动性和夸大的个人虚荣心密切相连的,是一种超常的复仇欲望。生来犯罪人的复仇欲望在他们的文身图案、隐语、监狱中的文字作品等之中,都有明显的表现。生来犯罪人极其残酷,他们不可能感觉到痛苦,对别人遭受的痛苦也漠不关心。妇女的残酷性往往超过男性。生来犯罪人被难以救药的懒惰所支配,在一些情况下,这种不可改造的懒惰使他们在饥饿时宁愿饿死,也不愿从事正常的工作。这种懒惰与猛烈的冲动交替出现,在产生冲动时,他们会表现出极大的力量。生来犯罪人就像整天全神贯注于某项能使他们快乐的游戏的儿童一样,“犯罪人是已经长大的儿童”,他们对习惯性的淫逸放荡有着相当强烈的爱好,以至于盗窃犯只要获得财产或者只要从监狱中逃跑出来,他们就立即回到其常去的地方狂饮暴食,寻欢作乐,而不顾警察会突然到来的危险。生来犯罪人赌博冒险的欲望相当强烈。生来犯罪人一直保留或恢复与野蛮人的娱乐方式相类似的、许多原始而残忍的娱乐方式。生来犯罪人一般缺乏小心谨慎和深思远虑,他们往往草率鲁莽。

6. 其他智慧表现

龙勃罗梭也发现,生来犯罪人还有一些奇特的智慧表现。例如,他们在谈论自己的事情时,往往使用一种特殊的隐语(黑话);使用象形文字表达他们的观点。尽管生来犯罪人表现出强烈的对任何有益劳动的厌恶,但是在监狱中,大多数犯罪人都努力从事一些工作,这些工作有时候具有非法性质,例如,制造帮助他们逃跑的工具;有时候却是艺术性的,例如,用面包屑、砖灰、肥皂等塑像。犯罪人也常常制造一些签子、机械、多米诺骨牌、扑克等,与其他犯人进行交换。他们还从事有益的工作,例如,训练动物(鸟、鼠等)。在许多犯罪人身上都可以发现文身这种装饰。文身由图案、象形文字和文字组成,它们是通过一种特别的、非常痛苦的过程用针刺在皮肤上的。生活在原始社会中的原始人,把文身当做功勋的标志或装饰,作为一种荣誉或地位的象征。尽管文身并不绝对局限于犯罪人,但是犯罪人文身的数量大大多于正常人。许多犯罪人的文身图案表现出性格暴力倾向和复仇欲望。

三、犯罪原因论

龙勃罗梭对犯罪原因的认识有一个变化的过程。最初,他只承认犯罪的人类学原因——隔代遗传;接着,他也承认退化也是引起犯罪的原因之一。随着研究的进行和别人的影响与批评,龙勃罗梭逐渐认识到自然因素和社会因素对犯罪的产生所起的作用,因而开始研究犯罪的自然原因和社会原因。

(一)隔代遗传原因

隔代遗传(atavism,又译为"隔世遗传"、"返祖现象")是龙勃罗梭用来解释生来犯罪人的犯罪行为产生原因的最重要的概念。atavism 一词来源于拉丁文 atavus 和 avus,其中 atavus 的意思是"祖先"、"曾祖父的曾祖父的父亲";avus 的意思是"曾祖"。隔代遗传是指倒退到原始人或者低于人类的人的一种返祖现象。隔代遗传者在生理方面所表现出的一系列形态学特征,使人容易联想起猿和低等灵长类动物的形态学特征,这些特征在类人猿化石中可以见到,在某些情况下,也可以在近代的"野蛮人"中出现。此外,隔代遗传一词还意味着,隔代遗传者的心理就是原始人或野蛮人的心理,他们是在生物学上倒退到早期进化阶段的人,他们的行为必然与近代文明社会的规则和期望相矛盾。

为了更加准确地解释犯罪原因,龙勃罗梭在进行大量观察、解剖等研究的基础上,将退化学说引入隔代遗传理论的框架之中。在龙勃罗梭看来,退化(degeneration)是犯罪人身上的一种病理现象,退化者是其祖先身上有病的身体成分的产物,这种有病的身体成分阻碍了后代的进化,使后代产生退化现象,因此,病态的人也会表现出原始人所具有的最初的身体和心理特征,产生原始人或野蛮人那样的行为,这类行为在文明社会就成为犯罪。

(二)自然因素

在龙勃罗梭晚年的著作《犯罪及其原因和矫治》(Crime:Its causes and remedies)一书中,龙勃罗梭提出了这样的一些影响犯罪的自然因素:

1. 极端的气温。在龙勃罗梭看来,高温导致生产过剩,而生产过剩又会变成财富不平等的原因,财富分配不平等接着导致政治权力和社会权力分配的不平等。这种不平等就会引起政治犯罪——革命。炎热也造成人们的懒惰,使人们容易使用麻醉品,沉溺于宗教式的苦思冥想,喜欢作夸大的幻想,这些都会助长无政府主义的倾向。同样,寒冷也与犯罪有关。在寒冷的国家,人们性格倔强、暴躁,对衣食住等的需要较为强烈,这种情况也会助长犯罪的产生。

2. 中等气温的影响。龙勃罗梭认为,“最容易产生造反和犯罪倾向的影响,就是比较适度的高温的影响。”①由于适度的气温就像酒精那样刺激人们的神经中枢,因此,人们不能冷静地思考和生活,往往容易激动起来,在情绪激动状态中进行侵害行为。

此外,龙勃罗梭还引证大量资料,论述了月份、季节、炎热的年份、地势构造、疟疾发病率、甲状腺地区、死亡率以及种族、性别、年龄、遗传对犯罪的影响。

(三)社会因素

龙勃罗梭对犯罪的社会因素的认识,经历了一个变化过程。在早年,龙勃罗梭很少甚至完全没有注意社会和经济因素,而仅仅提出纯粹的生来犯罪人说。只是在1889年于巴黎举行的第2届犯罪人类学大会之后,由于他的学说在会上受到拉柯沙尼(J. A. E. Lacassagné,1843 - 1924)、马努夫里埃(Léonce Manouvrier,1850 - 1927)、约利(Henri Joly)、托皮纳德(Paul Topinard,1830 - 1911)等人的猛烈抨击,龙勃罗梭才在这些抨击以及朋友们的影响之下,在论著中谈到社会

① Cesare Lombroso, *Crime: Its causes and remedies*(Translated by Henry P. Horton. Boston: Little Brown, 1911), p. 3.

因素。在《犯罪人论》第5版中,龙勃罗梭用较多篇幅论述了犯罪的社会因素。

龙勃罗梭论述的社会因素主要包括:

1. 文明程度。龙勃罗梭认为,文明的发展程度对犯罪和精神病的发生率有影响。文明社会的犯罪与野蛮社会的犯罪的不同在于犯罪类型方面;随着社会向文明方向的发展,犯罪的数量也可能正在增长。

2. 人口过剩。龙勃罗梭认为,人口的稠密和过剩,对犯罪的发生率有影响。由于道路的发展,政府和商业的集中,文明社会呈现出人口向大城市聚集的趋势,使这些城市出现人口稠密和过剩现象。在这些地区聚集的习惯犯罪人的数量也最多,因而产生犯罪在大城市发生率高的现象。之所以出现这种不幸的犯罪集中的趋势,是因为大城市可以为犯罪人提供更大的利益或更大的安全感,同时,也因为大城市中人口的警惕性较松懈,犯罪的诱惑和进行犯罪的机会较多的缘故。但是,在龙勃罗梭看来,"人口过剩本身会产生进行犯罪和不道德行为的不可抗拒的冲动。"①

3. 新闻媒介。龙勃罗梭认为,文明社会鼓励创办和发行报纸,但是,报纸却是邪恶和犯罪的记录者,它会刺激犯罪人进行犯罪模仿,为犯罪人提供进行犯罪模仿的榜样,因此,在龙勃罗梭看来,报纸等新闻媒介也变成了一种新的犯罪原因。龙勃罗梭似乎发现了一种新闻媒介与犯罪互相作用、恶性循环的规律:报刊对犯罪的报道扩大了它们的发行量,而报刊发行量的扩大,又使更多的人进行犯罪模仿,导致了更多的犯罪的产生。可以肯定地说,新闻媒介使人们了解到更多的犯罪方式;知道哪里有可以进行犯罪的机会或对象;对不良社会现象的报道降低了人们的道德感。

4. 生活状况。龙勃罗梭引用德国统计学家亚历山大·冯·厄廷根(Alexander von Oettingen,1827-1905)对普鲁士必需食品价格与犯罪发生率的统计资料的比较研究指出,食物问题对犯罪的作用与文明对犯罪的作用同等重要,甚至比文明对犯罪的作用更重要。食物价格低时,财产犯罪下降(纵火犯罪除外),而人身犯罪特别是强奸犯罪上升,反之亦然。龙勃罗梭还引用统计资料分析了食物价格的波动对不同类型犯罪的影响效果。此外,龙勃罗梭还指出,饥饿对造反的影响也是很大的,饥饿往往引起大规模的造反行动。

5. 酗酒。龙勃罗梭列举了酗酒所造成的一般性危害后果。例如,酗酒的人

① Cesare Lombroso, *Crime: Its causes and remedies* (Translated by Henry P. Horton. Boston: Little Brown, 1911), p. 53.

在霍乱流行时容易感染霍乱,酗酒的孕妇容易流产,长期酗酒会引起人的体质下降等。然后,引用统计数字论述了酗酒对犯罪的影响。他认为,无论从社会的观点来看,还是从病理的观点来看,都很容易看到酗酒与犯罪的联系。存在这种联系的首要证据就是,文明国家的犯罪持续增长,这种增长率高于人口出生率,而与酒类消费量的增长率相吻合,因此,很容易用酗酒来解释这种犯罪的增长。

6. 吸烟。龙勃罗梭认为,吸烟与犯罪有一定关系,犯罪人中吸鼻烟的不仅比一般人多,而且也比精神病人多。吸烟与酗酒、流浪、乞讨等恶劣习惯有密切联系,它们共同对犯罪的发生起促进作用。

7. 教育。龙勃罗梭认为,教育与犯罪的关系比较复杂,一般说来,犯罪人的受教育程度比正常的人要低,但是,不能绝对地把受教育程度与犯罪发生率对应起来,受教育程度低固然会引起大量犯罪,但是也不能说,受教育程度越高,犯罪就越少。在龙勃罗梭看来,教育的确给人的发展和社会进步带来极大促进作用,然而,教育也会产生危害社会的副作用,文化水平高的人会使用更复杂的犯罪方式进行犯罪,会给社会造成更大的危害。同时,受教育程度不同的人所实施的犯罪的类型也有所不同。这是因为,教育会通过改变人的性格等对犯罪发生无可置疑的影响。

8. 经济条件。龙勃罗梭认为,贫穷和富裕都与犯罪有关,他反对那种认为犯罪仅仅与贫穷有关的说法,认为"那些断言犯罪总是贫穷的产物的人,并没有考虑这个问题的另一方面,没有发现犯罪也是富裕的产物的现象。急剧获得的财富,并不能与良好的品格、高尚的宗教或政治思想相适应,因而比贫穷更有害……财富导致善行或邪恶;而邪恶尤其是过度富裕的产物……因此,财富现在不是犯罪的阻止者,而是犯罪的诱发者。"①所以,龙勃罗梭在充分重视贫穷与犯罪的亲和性,强调贫穷对犯罪的产生起重大推动作用之外,也提醒人们重视财富或富裕在犯罪产生中所起的作用。

9. 宗教。根据龙勃罗梭的见解,宗教对犯罪的影响很复杂,甚至比文明或富裕对犯罪的影响更复杂。有些犯罪人非常笃信宗教,比较落后的地区和国家的犯罪人尤其如此;有些犯罪人不相信宗教;还有些犯罪人是无神论者。龙勃罗梭指出:"我们已经看到,在宗教教徒中,犯罪人和诚实人几乎同样多,而且犯罪人往往占多数……在同等条件下,无神论者占多数的地方的犯罪人,比天主教徒或

① Cesare Lombroso, *Crime: Its causes and remedies* (Translated by Henry P. Horton. Boston: Little Brown, 1911), p. 62.

者新教徒占优势的地方少。”①许多宗教教义的确教化人们从善、仁慈和博爱,不要作恶和犯罪,但是,有些宗教教徒并不笃信这些教条,不能用它们来约束自己的行为,甚至寻找宗教上的理由为自己的犯罪辩护,例如,有的信宗教的犯罪人说:“偷窃是上帝给我们的本能”,“(世俗的)犯罪并不是(宗教上的)罪过,因为神父也实施犯罪”,“我有罪过,这是真的,但是在忏悔时神父原谅了我。”许多宗教徒并不在乎来世的报应和惩罚,就像他们不在乎现世的惩罚一样。

10.家庭出生。龙勃罗梭认为,私生子、孤儿和有缺陷及不道德的父母的人,容易进行犯罪。他指出:“教育对犯罪的影响,可以间接地通过大多数文明国家中私生子犯罪人数量的持续增长表现出来。”②

此外,龙勃罗梭还论述了交往、战争、模仿、监狱生活、移民、职业等与犯罪的关系。

四、犯罪人类型论

在龙勃罗梭的犯罪学理论中,对犯罪人的分类以及对不同类型犯罪人的特征的论述,占据着重要地位。但是,由于龙勃罗梭本人的理论的发展变化以及后来的研究者们对龙勃罗梭著作的理解的不同,在分析龙勃罗梭的著作中有关犯罪人分类的论述时,提出了很多不同的观点。③ 尽管对龙勃罗梭的犯罪人分类的概括有所不同,但对每类犯罪人的特征,有大致相同的论述。

(一)生来犯罪人

龙勃罗梭认为,生来犯罪人代表了一种独特的人类学类型。这种类型的犯罪人有许多独特的身体方面的特征。在解剖了383名意大利犯罪人的颅骨之后,龙勃罗梭发现,210名犯罪人都有所发现的那些异常特征,而43%的犯罪人则具有5种或更多的异常特征。因此,龙勃罗梭认为有5种或更多的异常特征可以表明该犯罪人是一个“生来犯罪人”。

生来犯罪人与悖德狂者相似。悖德狂者(moral imbecile)最突出的病理特征是完全缺乏或几乎完全缺乏道德感或道德观念,这样的人很容易成为犯罪人。龙勃罗梭的统计研究证实,悖德狂者与生来犯罪人在体重、颅骨、身体特征、痛觉

① Cesare Lombroso, *Crime: Its causes and remedies*(Translated by Henry P. Horton. Boston: Little Brown, 1911), p.138.

② Cesare Lombroso, *Crime: Its causes and remedies*(Translated by Henry P. Horton. Boston: Little Brown, 1911), p.145.

③ 参见吴宗宪:《西方犯罪学史》,警官教育出版社1997年版,第197-199页。

缺失、触觉感受性、文身、血管反应、感情等方面有很多相似性,因此,龙勃罗梭提出,可以用生来犯罪人的特征来识别出悖德狂者,每个生来犯罪人都是悖德狂者。但是,龙勃罗梭并不认为每个悖德狂者都是犯罪人,并非每个生来具有犯罪倾向的人都会变成真正的犯罪人,外部环境可以阻止和克服先天的犯罪倾向。

生来犯罪人与癫痫病人(epileptic)之间也有很多相似之处。他们在身高、体重、大脑、颅骨和身体特征、厚实的脚、感受性、视野、灵敏、文身等方面是相似的。在谈到癫痫病人与生来犯罪人的这种相似性时,龙勃罗梭指出:“犯罪性是一种由病理原因引起的隔代遗传现象,这种原因的基本表现是癫痫。犯罪性的确也可以由其他原因(例如,歇斯底里、酒精中毒、瘫痪、精神错乱、智力发育障碍等)引起,但是,癫痫是它的最广泛的基础,决定着犯罪性的发生频率和严重性。”①

随着龙勃罗梭对生来犯罪人的认识的转变,生来犯罪人在犯罪人总数中所占的比例也相应变化。在龙勃罗梭的早期学说中,龙勃罗梭几乎将所有的犯罪人都归入生来犯罪人之中(占65% ~70%)。后来,由于龙勃罗梭对隔代遗传之外的其他犯罪原因的认识和重视,生来犯罪人所占的比例逐渐下降(50% ~60%)。② 在《犯罪人论》第5版第2卷中,龙勃罗梭认为,生来犯罪人占所有犯罪人的40%。③ 在《犯罪及其原因和矫治》一书中,龙勃罗梭将这个比例降为33%。④

(二)激情犯罪人

激情犯罪人(criminal by passion)是龙勃罗梭在生来犯罪人之外区分出的第一种其他犯罪人。龙勃罗梭认为,这类犯罪人具有残忍、鲁莽、犯罪行为突然发生等特点和强烈的暴力行为倾向,他们的犯罪行为基本上都是在激情作用下发生的暴力行为,因此,应当更确切地将他们称为“暴力犯罪人”。激情犯罪人很少,通常都是年轻人,他们的颅骨异常较少,相貌较好,性格诚实,富于情感,与生来犯罪人的冷酷无情形成对比,往往在犯罪之后感到后悔,在监狱中常常进行自

---

① Cesare Lombroso, *Crime: Its causes and remedies*(Translated by Henry P. Horton. Boston: Little Brown, 1911), p. xxiii.

② Hermann Mannheim (ed.), *Pioneers in criminology*, 2nd ed. (Montclair, NJ: Patterson Smith, 1972), p. 268.

③ Cesare Lombroso, *Crime: Its causes and remedies*(Translated by Henry P. Horton. Boston: Little Brown, 1911), p. 257.

④ Cesare Lombroso, *Crime: Its causes and remedies*(Translated by Henry P. Horton. Boston: Little Brown, 1911), p. 365.

杀行为。龙勃罗梭认为,激情犯罪人有一定的接受改造的可能性。激情犯罪人中妇女占的比例远远大于其他犯罪人中妇女所占的比例。

龙勃罗梭认为,政治犯罪人(political criminal)是激情犯罪人的一种特殊类型。政治犯罪人的特征是智力较高,感受性很强,有强烈的利他精神、爱国精神、自我牺牲精神、宗教理想,甚至有科学的理想。龙勃罗梭认为,政治犯罪人是社会传统的反抗者,他们往往对国民的历史、经济、政治及社会的传统,采取反抗的态度。政治犯罪的领导人,大多是富有热情的人,他们不一定属于某种特殊的阶级,在社会上的一切阶级、一切环境中都会产生这种领导人。这种人思想敏锐,有高度的洞察力和批判精神,他们会为了政治理想而献身。

(三)精神病犯罪人

精神病犯罪人(insane criminal)就是由于精神病的影响而犯罪的人。精神病犯罪人与生来犯罪人有许多共同的退化的生理特征,尤其是突出的耳朵、额窦、大颌骨和颧骨、凶恶的相貌或斜视、薄上嘴唇。精神病犯罪人具有这样一些特征:他们很少表现出对可能遭受到的刑罚的恐惧,也不试图逃避刑罚;他们几乎不隐匿自己的犯罪行为,也不消除犯罪行为的痕迹。他们常常暴怒发作,伤害那些在场的人,或者忘记所偷的东西。每当他们的犯罪完成之后,他们不仅不设法隐瞒犯罪,反而可能会直率地承认犯罪,渴望谈论犯罪,用得意的口吻诉说他们在犯罪当时体验到的解脱感;他们认为自己遵守秩序,觉得自己的行为是值得赞扬的。精神病人否认自己是精神病人,如果在某些情况下承认自己是精神病人,也仅仅是由于律师或监狱中的犯人同伴劝说他们这样去做的缘故。他们甚至会炫耀和夸大自己的犯罪行为。这些特征可以将精神病犯罪人与习惯犯罪人区分开来。

精神病犯罪人主要有偷窃狂者(kleptomania)、间发性酒狂者(dipsomania,即习惯性嗜酒者)、杀人狂者(homicidal monomania)、女性色情狂者和恋童癖者,以及歇斯底里犯罪人(hysteric criminal)、犯罪狂者(criminal mattoid)。龙勃罗梭也认为,几乎所有类型的精神障碍都能引起一定的犯罪。

(四)偶然犯罪人

偶然犯罪人(occasional criminal)是“那些并不寻找犯罪机会,但总是遇到犯罪机会,或者由于极其轻微的原因而犯罪的人。他们仅仅是那些与隔代遗传和癫痫完全无关的人;但是,正像加罗法洛所观察的那样,恰当地说,这些人不应该称为犯罪人。”①

偶然犯罪人又可以区分为4小类:②

1. 虚假犯罪人或准犯罪人

虚假犯罪人或准犯罪人(pseudo-criminal)是指为了保卫个人、名誉和家庭而偶然实施犯罪的人。他们的行为并不违背社会意愿,也不损害社会。他们的行为之所以被看成是犯罪,是因为法律作了这样的规定的缘故。龙勃罗梭认为,正像这个名称的含义那样,这些人毕竟不应当看成是犯罪人,但是由于法律的缺陷,才作了这样的标定。这些人是司法上的犯罪人,而不是实际上的犯罪人,因为他们是由法律的缺陷,而不是由这些人本身的缺点造成的。他们不会在将来造成恐惧,也不会扰乱大众的道德感。

2. 倾向犯罪人

倾向犯罪人(criminaloid)是既无特殊的生理特征,也没有可以识别的精神疾病,但其精神和情绪特质在某些情况下会有特殊表现,从而使他们容易进行凶恶的和犯罪的行为的人。有的犯罪学家认为,龙勃罗梭所说的倾向犯罪人,大致相当于后来在精神病学和心理学中所说的“病态人格者”或“人格障碍者”。龙勃罗梭认为,大约有一半以上的犯罪人既不是他所说的生来犯罪人,也不是精神病人或癫痫病人,但是,他们的缺陷更加难以捉摸,也更加复杂,这些人被称之为倾向犯罪人。这类人的特征是,软弱,屈服,在一定时期内总想犯罪。龙勃罗梭把受托人作为倾向犯罪人的例子,例如,受委托经营或管理金钱的银行家或律师、商人(他们总有机会进行诈骗活动)、与邪恶的丈夫结婚一段时间后变得堕落的妻子。倾向犯罪人与生来犯罪人仅有程度的不同,没有性质的差别。情况确实如此,倾向犯罪人中的很大一部分变成了习惯犯罪人,长期关押在监狱中,除了他们的犯罪性的生理标志不太明显外,很难再将他们与生来犯罪人相区别。

3. 习惯犯罪人

习惯犯罪人(habitual criminal)是指养成犯罪的生活方式的犯罪人。根据龙勃罗梭的观点,这种犯罪的生活方式并不是由于其一种环境造成的,而是由早年生活中发生影响的一系列环境所造成的。这类犯罪人似乎最接近“正常”犯罪人,因为习惯犯罪人在出生时并没有严重的、会促使他们进行犯罪的异常或者素

① Cesare Lombroso, *Crime: Its causes and remedies* (Translated by Henry P. Horton. Boston: Little Brown, 1911), p. 207.

② 参见吴宗宪:《西方犯罪学史》,警官教育出版社1977年版,第202-204页。

质倾向,他们所以变成犯罪人,是由早年时来自父母、学校和社会的不良教育和训练的缘故。龙勃罗梭把有组织的犯罪家族的成员作为习惯犯罪人的例子,例如,像意大利那不勒斯的卡莫拉(camorra)、西西里的黑手党(mafia)和西班牙的黑手党的成员。

4. 癫痫样犯罪人

癫痫样犯罪人(epileptoid criminal)是指具有在任何时候都会表现出来的潜在癫痫的犯罪人。不过,这种动态的犯罪性在癫痫犯罪人的一生中都有可能处于潜伏状态,而不实际表现,变成犯罪行为。根据龙勃罗梭的论述,由于癫痫病人特别容易产生犯罪行为,所以,癫痫病人与癫痫犯罪人这两个术语的含义基本上是一致的。在龙勃罗梭看来,生来犯罪人和悖德狂者在身心特质上是一致的,癫痫病人或癫痫样犯罪人就是这两类犯罪人之间的一种退化类型。

此外,女性犯罪人虽然没有纳入龙勃罗梭的犯罪人分类体系,但是,龙勃罗梭对女性犯罪人作了系统的研究,其主要成果是1893年发表的与其女婿古格列莫·费雷罗合著的《女性犯罪人:卖淫者及普通妇女》一书。

五、犯罪对策论

龙勃罗梭在大量实证研究的基础上,提出了一些发现犯罪人、预防犯罪和矫治犯罪人的措施。这些措施构成了龙勃罗梭的犯罪对策论。

(一)鉴别犯罪人

龙勃罗梭认为,鉴定和识别犯罪人有重要的意义。对犯罪人进行仔细的生理和心理鉴定的结论,可以用来确定犯罪人责任的程度、重新犯罪的可能性,决定对犯罪人给予什么矫治或惩罚,给法官提供判决的根据,给缓刑官、孤儿院及娼妓救济所(rescue homes)的管理人提供帮助。因此,龙勃罗梭根据自己的研究,提出了鉴别犯罪人的心理和生理方法。

1. 鉴别犯罪人心理的方法

龙勃罗梭认为,在对犯罪人或犯罪倾向进行鉴别之前,要对其经历进行仔细的调查。首先,要向他的亲属、朋友们了解他的过去生活,了解他生长的环境和童年期所患的疾病,了解他的家族疾病史,了解他的家庭中是否有人犯罪。其次,要了解他是否结婚,配偶是否活着;了解他的职业及其表现情况,因为有的职业与犯罪有关,例如,提供犯罪机会、促使犯罪人进行犯罪等;查明犯罪发生的时间及有关情节。如果被调查的人是一名累犯的话,就应当查明初次犯罪发生的年龄和具体情况。对犯罪人心理的鉴别应包括智力、感情、病态现象、言语、记忆、笔迹、衣服等方面的内容。

2. 鉴别犯罪人生理的方法

在调查了犯罪人或嫌疑犯的历史,检查了他们的心理异常现象之后,就应当进一步检查他们的生理特征。犯罪人有独特的生理特征,对这些生理特征的检查包括皮肤、文身、皱纹、毛发、牙齿等30多个方面。龙勃罗梭列出了每个方面的检查内容。[①]

(二)犯罪预防

龙勃罗梭认为,首先应当预防犯罪人的产生,而不是惩罚犯罪人,如果不能预防的话,就应当对犯罪人进行矫治;如果无法矫治的话,就应当把这种不可救药的人在适当的机构中隔离起来,这种隔离机构能够比现行的监禁制度更好地保卫社会,但是它却没有监狱所具有的那种臭名声。要用预防性措施和法律措施矫治犯罪人。

1. 预防贫穷儿童犯罪的机构

龙勃罗梭认为,矫治犯罪就如同矫治任何别的疾病一样,有很大的成功的可能性,矫治犯罪应当及早开始。因此,应当特别关心那些有可能变成犯罪人的儿童:孤儿和贫穷儿童,这些儿童在成年后犯罪的可能性最大。一个下决心预防自己免受邪恶侵袭的社会,应当为那些不幸的、由于自然保护人死亡或犯罪而无家可归者提供良好的教育。最好的矫治是在受人尊敬的私人家庭中安置他们,使他们能在那里受到细致的照管,或者将他们安置在能够给他们以良好的教育和道德训练的适当机构。为此,国家应像当时的一些著名慈善家一样,开办收容、教育贫穷儿童的机构,防止他们成为犯罪人。

2. 预防贫穷成年人犯罪的机构

龙勃罗梭认为,预防犯罪的方法也包括在成年人遇到生活危机时,例如,为失去依靠、失业的人提供帮助。为移民或异乡人建立的旅馆、庇护所、阅览室,价格低廉但对身心有益的娱乐场所,为体力劳动者创办的夜校、劳动局、移民救助组织等,都是预防成年人在遇到生活危机时犯罪的机构。

3. 对一些具体犯罪的预防

龙勃罗梭还特别论述了对几种具体犯罪以及与犯罪有关的社会病态现象的预防。

---

① Gina Lombroso-Ferrero, *Criminal man*, *According to the classification of Cesare Lombroso* (Montclair, NJ: Patterson Smith, 1972), pp. 220 - 257.

(1)对性犯罪的预防。龙勃罗梭认为,"性犯罪和诈骗犯罪是先进的文明世界的特殊犯罪。"[①]在提到对性犯罪的预防时,龙勃罗梭首先指出:"离婚是预防许多通奸和其他性犯罪的一种强有力的措施,而这些犯罪属于近代犯罪中最可悲的现象之列。"[②]龙勃罗梭举例证实,在实行离婚的地方,通奸犯罪下降,而在不允许离婚的地方,通奸犯罪则呈上升的趋势,因此,离婚是预防通奸这种性犯罪的有效手段。

在龙勃罗梭看来,近代文明对性犯罪起着相当直接的影响作用。由于教育的普及,增加了对神经系统的刺激,结果使神经系统需要更新、更强烈的刺激和快乐。人的心理活动越增加,他对快乐的需求和体验似乎也就越增加,当个人的心理没有被大量科学和人道的观念所占据时,尤其如此。所以,在近代文明已经激起人们大量的性需求的情况下,龙勃罗梭认为,预防性犯罪的重要方法就是允许离婚,鼓励老年人结婚,减少婚姻的金钱色彩,使合法的性关系更容易进行,允许卖淫的存在,在法律上允许婚外性行为等,使成年未婚者和已婚但得不到性满足的人们的性需求,以合法的方式得到满足,而不致采用强奸、奸淫儿童等犯罪的手段。这样,不仅会预防性犯罪的发生,也会大大减少自杀、杀人、杀婴等与性关系有关的犯罪。龙勃罗梭似乎认为,对性犯罪应使用疏导的方法加以预防,而不能用严厉的刑罚来对待。他引用菲利的统计资料证实,严厉的刑罚并不是万能的,严厉的刑罚并没有遏制往往日益增加的犯罪。

(2)对诈骗犯罪的预防。龙勃罗梭指出,诈骗和违反信托义务,是最新式的犯罪,它们表现了进化和文明对犯罪产生的消极影响。这些犯罪用贪婪、说谎和欺骗代替了原始犯罪的残忍性质,使犯罪活动成功的可能性变得更大。新式的金融制度似乎更便利于诈骗和背信犯罪的实施。因此,龙勃罗梭提出了广泛宣传信用知识、改革银行信用制度等预防诈骗和背信犯罪的措施。

此外,龙勃罗梭还论述了预防酗酒、预防贫穷和富裕对犯罪的影响、对政治犯罪的预防等问题。

(三)对犯罪人的矫治

龙勃罗梭认为,预防犯罪的方法、对儿童的照料和训练、对成年人在发生危

---

① Cesare Lombroso, *Crime: Its causes and remedies*(Translated by Henry P. Horton. Boston: Little Brown, 1911), p.254.

② Cesare Lombroso, *Crime: Its causes and remedies*(Translated by Henry P. Horton. Boston: Little Brown, 1911), p.254.

机时的帮助,可以最大限度地减少犯罪,但是不可能完全消除犯罪,还应当有一些补充措施,例如,设立矫治犯罪人的机构,设立将不可改造的犯罪人隔离起来的其他机构等。对于青少年犯罪人,尤其是对于儿童,应当用特殊的法律措施分开加以处理。龙勃罗梭称赞当时产生的少年法庭,提出不能根据普通的法律审判少年犯罪人,而应该设立特别的法官,专门审理少年犯罪案件。这些法官应当针对少年、儿童犯罪人的特征,采取有益的处置措施;应当在监狱中把少年、儿童与成年犯罪人区分开来,以免他们受到成年犯罪人的影响,变为成年犯罪人。同时,也应该注意区分不同性质的犯罪儿童。因为龙勃罗梭认为,生来犯罪人在年龄很小时,就开始其犯罪生涯,这类儿童尽管年龄很小,但却是一种对社会有危险的人,他们的悖德狂症状一有机会就会发作,所以,必须把他们仔细地隔离起来,对他们单独进行矫治。

考虑到未成年犯罪人的犯罪是在童年时代偶然产生的,他们仍然有可能成为诚实的人,因此,要用特别的方法处置他们。要为他们制定专门法典,这种法典应当对未成年的生来犯罪人、癫痫病人和悖德狂者作出规定。用专门的不会使他们受到犯罪传染的教养院隔离他们,对他们进行有效的矫治。此外,还应当建立少年犯缓刑制度,建立监督少年法庭判决的少年犯的组织。

龙勃罗梭指出,对少年犯罪人采取的特殊对待,同样适用于女性犯罪人。在他看来,对女性犯罪人也应当实行特别的审判和在立法中作出特别的规定。

龙勃罗梭认为,刑罚应当根据犯罪人类型的不同而有区别:

(1)对真正的激情犯罪人来说,懊悔自责造成的痛苦比任何法律惩罚都要大,此外,还应当进行流放、赔偿损害等。

(2)对倾向犯罪人应当避免反复使用短期监禁刑,以免他们与习惯犯罪人接触。对所有的轻微犯罪人来说,罚金都要比监禁有效;如果犯罪人是穷人,则可以用强制劳动来代替。也可以要求初次犯罪并且罪行轻微的人具结,在保证人的监督下履行具结的内容。在龙勃罗梭看来,处置倾向犯罪人的有效的,也比较严重的方法,就是缓刑和不定期刑制度。

(3)对于习惯犯罪人,龙勃罗梭认为应当实行隔离。在这样的隔离性机构中,应当把犯罪人的赎罪作为首要目标,只有在各种尝试都证明不起作用时,才可以考虑将习惯犯罪人送到流放地(penal colony),永久地隔离起来。

(4)由于生来犯罪人、癫痫病人和悖德狂者的犯罪是由其先天的邪恶本能引起的,因此,不能把他们送入普通的监狱,在普通的精神病院中监禁他们也是有害的,因为他们会宣扬兽奸、逃跑以及造反,会煽动别人进行抢劫,他们的下流而野蛮的坏名声,使他们成为令人恐怖的人,会对其他病人及其亲属造成危害。所以,应当把这些人监禁在特别的机构中进行矫治,应当为这些犯罪人建立专门的监禁和矫治机构。英国是第一个为犯罪的精神病人建立专门的精神病院的国家,1840 年英国在贝德拉姆(Bedlam)建立了一个这样的精神病院。

六、龙勃罗梭获得的成功及其原因

毫无疑问,龙勃罗梭的理论研究产生了巨大的影响,获得了极大的成功。可以说,龙勃罗梭在 1876 年出版《犯罪人论》后的 20 多年间,他的学说在犯罪研究领域和其他社会领域中,都引起了巨大的反响。正如英国 – 美国当代社会学家、犯罪学家戴维·加兰(David Garland)指出的那样:"在《犯罪人论》于 1876 年问世后的 20 年间,这种奇妙的新科学逐渐成为了一场重大的国际运动的基础,出版了介绍这种科学的大量论著,组织了一些新的协会,主办了一些国际会议,发行了一些专门的刊物,形成了全国性的思想流派,整个欧洲和美国都有对其感兴趣的官员。同时,龙勃罗梭自己也变成了家喻户晓的人物,托尔斯泰(Tolstoy)、①穆西尔(Musil)、②布拉姆·斯托克(Bram Stoker)③和柯南·道尔(Conan Doyle)④的小说以及无数的期刊文章和科学报告中,都有对龙勃罗梭的描述。"⑤

美国女历史学家、犯罪学家玛丽·吉布森(Mary Gibson)在其《生来犯罪:切萨雷·龙勃罗梭与生物犯罪学的起源》(2002)一书中指出,"在龙勃罗梭的一生中,他成功地以其生来犯罪人观点抓住了整个欧洲和美国的艺术家和知识分子的想象。尽管往往忽略他的理论的细微差别,但是,他描述的具有大量异常特征的隔代遗传越轨者的形象,却被广泛使用。像列夫·托尔斯泰的《复活》、约瑟夫·康拉德(Joseph Conrad)⑥的《特工》等小说中的人物,就提到了龙勃罗梭以及龙勃罗梭对具有原始野蛮特征的犯罪行为的论述。甚至在作者们模仿龙勃罗梭式的观点时,他们也不过是想吸引读者熟悉犯罪人类学中最激动人心的一些

---

① 托尔斯泰(Leo Tolstoy,1828 – 1910)是俄国作家。

② 穆西尔(Robert Musil,1880 – 1942)是奥地利 – 德意志小说家。

③ 布拉姆·斯托克(Bram Stoker,1847 – 1912)是爱尔兰作家,以写恐怖故事著称。

④ 柯南·道尔(Conan Doyle,1859 – 1930)是英国著名的侦探小说作家。

⑤ David Garland, "Of crimes and criminals: The development of criminology in Britain," in Mike Maguire, Rod Morgan & Robert Reiner (eds.), *The Oxford handbook of criminology*, 3rd ed. (Oxford: Clarence Press, 2002), p. 26.

⑥ 约瑟夫·康拉德(Joseph Conrad,1857 – 1924)是波兰出生的英国小说家。

方面。”①

如果仔细加以分析,就可以发现,龙勃罗梭的学说之所以能在当时取得很大成功,对以后西方乃至世界犯罪学的发展产生深远的历史影响,其原因主要有以下几个方面:②

(一)采取了在自然科学中普遍使用的实证研究方法

龙勃罗梭使用了归纳、解剖、人体测量、实验、观察等逻辑的、客观的、“实证的”方法。在19世纪中后期,随着物理学、生物学、化学、人类学、医学、尤其是精神病学的发展,自然科学中的一系列实证方法逐渐得到发展和完善,成为人们认识世界、解释事物的有效工具,并且也成为衡量思想学说的科学性的重要标准;决定论也成为人们普遍接受的观点。龙勃罗梭顺应社会潮流,锐意创新,把自然科学的一些方法引入犯罪与犯罪人研究之中,摆脱了纯粹的理性思辨的旧传统,抛弃了古老的“自由意志”和“道德责任”观念,从而使人们对他的学说的科学性有了肯定评价,从而接受、认可龙勃罗梭的学说。

(二)理论学说符合欧洲的学术传统

龙勃罗梭的犯罪学理论继承了为人们所熟悉的观相术、颅相学和精神病学的学术传统。在欧洲历史上,观相术、颅相学和精神病学的研究历史源远流长,曾经数度引起社会轰动,受到普遍的社会关注,不但在学术界有深远影响,而且其影响波及一般社会人士,使这些学说深入人心,成为人们日常生活中所熟知的观念。龙勃罗梭在这种学术传统的基础上推陈出新,必然会使人们产生既熟悉又陌生的感觉,容易为人们所普遍关注、接受,也容易激起人们的探求欲望。

(三)以当时盛行的进化论为理论基础

龙勃罗梭把当时享有很高威望的达尔文的进化论作为了主要的理论基础之一。除了继承观相术、颅相学和精神病学的研究成果之外,龙勃罗梭的思想显然受到达尔文进化论的重要影响,龙勃罗梭最重要的学说——生来犯罪人及其隔代遗传,就是直接从达尔文的学说中产生的。达尔文于1859年出版了著名的《物种起源》一书,认为生物物种都是不断进化的,进化是一种自然选择、适者生存的过程。他的这个宣言震动了世界,在基督教的“上帝创造一切生命”的教条盛行的西方社会,引起了一场思想革命。1871年,达尔文《人类的起源》一书出

① Mary Gibson, *Born to crime: Cesare Lombroso and the origins of biological criminology* (Westport, CT: Praeger, 2002), p. 247.

② 参见吴宗宪:《西方犯罪学史》,警官教育出版社1997年版,第221-224页。

版,在书中,他用确凿的论据证实,人类的祖先是低等动物,最原始的生物与人之间构成了一个连续体。他在这本书中还指出:“在人类中,偶然出现的一些最坏的素质,或许可能是野蛮状态的隔代遗传,我们经过许多代人都不可能消除这种隔代遗传。”[①]这本书更是震惊了世界,也深深地启发了龙勃罗梭的思想。由于达尔文的贡献,使科学界和一般社会成员都相信了人类是由动物进化而来的观点,使进化论成为社会公认的常识。龙勃罗梭在达尔文理论的启发下,使用进化论来解释犯罪和犯罪人,提出生来犯罪人的观点,把生来犯罪人看成是隔代遗传者,这当然会受到人们的关注,为人们所接受。龙勃罗梭的理论似乎真的借助进化论的威望得到传播,并借助进化论的威望使人们对它产生确信。

(四)适应当时的社会需要

龙勃罗梭的学说适应了当时社会的需要。社会需要比任何因素都更能推动科学的发展,也能大大促进科学理论的传播和普及。19 世纪中后期,随着工业化、都市化的发展,犯罪数量急剧增加,犯罪浪潮席卷各个工业化国家,累犯率不断上升,而当时的犯罪与刑罚学说不能提供有效的解释和对策,现有的刑法措施似乎也失去了效用,显得无能为力。在这种形势下,龙勃罗梭理论的提出,恰恰适合了社会需要,使那些深为犯罪问题所困扰的人们获得了解脱。龙勃罗梭的理论从四个方面满足了当时人们的需要:

1. 为预防犯罪活动的失败找到了合适的理由——犯罪人是天生的,无法预防。

2. 摆脱了认为犯罪是由当时的社会组织引起的激进学说——按照这种学说,犯罪是当时社会的必然产物,因此,要根除犯罪就必须推翻现行社会制度。这显然是为统治者所不能接受的。

3. 为加强国家对社会的控制提供了借口——既然犯罪人是隔代遗传者,是不可救药的道德堕落者,就必须把他们从社会中根除,或者永远隔离起来。

4. 提出了一些对付犯罪的新方法,指出了在对付犯罪方面进行努力的新方向。

七、外国学者对龙勃罗梭及其理论的评价

从外国学者对龙勃罗梭犯罪学研究的反映来看,既有肯定性和赞扬性评价,也有否定性和批评性评价。

---

① David A. Jones, *History of criminology*: *A philosophical perspective* (New York: Greenwood Press, 1986), p.82.

(一)肯定性评价

龙勃罗梭的研究与理论不仅在当时引起了巨大的反响,而且对以后的犯罪研究产生了深远的、积极的影响。因此,龙勃罗梭及其犯罪学研究受到了很多人的肯定和赞扬。除了本文开始时提到的、给予龙勃罗梭的一系列能够表明对他的肯定和赞扬的头衔之外,许多人还对龙勃罗梭的犯罪学研究给予了具体的肯定性评价。这类评价不仅在早期大量存在,①而且在晚近也有较多论述。

美国社会学家莫里斯·帕米利(Maurice Parmelee,1882－1969)在为龙勃罗梭《犯罪及其原因和矫治》一书的英文版所写的序言中,这样评价了龙勃罗梭的影响:“无论他有什么错误,龙勃罗梭都是伟大的先驱者,他的独创性和多方面的天才,他的富于进取性的人格,导致了将近代科学的实证方法、归纳方法应用于犯罪问题的伟大运动,他比任何其他人都更加有力地促进了新的犯罪学科学的发展。”②

马文·沃尔夫冈(Marvin E. Wolfgang,1924－1998)指出:“在犯罪学史上,没有一个人受到像切萨雷·龙勃罗梭那样多的赞美或攻击。到1909年他去世的时候,他的思想观念受到了欧洲和美国从事犯罪行为研究的批评者和朋友们的广泛关注。由龙勃罗梭撰写的(论著)和有关龙勃罗梭的(论著)比任何别的犯罪学家都要多……他的调查研究的深度和广度,导致了一种有关犯罪原因的后龙勃罗梭主义(Post-Lombrosian)的当代研究,这种研究仍然在欧洲继续进行……”③

伦纳德·萨维茨(Leonard Savitz)在评价龙勃罗梭在犯罪学史上所起的作用时指出:“尽管对犯罪学的最早‘起源’仍有争议,但是,人们肯定承认,近代犯罪学直接来源于一个人——龙勃罗梭的活动与奉献……他是一个思想和研究学派的创始人,对这个学派分别被称为意大利学派、人类学学派、现代学派,最广泛使用的名称是实证主义学派(*La Seuola Positiva*)。”④

这些评价在一定程度上反映了龙勃罗梭的理论在犯罪学研究中所产生的

① 早期对龙勃罗梭的肯定性反应和评价,参见吴宗宪《西方犯罪学史》,警官教育出版社1997年版,第262－274页。

② Cesare Lombroso, *Crime: Its causes and remedies* (Translated by Henry P. Horton. Boston: Little Brown, 1911), p. xxxii.

③ Hermann Mannheim (ed.), *Pioneers in criminology*, 2nd ed. (Montclair, NJ: Patterson Smith, 1972), p. 232.

④ Gina Lombroso-Ferrero, *Criminal man, According to the classification of Cesare Lombroso* (Montclair, NJ: Patterson Smith, 1972), pp. vi-vii.

影响。

（二）否定性评价

一些犯罪学家对龙勃罗梭的研究方法和研究结论提出了批评或者否定性评价。其中，一些批评则是学术性的，相对而言比较客观；另一些批评似乎是非学术性的，表现得偏激、偏见或者带有明显的政治色彩。

在学术性批评中，比较有代表性的是法国犯罪学家塔尔德、英国犯罪学家格林、美国犯罪学家胡顿等人的批评。

法国社会学家、哲学家和犯罪学家加布里埃尔·塔尔德（Gabriel Tarde, 1843－1904）在《比较犯罪论》（*La criminalité comparée*, 1886）一书中，根据大量的统计研究，其中大部分是由犯罪人类学家们进行的研究，说明并不存在支持生来犯罪人理论的证据。他特别引证了马罗（Antonio Marro）对4000名犯罪人所进行的研究。马罗发现，像大脑前庭（frontal cavity）的大小、后缩的额头、斜眼等隔代遗传特征和身体异常，在犯罪人中的出现率与非犯罪人中同样多。对马罗的研究结论和其他欧洲犯罪人类学家的研究的比较，例如，对博迪厄（Bordier）、赫格（Heger）、达勒马涅（Jules Dalemagne）、菲利、贝尼迪克特（Moritz Benedikt）、汤普森（Thompson）、费吉里奥（Virgilio）和拉柯沙尼等人的研究的比较，使塔尔德得出了并不存在可以识别犯罪人的那类身体特征的结论，从而否定了龙勃罗梭关于存在着生来犯罪人类型的理论。塔尔德着重提出了四种批评意见：第一，犯罪人不是在我们中重现的野蛮人；第二，犯罪人不是精神病人；第三，犯罪人不是退化者；第四，犯罪人不是癫痫病人。①

英国犯罪学家查尔斯·巴克曼·格林（Charles Buckman Goring, 1870－1919）不但以其实证研究否定龙勃罗梭的犯罪人类学理论，他也对龙勃罗梭的理论和龙勃罗梭本人进行了一般性的评价。主要观点是：首先，格林批判了龙勃罗梭研究中的不科学性。其次，格林批判了龙勃罗梭仅仅根据身体外表就将从未触犯过法律的人当做犯罪人的观点。再次，格林认为，即使犯罪人和非犯罪人之间的确存在着特别的差异，这也不能表示犯罪人就有异常。尽管格林对龙勃罗梭在科学方面的谬误进行了严厉批评，但是，格林对作为一个学者和普通人的龙勃罗梭，给予了高度的评价。他把龙勃罗梭看成是一个“天才，一个不知疲倦的工作者，也是一个有坚强人格的人，吸引了来自欧洲国家的许多追随者和合

① 参见吴宗宪：《西方犯罪学史》，警官教育出版社1997年版，第354－355页。

作者。”①

美国哈佛大学人类学家和犯罪学家欧内斯特·艾伯特·胡顿(Earnest Albert Hooton,1887－1954)对龙勃罗梭的评价是比较客观的。他承认,龙勃罗梭是试图证实犯罪人的身体上有隔代遗传或退化的特征的先驱者。但是,他更认为,龙勃罗梭的许多观点没有经受住许多批判性考察的检验;龙勃罗梭和他的学派提出的许多证据并没有使大多数犯罪学研究者信服。龙勃罗梭学派的主要缺陷是,所研究的对象的数量不够多,所研究的对象的种族不相同,缺乏科学的统计学方法。②

上述学者对龙勃罗梭的许多观点的批评都有合理之处。更重要的是,他们的评价都是在大量研究的基础上提出来的,这种评价不仅体现了对龙勃罗梭学说的态度,而且其研究过程本身,就促进了犯罪学研究的发展,因此是值得重视的。

一些学者对于龙勃罗梭的批评似乎是非学术性的。例如,法国人类学家保罗·托皮纳德(Paul Topinard,1830－1911,又译为“托皮纳尔”)在1889年于巴黎举行的第二届国际犯罪人类学大会上,对龙勃罗梭进行了“最绝妙的批评”,“当他看到龙勃罗梭收集的那些相貌不对称和有特征的罪犯画像时,他挖苦说,这些肖像看起来与龙勃罗梭朋友们的肖像一模一样。”③法国学者洛朗·米基勒(Laurent Mucchille)在所编的《法国犯罪学史》(1994)中指出,以法国法医学家、犯罪学家让—亚历山大·欧仁·拉柯沙尼(Jean-Alexander E. Lacassagne,1843－1924)为首、包括人类学家和医学家莱翁斯·皮埃尔·马努夫里埃(Léonce Pierre Manouvrier,1850－1927)、保罗·托皮纳德和塔尔德在内的法国学派对于龙勃罗梭的批评和反对,政治性多于理论性,他们之所以采用“法国社会环境学派”(French school of social milieu)这样的术语,是想把它作为一个同意大利在犯罪学话语中的主导地位进行“斗争的名称”。④

在政治性评价中,比较具有代表性的可能是1950－1958年间出版的《苏联大百科全书》中的评价。在该书中,把龙勃罗梭看成是“资产阶级刑法学中极端

---

① 吴宗宪:《西方犯罪学史》,警官教育出版社1997年版,,第288－289页。

② 吴宗宪:《西方犯罪学》,法律出版社1999年版,第204页。

③ 转引自理查德·昆尼和约翰·威尔德曼:《新犯罪学》,陈兴良等译,中国国际广播出版社1988年版,第52页。

④ Mary Gibson, *Born to crime: Cesare Lombroso and the origins of biological criminology* (Westport, CT: Praeger, 2002), p.248.

反动的所谓人类学派的鼻祖……他的伪学说掩盖了下属事实:对劳动人民的残酷剥削是资本主义条件下犯罪的根本原因,并隐瞒了资产阶级国家中刑事惩罚的反人民的反动目的。在所谓新龙勃罗梭学说中,他的反动的种族主义观点得到了进一步的发展。希特勒匪帮利用了这种观点,把它作为他们在德国所建立的恐怖制度的理论根据,来杀戮少数民族,对不利于法西斯的人实行绝育和阉割。"①

此外,还应当指出的是,国外对于龙勃罗梭的研究在沉寂了多年之后,近年来有复苏的迹象。例如,在 2002 年,美国女历史学家、犯罪学家玛丽·吉布森(Mary Gibson)出版了专著《生来犯罪:切萨雷·龙勃罗梭与生物犯罪学的起源》,其他人也发表了一些研究成果。这些研究中都反映了新发现的史料。随着越来越多的新史料的发现,人们对于龙勃罗梭及其犯罪学研究的认识会越来越深入和全面。

八、中国学者对龙勃罗梭及其学说的研究与评价

应当说,中国对于龙勃罗梭及其犯罪学学说的了解和探讨都是不太充分的。

中国学者对龙勃罗梭著作的介绍是从20世纪20年代开始的。1929年出版了《朗伯罗梭氏犯罪学》(刘麟生翻译,商务印书馆出版),这是龙勃罗梭的《犯罪及其原因和矫治》一书的中译本。同是在 1929 年,还出版了一本名为《伦勃罗梭犯罪人论》的书,这本书由国民政府立法院编译处出版,上海民智书局发行;扉页写着:琴娜女士著,徐天一重译;版权页上写着"原著者日本水野錬太朗"。但是,由于这两本书出版年代久远,现在流传的很少,一般读者根本无缘接触它们。直到2000年,才出版了第一本用意大利语直接翻译过来的龙勃罗梭的著作,这就是黄风根据龙勃罗梭的《犯罪人论》第二版翻译的《犯罪人论》一书。②此后,由于战争等的影响,对于龙勃罗梭及其学说的介绍和研究似乎进入一个低谷。

1949 年以后,台湾的一些学者在著作中对龙勃罗梭及刑事人类学派的研究有一些简要的介绍。例如,林纪东的《刑事政策学》(1969 年)、张甘妹的《犯罪学原论》(1976 年)以及周治平、甘添贵等人的论述。但是,这些介绍在很长时间内不为大陆学者所知。

---

① 转引自商务印书馆编辑部编:《近代现代外国哲学社会科学人名资料汇编》,商务印书馆 1978 年版,第 1470~1471 页。

② [意]切萨雷·龙勃罗梭:《犯罪人论》,黄风译,中国法制出版社 2000 年版。

大约从20世纪80年代中期开始,中国大陆才有人开始重新对龙勃罗梭及其犯罪学学说进行学术性研究。1984年出版的《外国刑法学》(甘雨霈、何鹏著),在"刑事人类学派"的标题下,简单介绍了龙勃罗梭等人的观点。[①] 1992年,陈立撰写了《龙勃罗梭犯罪学思想述评》一文,[②]比较详尽地评述了龙勃罗梭的犯罪学思想。我自己大约从1988年左右,开始了解龙勃罗梭的学说,为《西方犯罪学史》一书的写作做准备。经过几年的努力,写出5万余字的书稿(见该书第14章)。[③] 后来在写高等学校法学教材《西方犯罪学》一书时,将5万余字的书稿浓缩、改写为2万余字(见该书第4章第2节)。[④] 这可能是目前国内介绍龙勃罗梭学说中字数较多的两本书。

其他一些学者也对龙勃罗梭的学说表现出浓厚的兴趣。例如,陈兴良教授在《遗传与犯罪》(1992年)一书中,曾详细论述了龙勃罗梭的学说;[⑤]在《刑法的启蒙》(1998年)一书中,又设专章"遭遇基因",对龙勃罗梭的犯罪学学说进行评述。[⑥]在马克昌教授主编的《近代外国刑法史略》(1996年)一书中,设专节介绍龙勃罗梭的刑法思想。[⑦] 张筱薇教授在《比较外国犯罪学》(1996年)一书中,用较多的篇幅(第二章)论述了"实证主义犯罪学的基本理论",其中有5节是主要论述龙勃罗梭的犯罪学学说的。[⑧] 此外,一些犯罪学教科书也简要介绍了龙勃罗梭的犯罪学学说,例如,储怀植、许章润等著《犯罪学》(1997年)。[⑨]

由于对龙勃罗梭的著作译介不多,对他的学说了解有限,因而也限制了研究工作的学术水平。而且,对龙勃罗梭及其学说的研究工作大多利用第二手资料(主要是英语资料,少数研究者也使用日语资料),甚至第三手资料(非意大利语的有关论著的汉语译文)进行,这也限制了研究的深度。

对龙勃罗梭及其犯罪学学说的研究状况,也影响了对龙勃罗梭及其学说的

---

① 甘雨霈、何鹏:《外国刑法学》,上册,北京大学出版社1984年版,第115-116页。

② 陈立:《龙勃罗梭犯罪学思想述评》,肖剑鸣、皮艺军主编:《犯罪学导论》,警官教育出版社,1992年,第588-618页。

③ 吴宗宪:《西方犯罪学史》,警官教育出版社1997年版,第185-224页。

④ 吴宗宪:《西方犯罪学》,法律出版社1999年版,第129-157页。

⑤ 陈兴良:《遗传与犯罪》,群众出版社1992年版。

⑥ 陈兴良:《刑法的启蒙》,法律出版社1998年版,第163-189页。

⑦ 莫洪宪:《龙勃罗梭的刑法思想》,马克昌主编:《近代西方刑法学说史略》,中国检察出版社1996年版,第146-158页。

⑧ 张筱薇:《比较外国犯罪学》,百家出版社1996年版,第54-90页。

⑨ 储怀植、许章润等著:《犯罪学》,法律出版社1997年版,第22-25页。

评价。大体而言,新中国学者对于龙勃罗梭及其学说的评价,经历了一个全面否定、部分否定到给予比较肯定和科学的评价的过程。

早期对于龙勃罗梭的评价,深受苏联对龙勃罗梭的否定性评价的影响。一些论著和学者的评价中可以看到上述《苏联大百科全书》中评价的影子。例如,在新中国第一部高等学校法学试用教材《刑法学》中指出,刑事人类学派的"这种理论为资产阶级的加强镇压、滥施刑罚和草菅人命提供了所谓'科学依据'。后来德国和意大利的法西斯政权,正是利用了这种理论,鼓吹人种有优劣之别,公民有'危险'与否之分,肆意地进行种族灭绝和残害革命者与劳动人民。"[①]

在《中国大百科全书·法学》卷的《刑法》条目中,在评价刑事人类学派时指出,"上述论点在理论上完全背离法制原则,在政治上为帝国主义统治服务,反对劳动人民的革命斗争,在龙勃罗梭和R.拉斯基合著的《法律及刑事人类学关系中的政治犯罪与革命》(1890)一书中,作者竟力图证明巴黎公社的革命者都是'天生犯罪人'。"[②]

后来的评价既有否定也有肯定。例如,在老一代刑法学家甘雨霈、何鹏合著的《外国刑法学》中,有这样的论述:"……这个理论,[③]曾给法西斯统治提出公开施行政治恐怖、种族压迫和灭绝的'理论'以借口。不能否认,这一学说曾被后继学者所否定。但是,这一学说将从来的抽象概念的研究凝固的犯罪行为转向以实证的科学方法研究犯罪者,从此使刑法理论的研究进入了所谓科学的或实证的新时代。"[④]由于作者熟悉国外情况,确实对有关问题进行了一定研究,加之当时论述国外研究的书籍极端缺乏,因此,他们的观点对于国内学者产生了很大影响。

大约从20世纪90年代开始,中国学者对龙勃罗梭的评价进入了比较肯定的阶段。例如,康树华、王晓燕在合写的《犯罪人类学派》条目中,对该学派作了这样的评价:"犯罪人类学派从以抽象概念出发研究犯罪行为转向以实证方法研究犯罪人,使犯罪学理论进入了所谓科学或实证的新时代,因而它对欧美犯罪学以及近现代犯罪学理论产生了深远的影响,同时他的天生犯罪人论也曾给法西斯的恐怖统治和种族压迫提供了理论工具。"[⑤]

---

① 高铭暄主编:《刑法学》,法律出版社1982年版,第6页。

② 曾庆敏:《刑法》,《中国大百科全书·法学》,中国大百科全书出版社1984年版,第651页。

③ 指龙勃罗梭的生来犯罪人学说。——引者

④ 甘雨霈、何鹏:《外国刑法学》,北京大学出版社1984年版,第115页。

⑤ 杨春洗、高铭暄、马克昌、余叔通主编:《刑事法学大辞书》,南京大学出版社1990年版,第136页。

可以说,凡是较多地研究了龙勃罗梭及其犯罪人类学派的学说的学者,都对龙勃罗梭进行了比较肯定和科学的评价。在1992年出版的《犯罪学》一书中,王牧教授就表示了这样的观点。他既批评了龙勃罗梭学说中的错误成分,也认为他的研究对犯罪学的发展作出了贡献:“他的学说否定了在刑事古典学派中占统治地位的自由意志论,使犯罪研究从研究犯罪事实和刑罚而转向研究犯罪人,把过去对犯罪的法律上的关注转移到对犯罪根源、本质的认识,重视犯罪原因的研究,为开拓犯罪学的新学科,对犯罪进行科学研究起了示范和开路的作用。”①

张远煌教授在《犯罪学原理》(2001年)一书中认为,“龙勃罗梭以其漫长而富有耐心的探索成为科学犯罪学的主要奠基者。”②张旭教授在《犯罪学要论》(2003年)一书中认为,龙勃罗梭大犯罪学学说对于犯罪学的贡献主要有三方面:首先,它激起了对犯罪人犯罪原因的研究;其次,它揭示了科学化、个别化的犯罪对策;第三,它引发了犯罪学研究方法的革命。③

我自己曾在拙著《西方犯罪学史》和《西方犯罪学》两书中,对龙勃罗梭及其犯罪学研究进行了简要评价。④ 随着对龙勃罗梭及其犯罪学研究的进一步认识,我在以前对他提出的评价仍然没有多少改变。概括来讲,自己对龙勃罗梭及其犯罪学研究的初步评价的要点如下:

1. 龙勃罗梭是一位伟大的犯罪学家

在中国,一个时期内用“伟大”一词评价人物的现象十分普遍,甚至发展到滥用的程度。但是,我根据自己对龙勃罗梭及其学说的粗浅了解,感到用“伟大的”这个形容词来评价龙勃罗梭是合适的,龙勃罗梭有资格被看做是犯罪学乃至整个刑事法学领域中的“伟人”,他配得上享受人们给予他的多种“之父”的称号;把龙勃罗梭和他同时代的另外两位犯罪学家菲利(Enrico Ferri,1856-1929)、加罗法洛(Baron Raffaele Garofalo,1852-1934)并称为“犯罪学三圣”(holy three of criminology),⑤也是恰当的。这是因为,龙勃罗梭对犯罪问题进行了富有创新精神的、孜孜不倦的探讨。他将实证的、归纳的方法引入犯罪研究领

① 王牧:《犯罪学》,吉林大学出版社1992年版,第80页。

② 张远煌:《犯罪学原理》,法律出版社2001年版,第52页。

③ 张旭:《犯罪学要论》,法律出版社2003年版,第9页。

④ 参见吴宗宪:《西方犯罪学史》,警官教育出版社1997年版,第221-222页。吴宗宪:《西方犯罪学》(第二版),法律出版社2006年版,第115-117页。

⑤ Stephen Schafer, *Theories in criminology: Past and present philosophies of the crime problem* (New York: Random House, 1969), p.123.

域,引起了犯罪研究领域中的一场方法论革命,使犯罪学向科学方向大大迈进了一步;他用许多富有挑战性的观点,激励人们对犯罪行为和犯罪人进行科学探讨;他将自己的大半生献给了犯罪学研究事业。尽管他在犯罪学研究中提出的一些具体结论、观点已经过时(实际上,并不存在永远不过时的理论或观点,问题的实质不在于某种理论或观点是否会过时,而在于经历多长时间才过时,杰出的理论或观点总是能在很长的时间之后都有生命力),有的观点在今天看来或许有点荒唐可笑,但是,龙勃罗梭的许多结论、观点不仅像塞林所说的在50年以后,就是在100多年后的今天,仍然具有生命力,仍然富有启发性,而且,即使他的那些已经过时的结论、观点,也不是凭空杜撰或主观臆造的,而是在大量占有资料的基础上提出的,他的严谨、勤奋、客观、求是的学风,永远是犯罪学领域中的后来者学习的楷模。应当实事求是地说,龙勃罗梭本人确实是一个伟大的、严肃的、认真的学者,是犯罪学史上少数几个对犯罪学的发展作出了巨大贡献的杰出人物之一;在犯罪学史上,能与龙勃罗梭相提并论的人并不多,或许只有他的同胞、前辈——贝卡里亚才勉强享有这样的资格,其他人都很难与龙勃罗梭相媲美。① 他开创性地将当时的一般性科学方法和基础理论引入犯罪和犯罪人研究领域,提出了自己独特的犯罪理论,引起了巨大的反响,这已经足以使龙勃罗梭受到人们尊敬和重视。因此,龙勃罗梭当之无愧地在犯罪学史上享有不可替代的重要地位。

2. 龙勃罗梭极大地推动了犯罪学的发展

现代犯罪学的发展在很大程度上归功于龙勃罗梭的努力和推动。“尽管以前的欧洲思想家思考了犯罪原因,但是,龙勃罗梭是第一位预期犯罪学将成为一门独立于法律和公共卫生(public hygiene)的新学科的人……在《犯罪人论》出版时,‘犯罪学’这个术语是不存在的;龙勃罗梭自己使用‘犯罪人类学’这个术语称呼他的研究,以此强调他研究的对象是人,而不是法律。犯罪学是一个在以后不到10年间产生的一个替代性名称,但不是对立性名称,这个术语可能是由他的同事和信徒拉斐尔·加罗法洛发明的。”②龙勃罗梭的研究和学说,引起了人们对于犯罪问题的极大兴趣和广泛研究,大大加速了现代犯罪学的发展。可以说,在龙勃罗梭及其学说的影响下从事犯罪学研究的人不计其数,仅仅在意大

① 参见吴宗宪:《西方犯罪学史》,警官教育出版社1997年,第221-222页。

② Mary Gibson, *Born to crime: Cesare Lombroso and the origins of biological criminology*(Westport, CT: Praeger, 2002), p. 2.

利,就可以识别出三代龙勃罗梭的信徒。[①] 不仅如此,龙勃罗梭的大量学生和信徒还将他的学说传播到社会的很多方面,促进了犯罪学学说的广泛传播和实际应用,使犯罪人类学和犯罪学成为世界性的学科和研究领域。晚近的研究表明,“龙勃罗梭和意大利实证犯罪学产生了比以前认识到的更大的国际影响。”[②]因此,把龙勃罗梭称为“现代犯罪学之父”,是恰当的。

3. 龙勃罗梭学说的缺陷具有时代性

龙勃罗梭的研究和学说确实有重大缺陷,但是,这些缺陷在很大程度上反映了时代的局限性,而不一定是他自己的过失造成的。在龙勃罗梭所处的那个时代,尽管科学有了很大发展,它们启发龙勃罗梭用新的方法和新的理论研究、解释犯罪和犯罪人,但是,那个时代科学的发展毕竟有限,没有为龙勃罗梭恰当地解释所观察到的事实提供成熟的一般性科学方法论和理论基础。龙勃罗梭不是圣贤,不是“完人”,他只是一个学者,不能苛求龙勃罗梭既要提出科学的一般方法论和基础理论,又要将它们应用于犯罪和犯罪人研究;龙勃罗梭只能根据那个时代的精神,只能在那个时代的科学氛围中进行研究,他只能将当时已有的一般性科学方法论和基础理论应用于犯罪和犯罪人研究,而不可能超越当时整个科学的发展水平,提出永恒不变的“真理”。[③]

4. 将龙勃罗梭的学说与法西斯联系起来,可能是不恰当的

一些评价中将龙勃罗梭与德国希特勒法西斯政权和意大利墨索里尼的法西斯政权及其血腥活动联系起来,以此指责龙勃罗梭的犯罪学研究,这可能是不恰当的。主要理由如下:

第一,从时间顺序来看,在法西斯兴起的时候,龙勃罗梭已经逝世,他不能为自己身后的事情负责。龙勃罗梭是 1909 年去世的。德国法西斯领导人希特勒(Adolf Hitler,1889 - 1945)参与政治活动是从 20 世纪 20 年代开始的,他担任德国总理是在 1933 年,实行种族灭绝更是在此之后。意大利法西斯独裁者墨索里尼(Benito Mussolini,1883 - 1945)组建法西斯组织“战斗团”是在 1919 年,正式建立法西斯党是在 1921 年,担任意大利首相是在 1922 年。这些都是在龙勃罗梭逝世很久之后

---

① Mary Gibson, *Born to crime*: *Cesare Lombroso and the origins of biological criminology*(Westport, CT: Praeger, 2002), p.44.

② Mary Gibson, *Born to crime*: *Cesare Lombroso and the origins of biological criminology*(Westport, CT: Praeger, 2002), p.250.

③ 参见吴宗宪:《西方犯罪学》,法律出版社 1999 年版,第 154 页。

才发生的,不能让已经去世多年的龙勃罗梭为自己死后的事情负责。

第二,法西斯政权的做法可能与龙勃罗梭的某些观点吻合,这只能说是法西斯分子对于龙勃罗梭学说的滥用或者歪曲,而不能认为是龙勃罗梭启发或者诱发了法西斯的血腥念头和做法。法西斯政权的血腥活动并非都是利用自己发明和创造的观念、工具等进行的,他们实际上大量利用了人类文明发展的很多成果,不能因为法西斯分子利用这些成果就归罪于这些文明成果的发明者、创造者。

第三,晚近的研究表明,龙勃罗梭的犯罪人类学理论可以和多种政治倾向相结合。玛丽·吉布森(Mary Gibson)的研究发现,龙勃罗梭和实证主义学派的大部分第一代同事,都属于意大利社会党(Italian Socialist Party,PSI),[①]对于他们来讲,实证主义学说与马克思主义在唯物论、决定论和人道主义方面是相当吻合的。但是,在第一次世界大战之后,龙勃罗梭的大部分追随者与法西斯主义结盟,他们发现独裁更容易接纳实证主义的计划。根据实证主义的计划,不仅要对犯罪人进行分类和惩戒(discipline),而且要对被怀疑具有煽动混乱或者反抗这个国家的个人甚至整个群体进行分类和惩戒。"意大利犯罪人类学既吸引社会主义者,又吸引纳粹分子的事实表明,复杂的犯罪学理论并不必然是左派理论或者右派理论。一些犯罪学理论与某些特殊的政治立场的明显兼容性,可以因为历史环境的不同而变化,或者使某一方面的理论更受重视。在意大利,犯罪人类学从而也是生物决定论并不必然导致法西斯式的刑事司法政策,但是,犯罪人类学得到了学术界、政治家和各个政治派别公民的广泛支持。"[②]由此可见,仅仅把龙勃罗梭及其理论与法西斯主义联系起来,是不全面、不公平的。

5. 龙勃罗梭是一位具有多方面才能和贡献的杰出学者

他不仅在犯罪学研究中作出了巨大贡献,在犯罪学史上享有崇高的地位,而且在精神病学(包括司法精神病学)、法医学、人类学等方面也进行了深入的研究,取得了丰硕的成果。龙勃罗梭首先是一个精神病学家,然后才是一个犯罪学家,他在精神病学理论研究和临床实践中的成就,使他在精神病学史上也占有一

① 意大利社会党(Italian Socialist Party, PSI)成立于1892年,1893年使用现名,是意大利具有全国规模和现代民主体制最早的政党之一。该党最初的基础是工会、社会主义集团和合作组织,有无政府主义派和马克思主义派。

② Mary Gibson, *Born to crime: Cesare Lombroso and the origins of biological criminology* (Westport, CT: Praeger, 2002), p. 7.

席之地。例如,在精神病学中,龙勃罗梭被看成是“产生于莫雷尔(Morel)[①]的隔代遗传与退化的传统的最后一位重要贡献者”。[②] 同时,他利用人类学方法进行的大量研究,也使他获得了人类学家(anthropologist)的身份,甚至在精神病学史的书籍中,也称他为“意大利人类学家”(Italian anthropologist)。[③]

九、关于本书

本书是由龙勃罗梭的小女儿兼合作者吉娜·龙勃罗梭－费雷罗(1872－1944)用英语为美国读者撰写的。1911 年作为爱德华·李·桑代克(Edward Lee Thorndike)和贝达德(F. E. Beddard)主编的《普特纳姆父子公司科学丛书》(G. P. Putnam's Sons' Science Series)第 27 号出版。1972 年,帕特森·史密斯出版公司(Patterson Smith Publishing Corporation)重印该书,作为该公司出版的《帕特森·史密斯犯罪学、执法与社会问题丛书》(Patterson Smith Series in Criminology, Law Enforcement, and Social Problems)第 134 号,美国犯罪学家伦纳德·萨维茨(Leonard Savitz)为重印本撰写了新的《前言》。

中国对龙勃罗梭犯罪学学说的研究和介绍已经取得一定成绩,对于龙勃罗梭著作的译介已经有了一定的进展。例如,我的朋友黄风教授曾将龙勃罗梭最重要的著作《犯罪人论》第二版的意大利文版翻译为中文出版,[④]我自己曾经为该译本写了一篇介绍性文字。[⑤] 那么,翻译本书有何价值呢?

应当说,翻译本书的学术价值是很大的。对于中国读者来讲,本书的学术价值主要表现为:

第一,全面性。本书是了解龙勃罗梭犯罪学研究内容最为全面的著作。龙勃罗梭是一位勤奋耕耘、著作等身的伟大犯罪学家。对于绝大多数读者来说,都不可能阅读他的所有犯罪学著作。这除了语言方面的障碍(在当今英语大行其道的社会中,能够直接阅读意大利语专业书籍的人极其有限)之外,还有时间(阅读龙勃罗梭浩繁的著作,需要极其漫长的时间)、可得性(龙勃罗梭的大多数

① 贝内迪克特·奥古斯丁·莫雷尔(Benedict Augustin Morel, 1809－1873)是奥地利出生的法国精神病学家、早期犯罪学研究者。

② Parmand M. Nicholi, Jr. (ed.), *The Harvard guide to modern psychiatry* (Cambridge, MA: The Belknap Press of Harvard University Press, 1980), p. 284.

③ Franz Alexander and Sheldon T. Selesnick, *The history of psychiatry: An evaluation of psychiatric thought and practice from prehistoric times to the present* (New York: Harper & Row, 1966), p. 82, 162.

④ [意]切萨雷·龙勃罗梭:《犯罪人论》,黄风译,中国法制出版社 2000 年版。

⑤ 吴宗宪:《龙勃罗梭及其犯罪学研究》,[意]切萨雷·龙勃罗梭:《犯罪人论》,黄风译,中国法制出版社 2000 年版,第 1－41 页。

著作在中国难以找到)等方面的问题。但是,本书提纲挈领地全面介绍了龙勃罗梭犯罪学研究的主要内容,一卷在手,就可以对龙勃罗梭的犯罪学研究有一个基本的全面了解,就可以认识龙勃罗梭最主要的那些犯罪学学说。而且,本书除了介绍龙勃罗梭最主要的犯罪学研究结论之外,还在附录中介绍了龙勃罗梭主要著作的主要内容,这种介绍的角度和全面性,是龙勃罗梭自己的任何著作都不可能具备的。

第二,权威性。本书是了解龙勃罗梭犯罪学研究内容相当权威的著作。可以说,本书是用来了解龙勃罗梭犯罪学研究内容的不可多得的权威性著作。这种权威性主要通过下列方面表现出来。首先,本书的内容得到龙勃罗梭本人的肯定,龙勃罗梭本人为此书写了序言。从一定程度上讲,龙勃罗梭是对自己的犯罪学研究最为了解的人,本书得到他的首肯,说明本书的内容全面、准确地体现了他最主要的犯罪学思想。其次,本书的作者是撰写这类书籍的最佳人选。本书的作者吉娜·龙勃罗梭-费雷罗不仅是龙勃罗梭的女儿,长期生活在龙勃罗梭的身边,对龙勃罗梭的学术、生活等方面都很了解,具有任何人都无法比拟的撰写此类书籍的优越性,而且还是龙勃罗梭的重要学术助手,长期辅佐龙勃罗梭进行犯罪学研究,深得龙勃罗梭犯罪学学说的真谛,对于龙勃罗梭犯罪学研究的理解的准确性和深刻性等,都是其他人远远不能相比的。①

第三,简要性。本书是一部了解龙勃罗梭犯罪学研究内容简明扼要、文字简洁精炼的著作。龙勃罗梭在长期的犯罪学研究中,发表了大量的论著,本书用很短的篇幅就将其主要方面介绍清楚,没有繁杂赘述,没有枝节蔓延,薄薄的一本书就反映了龙勃罗梭的等身著述,其简要性是显而易见的。

第四,准确性。吉娜·龙勃罗梭-费雷罗撰写的介绍龙勃罗梭犯罪学研究的著作本身,也已经成为犯罪学名著,需要全面、准确地了解其内容。在过去曾经出版过以本书为蓝本编写并经过转译的中文书籍,但是,根据笔者了解的情况,严格地根据本书英语原著翻译的中译本,尚未出版过。因此,可以说,此次根据1911年出版的英文版翻译的中译本,是对吉娜·龙勃罗梭-费雷罗的原著的第一次汉语翻译。

尽管从严格意义上讲,本书是第一次完全根据英语原著翻译的中译本,但是,本次翻译并不是对本书的第一次介绍。译者不敢掠人之美,在此应当提及前

① 不过,在翻译本书的过程中,我也发现,有时候作者似乎忘记了自己的角色,以自己的参观感想代替了对其父亲的犯罪学研究的介绍。这可能是白璧微瑕吧!

贤们在介绍此书方面作出过的贡献。

还在20世纪80年代初期攻读硕士研究生的过程中,译者就曾看到一本名为《伦勃罗梭犯罪人论》的中文书籍,1929年由南京国民政府立法院编译处出版,上海民智书局发行,扉页上注明:琴娜女士著,徐天一重译。版权页上注明“原著者日本水野錬太郎”。本书由刘芦隐校编,戴季陶为中译本做序,全书166页,24开本。

这个中译本分为7章,章节目录如下:

第1章　绪论

第一节　伦勃罗梭的略传和事业

第二节　伦勃罗梭的先进者

第三节　刑事学与伦勃罗梭之犯罪人的研究

第2章　犯罪人各论

第一节　生来性犯罪者

第二节　悖德狂者

第三节　癫痫性犯罪者

第四节　精神病性犯罪者

第五节　偶发性犯罪者

第六节　感情性犯罪者

第七节　政治性犯罪者

第八节　女性犯罪者

第3章　犯罪的原因

第一节　犯罪之隔世遗传的原因

第二节　犯罪之病理的原因

第三节　犯罪之社会的原因及其他

第4章　犯罪的预防,治疗及防压

第一节　犯罪的预防

第二节　犯罪的治疗和防压

第5章　犯罪者的调查

第一节　心的方面的调查

第二节　身体方面的调查

第三节　感觉的调查

从上述目录的内容来看,这个译本的内容超出了吉娜·龙勃罗梭－费雷罗的英文原著。后来在撰写《西方犯罪学史》①一书的过程中,笔者曾经认真阅读了这个中译本,摘录了这个中译本的一些内容,并且对这个译本进行过一些考证,发现这个译本的底本可能是日本犯罪学家寺田精一主要根据吉娜·龙勃罗梭－费雷罗的英语原著撰写,但是也参考了龙勃罗梭《犯罪人论》第 5 版第三卷《犯罪及其原因和矫治》等书的内容后编译写成的日语著作。这个中译本中注明的“原著者”“水野錬太郎”,可能是“寺田精一”之误。不管怎么样,这个中译本在介绍吉娜·龙勃罗梭－费雷罗的英语原著和龙勃罗梭的犯罪学研究方面,应当发挥了重要的作用,它对中国犯罪学界的启蒙价值是不容低估的。遗憾的是,此次在笔者根据英语原著进行翻译的过程中,没有找到徐天一翻译的中译本,也无法参考这个中译本。

虽然笔者翻译的目前这个译本,在很多名词、语言表达等方面,可能与 20 世纪 20 年代有很大的不同,但是,学术研究是一项薪尽火传的事业,在正常情况下应当世代相传。目前的这个译本中,应当包含着前人的智慧和贡献。笔者应当对在国内最早关注并且译介本书的前贤们(徐天一②等),表示由衷的敬意。

吴宗宪
2007 年五一节于北京师范大学刑事法律科学研究院

① 吴宗宪:《西方犯罪学史》,警官教育出版社 1997 年版。

② 遗憾的是,关于本书的翻译者徐天一,所知情况不多。从网络搜索的结果来看,除了翻译这本书之外,徐天一还翻译了日本泷本诚一的《中世欧洲经济史》,该书由民智书局出版。参见向燕南:《20 世纪二三十年代中国新社会科学运动与史学发展的新境界》,http://www.zisi.net/htm/xzwj/xynwj/2005－12－11－34597.htm[2007－5－8]。

序　言①

切萨雷·龙勃罗梭

这本书的美国读者或许会感兴趣我女儿在这本书中简练概括的、我自己在《犯罪人论》(Criminal Man)一书中阐述的现代刑罚学派(Modern Penal School)的观点,有兴趣知道这门科学的要点是怎样在我心中最初产生并且逐渐在一定的工作中形成,也就是说,知道这门学科怎样受到一些人的反对,又怎样受到其他人,特别是美国人的几乎狂热的信奉。在美国,传统的学说很少,现代刑罚学派正在形成。

根据我的记忆和我在这方面进行研究的资料,我发现现代刑罚学派有两个基本观点。例如,主张把犯罪人自身,而不是犯罪作为这方面研究的基点,以便适当地处理犯罪人犯罪行为的危害后果。又如,把生来犯罪人(congenital criminal)划入某种异常类型,其中部分有病理型异常,部分有隔代遗传型异常,他们是原始野蛮人的重现。我以为,他们的异常不是某种深层印记(deep impression)的瞬间发作,而是一系列印记的结果。对这些最初模糊的观念的缓慢而几乎无意识的联想,逐渐形成一种新的体系,受其起源的影响,这种新的体系在后来的发展中,一直保持着可疑的、不能确定的痕迹,保持着诞生时就具有的那些标记。

第一个观点是我在1864年产生的。当时,作为一名军医,我通过对意大利士兵进行一系列研究来消磨大量闲暇时间。从一开始,我就对一种可以将诚实士兵和他的邪恶同事区分开来的特征,产生了很深的印象,这种特征是:许多邪恶士兵有文身,下流图案覆盖他们的身体。不过,这种观点并没有取得成果。

第二种观点是我在一个偶然的机会产生的。当时我的同事们在谈笑,我在利用实验方法寻求精神病学的基础。当时是在1866年,由于对临床实验的气氛

① 龙勃罗梭教授在去世前,亲自关注由他的女儿兼合作者吉娜·龙勃罗梭·费雷罗(Gina Lombroso Ferrero,著名历史学家的妻子)撰写的这本书。在这本书中,简要介绍了龙勃罗梭有关犯罪原因和犯罪人矫治的宏大著作中得出的结论。为本书准备的这个序言,是已经发现的这位著名作者的最后文字作品,它可能是在作者最后患病期间完成的。——原注

感到很新鲜,我开始研究精神病学。我认识到,迄今为止受到尊重的研究方法是多么不适当,在研究精神病人中多么有必要把病人,而不是把疾病作为关注的对象。为了探求这些观点,在对精神疾病患者进行临床检查时,我研究他们的颅骨,用触觉测量器(esthesiometer)和头盖骨测量仪(craniometer)进行测量和称重。由于这些初步的结果令我感到安慰,我便将这种方法应用于研究犯罪人,即像托马斯(Thomas)和威尔逊(Wilson)等少数调查者那样,研究犯罪人和精神病人之间的差别。但是,由于我当时既无法观察犯罪人,也无法观察悖德狂者(moral imbecile,又译为“道德卑劣者”),这是我把犯罪人作为研究起点时遇到的一种明显的情形;也由于我怀疑是否存在法国和英国的学者们所坚持的那些“悖德型精神病人”(moral lunatics),而且他们的论证极端缺乏精确性,因此,我渴望应用实验方法研究精神病人、犯罪人和正常人之间的差别性,而不是相似性。不过,就像那些用灯笼照亮别人的道路而自己在黑暗中蹒跚而行的人那样,事实证明,这种方法在确定犯罪人和精神病人的差别方面是有用的,但是,并不能表明它是研究刑罚学(penal jurisprudence)的一种新方法,这门学科是我从未认真思考过的学问。我开始朦胧地认识到,迄今为止由法学家,特别是意大利法学家们利用某种聪明对犯罪进行的理论研究,都应当由直接对犯罪人的分析研究所取代,这种分析研究通过将犯罪人与正常人和精神病人的比较来进行。

因此,我开始研究意大利监狱中的犯罪人。在犯罪人中,我认识了著名的江洋大盗维莱拉(Vilella,又译“维内拉”)。这个人异常敏捷,曾因背着一只绵羊爬上一座陡峭的山峰而闻名。他玩世不恭,厚颜无耻,竟然公开炫耀他的犯罪。他死于11月的一个寒冷阴沉的早上,我受委托给他做尸体解剖。一打开头颅,我就在他的枕骨部位,确切地说是在正常头颅中脊柱所在的那个点上,发现了一个明显的凹陷,我称为“中央枕骨窝”(median occipital fassa),因为它的位置正好在枕骨的中间,就像低等动物,特别是啮类动物①那样。就像在动物中那样,这个凹陷与小脑蚓部的肥大有关,如同在鸟类的小脑中所见到的那样。

这不仅仅是一个念头,而且是一个意外的发现。在看到这个头颅时,我似乎站在火红的太阳照射之下的平坦旷野,突然发现了犯罪人的本质的问题——犯罪人是一种隔代遗传者(atavistic being),在犯罪人身上再现了原始人和低等动物的凶残本能(ferocious instinct)。因此,可以从解剖学上解释他巨大的颌骨,高大的颧

① 啮齿目动物(rodent)主要是指兔子、老鼠、豪猪一类的动物,是哺乳动物中种类最多的一类动物。——译注

骨，手掌中的孤立条纹，极大的眼眶，在犯罪人、野蛮人和类人猿中可以见到的柄形或无柄耳朵、对疼痛的迟钝、极敏锐的视力、文身、极度懒惰、喜欢酗酒狂欢，以及为了自己而做坏事的不可遏制的欲望，不仅要夺去被害人生命，而且要撕碎被害人尸体、吃其肉、喝其血的欲望。

这个大胆的假设进一步受到我对沃泽尼（Verzeni）进行研究的结果的支持。沃泽尼是被判决犯有性虐待和强奸犯罪的犯罪人，他表现出原始食人肉者（primitive anthropophagist）的食人本能和食人兽的凶残。

不过，犯罪这个极端复杂的问题的不同方面，并没有因此而全部解决。最后的答案是由另一个案例提供的，这就是米斯蒂（Misdea）的案例，这是一名大约21岁的年轻士兵，不聪明但是也不凶恶。尽管经常癫痫发作，但是，他仍然在军队中服役多年。当他因为微小的原因而突然癫痫发作时，他袭击并杀害了8名上级军官和同事。他的可怕的行动结束之后，他酣然大睡起来。睡眠状态持续了12个小时，在唤醒之后想不起发生了什么事情。米斯蒂在表现了野兽的最凶残性的同时，也显露了癫痫的所有症状，这些特征似乎在他的所有家庭成员中都有遗传。我心中忽然产生了这样的想法：那些不能归因于隔代遗传（atavism）的许多犯罪人特征，例如，面部不对称、脑硬化、冲动性、猝发性（instantaneousness）[①]、犯罪行为的周期性、以恶制恶的欲望，都是癫痫中常见的病理特征，它们和其他一些特征都来源于隔代遗传。

因此，追溯迄今为止我工作中那些最初的想法，可以说它们完全都是人类学的观点。临床想法证实了人类学特征，反过来也是如此。大部分犯罪人都表现出癫痫病人的特征，另一方面，癫痫病人也表现出一些和犯罪人相似的特征。最后，研究发现，癫痫往往表现出隔代遗传特征，甚至包括那些在低等动物中常见的特征。

我逐渐从对正常人、精神病人、犯罪人、原始人和儿童的研究等各种来源中，推论出这样的综合性看法：伟大的天才往往是由某种灵感创造的（但是，要冒失误的风险的是，天才只能是人，在许多情况下，天才比常人更容易出现谬误）。所以，通过把刑罚问题转化为最简单的表达，那么，这类问题的解决方法就会变得更加容易，就像胚胎学已经解决了很多十分陌生和神秘的畸形学[②]难题那样。

但是，这些尝试一直都是没有结果的，俄国、德国、匈牙利、意大利和美国的

① instantaneousness 也可翻译为“瞬时性”。——译注

② 畸形学（teratology）是指研究动植物中先天畸形的原因、发育、描述和分类的学科。——译注

许多法学家都没有取得成功。通过改正草率而片面的结论就使胚芽受精的事实表明,要进行适当的改革和应用,尤其重要的是,要将我关于个别预防和矫治以及社会预防和矫治的思想应用于犯罪人。

恩里科·菲利(Enrico Ferri)[①]首先认识到,生来型癫痫样犯罪人(congenital epileptoid criminal)并不是一种单一类型,如果这类犯罪人无法挽救地注定要受到恶报,那么,其他人的犯罪就仅仅是精神病的一种短暂发作,这种短暂发作是由处境、激情患者疾病决定的。他确立了新的类型——偶然犯罪人(occasional criminal)和激情犯罪人(criminal by passion),并且通过询问这样的问题改变刑法典的基础:仅仅为了避免扰乱那些拒不考虑科学领域中这种新成分的人们的平静,就让法律服从事实,而不是改变事实来适合法律,是不是更加公平?因此,如果现代刑罚学派的拥护者们不顾天才人物们徒劳地渴望的那些理论准则,就像看见了沙漠幻景的饥渴的旅行者那样,那么,现代刑罚学派的拥护者们就会得出这样的结论:刑罚对公权的剥夺(infamy)和刑罚的凶残性(ferocity),应当随着刑期和社会安全的增加而相应地降低。刑罚用更长期限的隔离替代刑罚对公权的剥夺;对于那些精神病学家不能确定究竟是犯罪行为还是精神病的案件,现代刑罚学派的拥护者们提倡一种中间机构(intermediate institution),在这种机构中,仁慈的治疗和社会安全受到同样的重视。他们也重视一些措施的重要性,迄今为止这些措施普遍被看成是纯粹的抽象概念和难以实现的目标,它们包括通过追溯犯罪的根源去预防犯罪的措施、通过准许离婚而大大减少通奸的法律、通过禁止饮酒倾向而预防暴力犯罪的法律、建立贫困儿童的机构、联合起来阻止盗窃犯罪。最重要的是,为了使已经遭受犯罪侵害的社会,不能因为监禁犯罪人而遭受金钱损失,也仅仅为了尊重一个无人相信的理论原则:监狱就是一种洗礼圣水盆,其中的圣水能够洗刷掉所有的罪恶,他们就坚持那些以牺牲犯罪人为代价保护被害人的法律。不幸的是,这样的法律已经废弃不用了。

所以,最初其范围受到限制的犯罪人类学大厦,逐渐扩展其范围,包括了对杀人、政治犯罪、与银行界有关联的犯罪、妇女犯罪等的特别研究。

但是,在基础尚未确立的时候,欧洲各地都产生了大胆创新之后总是伴随的那种诽谤和曲解。人们指责我们想为犯罪人开脱,想释放所有犯罪人,拒不考虑气候和种族影响,把犯罪人看成是永远受其本能控制的奴隶。相反,现代刑罚学

① 恩里科·菲利(Enrico Ferri,1856-1929)是意大利社会学家、犯罪学家,实证主义犯罪学派的另一个重要代表人物,也是龙勃罗梭的亲密朋友和其学说的重要支持者。——译注

派为统计学家和社会学家在这些方面提供了强大动力。这在《犯罪人论》第三卷中得到了清楚的体现,这本书包含了对现代犯罪学家和我自己的观点的简要论述。

不过,有一个国家——美国热情而赞同地接受现代刑罚学派的观点,迅速将它们付诸实践,埃尔迈拉(Elmira)教养院①、缓刑制度、少年法庭和乔治少年共和国(the George Junior Republic)②就显示了辉煌的成就。他们也首创了现在普遍使用的做法,即在每一项重大的刑事审判中进行人类学方面的合作。

为此,也考虑到美国没有我的著作《犯罪人论》、《男性与女性》(Male and Female)和《政治犯罪人》(Political Crime)的完整译本(由于这些著作篇幅较大,翻译和发行同样困难),我高兴地欢迎这本概要性著作,欢迎我的女儿吉娜在书中准确而关爱地解释要点。吉娜从童年时代起就和我一起工作,目睹了我的科学大厦的逐步建立,分享了我的焦虑、屈辱和成功。没有她的帮助,我或许就不可能完成这座大厦,也不可能应用它的基本原理。

---

① 埃尔迈拉教养院(Reformatory at Elmira)是美国在1876年建立的第一个教养院,著名刑罚改革家泽布伦·里德·布罗克韦(Zebulon Reed Brockway,1827-1920)担任其第一任领导人。——译注

② 乔治少年共和国(the George Junior Republic)是建在美国纽约的弗里维尔(Freeville)的一个少年犯矫正机构,其创始人和监狱长是威廉·鲁本·乔治(William Reuben George, 1866-1936)。在这个矫正机构内,实行了社区组织的管理形式,犯罪少年和犯罪少女都是其中的公民,担负着维护社区秩序的责任。——译注

第一部分　犯罪人世界

第1章　生来犯罪人

第一节　古典刑罚学学派和现代刑罚学学派[①]

犯罪人(criminal)是违反国家颁布的调整人们之间关系的法律的人。但是，在过去制定的很多法典仅仅涉及犯罪(crime)，而不涉及犯罪人。治安法官(magistrate)和法官(judge)把那些被但丁(Dante)[②]贬入地狱中的卑劣者，交给监狱看守和刽子手负责，仅仅由这些人屈尊对付他们。法官根据一成不变的学说、毫不怀疑的态度、不可侵犯的庄重和对自己智慧的确信，按照个人的突发奇想判处刑罚，决不宽恕。无论是法官，还是犯人，都同样忽略了所判处刑罚的最终效果。

1764年，伟大的意大利法学家和经济学家切萨雷·贝卡里亚(Cesare Beccaria)[③]首先呼吁公众关注那些不幸的人，他们的供述(是否需要这种通过拷打而逼出来的供述)[④]构成了审判的唯一基础和适用刑罚的唯一指南，盲目地判处刑罚，没有正式程序，不听取辩解，恰恰就像是给抽象的符号，而不是给活生生的人判处刑罚。

刑罚学古典学派(Classical School of Penal Jurisprudence)的创始人是贝卡里亚，弗朗西斯科·克拉拉(Francesco Carrara)[⑤]是最伟大、最显赫的信徒。这个学派仅仅想确立一些合理的判决，想通过修改法律来指导反复无常而缺乏辨别力的法官们适用刑罚。在撰写自己的伟大作品的过程中，这个学派的创始人受到

① 这个节的标题，是译者根据原书目录中的内容添加的。——译注

② 但丁(Dante, 1265－1321)是意大利最伟大的诗人，著有叙事诗《神曲》，描述了穿越地狱、炼狱和天国的旅行经历。——译注

③ 切萨雷·贝卡里亚(Cesare Beccaria, 1738－1794)是意大利犯罪学家、法学家和经济学家，1764年发表《论犯罪与刑罚》一书，对于西方国家乃至整个世界的刑事司法改革都产生了巨大的影响。——译注

④ 圆括号中的内容是原文中就有的。——译注

⑤ 弗朗西斯科·克拉拉(Francesco Carrara, 1805－1888)是意大利刑法学家。——译注

所有人类情操的最高形式——怜悯(pity)的启发。尽管偶尔也关注犯罪人,但是,这个学派的著作却仅仅论述法律的应用,而没有涉及犯罪人本身。

这就是古典刑罚学学派和现代刑罚学学派(Modern School of Penal Jurisprudence)之间的差别。古典学派根据自己的学说假定,除了极端的情况之外,所有的犯罪人生来就具有像正常人那样的智力和感情;他们故意进行犯罪行为,因此受到自己无限制的邪恶欲望的推动。人们仅仅考虑犯罪行为,整个现存的刑罚制度也是以犯罪行为为基础建立的,给予犯罪人的刑罚的严厉性是由其犯罪行为的严重性决定的。

相反,现代刑罚学学派或者实证主义刑罚学学派(Positive School of Penal Jurisprudence)主张,犯罪人的反社会倾向是其身体和心理组织(psychic organization)的结果,而犯罪人的身体和心理组织在本质上是与正常人不同的。为了矫治而不是惩罚犯罪人,这个学派想研究犯罪人的形态学特征和功能现象。因此,现代学派[①]是以一种新的科学——犯罪人类学(Criminal Anthropology)为基础建立的;可以把犯罪人类学界定为犯罪人的自然史(natural history of the criminal),因为犯罪人的自然史包含着犯罪人的器质性素质(organic constitution)、[②]心理素质(psychic constitution)和社会生活,就像人类学包含着正常人和不同种族的人那样。

如果我们考察一些犯罪人的话,我们就会发现,在他们的脸部、骨骼、不同的心理和感觉功能方面存在一些异常现象,以至于他们和原始种族非常相似。首先引起我父亲[③]关注犯罪人与原始人之间的密切关系,从而使他猜测犯罪倾向有隔代遗传根源的,正是这些异常现象,

还在帕维亚(Pavia)的精神病院中当一位年轻医生的时候,他就被要求对一个名叫维莱拉(Vilella)的犯罪人进行尸体解剖检查。这个维莱拉就是意大利的肢解者杰克(Jack the Ripper),[④]他的残暴的犯罪行为,使得整个伦巴第(Lombar-

① 现代学派(the Modern School)应当是指龙勃罗梭创立的刑事人类学派或者实证主义学派。——译注

② 器质性素质(organic constitution)是指与生理结构和功能有关的个人特征。——译注

③ 这里及下文中的“父亲”,都是指犯罪学家切萨雷·龙勃罗梭。——译注

④ 肢解者杰克(Jack the Ripper)是19世纪后半期英国伦敦的一个著名犯罪人。1888年,“肢解者杰克”(Jack the Ripper)3个月内杀害了伦敦的5名妓女,引起西方社会的极大关注。但是案件始终未能侦破而成为悬案,从而使该案成为西方国家十分有名的案件,引发很多的研究和探索,衍生了大量的文艺作品和犯罪学著作。——译注

dy)省都感到恐怖。他刚刚打开颅骨,就在颅骨底部,在正常人中发现内部枕骨骨栉或者脊背的那个点上,发现了一个小的凹陷,他叫做中央枕骨窝(median occipital fossa)。这个异常特征与小脑中的一个更加明显的异常有关,这个明显的异常就是小脑蚓部肥大(the hypertrophy of the vermis),也就是将位于大脑半球下方的小脑叶分开的脊髓。维莱拉的小脑蚓部很大,以至于它几乎构成了一个小的、中间的小脑,就像是在低等的猿、啮齿动物①和鸟类中发现的那样。这种异常在低等种族中很少见,只有在玻利维亚和秘鲁的艾马拉人(Aymaras)的南美印第安部落中才能发现。在那些人中,也并非经常都能够发现(40%)。在精神病人或者其他退化者中发现这种情况的也很少见,但是,后来的调查表明,这种现象在犯罪人中是常见的。

这个发现就像阳光一闪。"在看到这个头颅时,"我的父亲说,"我就像站在火红的太阳照射之下的平坦旷野,似乎突然明白了犯罪人的本质的问题——犯罪人在文明时代不仅重现了原始野蛮人的特征,而且也重现了更加低等的食肉类动物的特征。"

因此,可以解释巨大的下颚、强壮的犬齿、凸起的颧骨②和高度发达的眼眶的根源。他经常在犯罪人中发现这些异常特征,因为这些特征是在食肉动物和原始人类中常见的,食肉动物和原始人类需要撕咬和吞食生肉。也因为这样,就很容易理解为什么犯罪人的双臂长度往往超过身高,因为这是猿的一种特征,猿的前肢被用来行走和攀爬。犯罪人表现出的另一些异常,例如,胡须稀疏而身体毛发浓密、能够抓握的脚、手掌的纹线很少、袋状脸颊、巨大的门牙、两边的牙齿往往缺失、扁平的鼻子、有角的或者糖块形状的颅骨,都是在犯罪人和猿中常见的。巨大的眼眶与鹰钩鼻子相结合,往往使犯罪人具有食肉鸟的特征;脸下部和颚部突出的特征,可以在黑人和动物中发现。多余的牙齿(在一些情况下就像蛇那样长了双排牙齿)和多余的颅骨(就像在秘鲁的印第安人中那样有多余的颅骨)。所有这些特征可以得出一个结论,那就是犯罪人具有隔代遗传根源;犯罪人重现了远祖的身体、心理和功能特征。

我父亲自己以及他的学生们后来的研究表明,除了隔代遗传之外的其他因素,决定着犯罪人的类型,而这些因素就是疾病与环境。后来,对大量犯罪人的

① 啮齿动物(rodents)是指经常要用牙咬或者啃以免牙齿过长的一类动物,包括老鼠、松鼠、兔子、河狸等。这是哺乳动物中种类最多的一目。——译注

② 颧骨(zygoma, cheekbone)是指眼睛下面两腮上面突出的骨头。——译注

研究使他们得出这样的结论:所有违法者都不能按照单一的种类进行划分,因为他们的分类中包含了非常复杂的类型,他们不仅在从事特定犯罪的倾向方面有所不同,而且在犯罪倾向的坚韧程度和强度方面也是不同的,因此,他们实际上构成了一个从生来犯罪人(born criminal)到正常人的渐进梯度(graduated scale)。

生来犯罪人大约占犯罪人总数的1/3。尽管他们在数量上居于劣势,但是,他们构成了整个犯罪人群体中最重要的部分,这部分是因为他们经常受到公众的关注,也是因为他们实施的犯罪具有异常凶残的特征。其余的2/3包括倾向犯罪人(criminaloid)、[①]偶然犯罪人(occasional criminal)和习惯犯罪人(habitual criminal)等,他们并没有表现出明显的不同于正常人的特征。

首先让我们论述生来犯罪人。生来犯罪人是卑劣的违法者群体的核心,自然也就表现出最多的、最突出的异常特征。

中央枕骨窝和刚才列举的其他异常特征,并不是这类严重犯罪人所表现出的唯一的异常特征。我父亲和他的学派的其他人通过仔细研究,已经发现了身体器官中的许多异常特征以及身心功能方面的许多异常特征,所有这些异常特征都表明了这类本能型犯罪人(instinctive criminal)的隔代遗传根源与病理根源(atavistic and pathological origin)。

如果我详尽描述现代学派在犯罪人中发现的大量异常特征,并且试图追溯这些异常特征的根源,或者论述这些异常特征对于有机体的影响的话,显然是本书作为摘要的篇幅所不允许的。在我父亲的3卷本著作《犯罪人论》以及他后来关于同一个主题的著作《犯罪的现代形式》(Modern Forms of Crime)、《犯罪人类学的最近研究》(Recent Research in Criminal Anthropology)和《监狱笔记》(Prison Palimpsests)等书中,已经进行了这样的详尽描述。想对这个主题进行全面了解的读者,应当参考这些著作。

本书只能简要介绍犯罪人的主要特征,以便全面概括犯罪学家们的研究。

---

① 倾向犯罪人(criminaloid)指轻微犯罪人(minor offender)。——原注

第二节 生来犯罪人的身体特征[①]

一、头部

由于这个部分是最容易产生异常的部分,因此,这一部分表现出的异常特征的数量自然最多。论述将从大脑的外部形状扩展到其内部的构成。

生来犯罪人的颅骨在大小和形状方面并没有表现出任何明显的特征。一般而言,生来犯罪人的颅骨往往比他出生的地区或者国家中一般人的颅骨更大或者更小。生来犯罪人的颅骨在1200到1600立方厘米之间,即在73到100立方英寸之间,而正常人的颅骨平均为92立方英寸。这种情况在头部指数(cephalic index)[②]上类似。头部指数就是颅骨的最大宽度与最大长度之间的比率乘以100,[③]它可以用来具体地描述颅骨的形状,因为头部指数越大,颅骨越接近圆球形状;头部指数越小,颅骨越像长条形状。生来犯罪人的颅骨没有特征性的头部指数,但是往往比他所在地区的种族的颅骨更大。在头部呈现长条形状的人(头部指数小于80)很多的地区,生来犯罪人的头部指数非常小。相反,如果他们所在地区人们的颅骨大多数是圆形(头部指数为80或者更大)的话,那么,生来犯罪人就会有更大的头部指数。

我们发现,15.5%的生来犯罪人颅骨是圆形的或者有异常的圆形脑袋(头部指数91)。相当一部分(几乎是正常人的2倍)生来犯罪人的颅骨很小。在其他的情况下,生来犯罪人的颅骨或者过大(大脑袋),或者过小,形状畸形,有狭窄而后仰的前额(小颅骨占0.2%)。正常大小的颅骨更少,但是,有像平底船形的颅骨(船形颅骨占0.1%,类似船形的颅骨占6%)。有时候,颅骨异常更加严重,我们发现了其中一侧长着骨瘤的完全不对称的颅骨(即斜头畸形,占10.9%),也发现了在前囟(bregma)或者前面囟门(anterior fontanel)[④]的顶部结束的颅骨,还发现了颅骨中部下降的颅骨。有时候,会发现在颅骨骨缝两侧有骨栉或者凹槽(11.9%),或者发现头盖骨异常厚,就像原始人的特征那样(36.6%),或发现头盖骨异常薄(占8.10%)。其他显著的异常特征包括,在颅骨骨缝中有蚓状骨

① 这一节的标题是原书就有的,但是,原书中并没有"第二节"的字样。——译注

② 头部指数(cephalic index)又译为"颅指数"。——译注

③ 对于在测量颅骨中所使用的方法的论述,参见第三部分。——原注

④ 囟门(fontanel)是指婴儿头部会动的部位。——译注

(Wormian bone,占21.22%),像印加人(Incas)[①]一样的骨头(占4%),最重要的是包括中央枕骨窝。很重要的是,还发现了突出的额窦(frontal sinuses),占25%(是正常人的2倍);发现了太阳穴的半圆形皱纹(semicircular line),这种皱纹往往很大,形成了隆脊(ridge),并且与颞部肌肉的某种过度发育有联系,这是灵长类动物和食肉动物中常见到一种特征。前额往往后仰,就像猿的前额那样(占19%),或者前额低而窄(占10%)。

二、面部

与颅骨上狭窄的前额和低的穹窿形成明显对比的是,生来犯罪人的面部就像大多数动物那样,大小比例失调,这是一种与神经中枢相比,感觉得到高度发达的现象有密切联系的现象。在45.7%的生来犯罪人中,发现了突颚(prognathism),即面部的下半部分突出,超过了前额。在38%的生来犯罪人中,发现了突颌(progeneismus),即下面的牙齿和下颌超过了上面的牙齿和上颌,而在正常人中具有这类特征的仅仅为28%。作为面部的下半部分突出的一种自然结果,眼眶和颧骨得到相应的发育(占35%),并且颌部[②]的尺寸自然增大,平均直径为103.9毫米(4.09英寸),而正常人的颌部仅为93毫米(3.66英寸)。在29%的生来犯罪人中,有巨大的颌部。

除了隔代遗传的解释之外,对于颌部和颧骨的过度发育,还可以有另外的解释,即咀嚼系统的高度发达。它们可能一直受到某些姿势、牙齿活动、嘴巴肌肉紧张等习惯的影响,并且伴随着有力的嘴巴肌肉活动;当人们决心用体力或者暴力解决问题并且思考复仇计划时,自然会有这样的反应。

不对称(asymmetry)也是生来犯罪人相貌中常见的一种特征。他们的眼睛和耳朵往往不在同一个水平位置上,而且大小往往不同,鼻子可能斜向一边等。就像我们在后面将要看到的那样,这种不对称与感觉和功能方面的明显异常有联系。

三、眼睛

眼睛是心灵通向外界的窗户,它自然也就成为表达某种心理特征的许多异常之处的主要器官。像锐利的表情、闪烁的眼神,都是很难描述的,但是,所有的

① 印加人(Incas)是指南美印第安人的一个部落中的土著人,过去居住在秘鲁的安第斯(Andes)山脉中。——译注

② 颌部(jaw,又译为“颚部”)是指构成口腔上部和下部的骨头和肌肉组织的总称,其中上部叫上颌,下部叫下颌或者俗称“下巴”。——译注

观察者都能够明显地看到。如果我们仔细地观察表情,我就可以发现许多生理异常,例如,上睑下垂(ptosis),即上眼皮下垂,这种特征使得眼睛呈现一种半开的状态,而且往往是一侧的上眼皮下垂。又如,斜视(strabismum),即双眼视轴不平行。如果这种现象是由于光线折射误差引起的,那么,就不是很严重。但是,如果这种现象会不断加重,或者是由于头部的先天性疾病或者薄膜覆盖引起的,那么,就是非常严重的。其他异常包括虹膜(iris)不对称,即两眼虹膜的色彩往往不同;眼皮倾斜,这是蒙古人的一种特征,伴随着上眼皮向内折叠,或者眼皮的内部褶皱过长,梅奇尼科夫(Metchnikoff)①认为,这种现象是胚胎特征的一种延续。

四、耳朵

生来犯罪人的外耳往往较大,偶尔也会发现生来犯罪人的外耳比正常人小。28%的生来犯罪人长着柄形耳朵(handle-shaped ears),就像黑猩猩那样从脸部向外突出:在其他情况下,两只耳朵长在不同的水平位置上。我们往往发现畸形的、扁平的耳朵,没有耳轮,缺乏耳屏或者耳屏的方向相反,伴随着耳朵后部边缘(被称为"达尔文结",Darwin tubercle)的上半部分突出,这是猿的突出耳朵特征的一种遗留。在耳垂上也可以发现异常特征,在一些生来犯罪人中,耳垂过分地贴着脸部;在另一些生来犯罪人中,耳垂过大,就像古代埃及人那样。在其他的生来犯罪人中,完全没有耳垂,或者耳垂萎缩,呈现出在猿中常见的那种形状。

五、鼻子

生来犯罪人的鼻子往往是扭歪、上翻或者扁平的。盗窃犯具有黑人那样的特征;相反,杀人犯的鼻子往往呈鹰钩形,像食肉鸟类的嘴。在生来犯罪人中,也常常发现三叶鼻(trilobate nose),它的鼻尖像一个孤立的山峰一样从肿胀的鼻孔升起,可以在中非的一个侏儒部落——阿卡咯斯(Akkas)人中发现这种形状的鼻子。所有这些异常导致了常说的那种锯齿状鼻子,它具有在各地都可以或多或少见到的某种特征。

六、嘴巴

这一部分或许表现出了比其他的脸部器官更多的异常特征。我们已经提到了生来犯罪人的颌部过度发育的现象。其他的异常特征往往都在这个部位表现

① 梅奇尼科夫(Metchnikoff,1845 – 1916)是俄国动物学家、微生物学家,因在动物体内发现噬细胞而与P. 埃尔利希共获1908年的诺贝尔生理学奖。这种细胞是他在意大利从事研究工作时发现的。——译注

出来。例如,狐猴状隆起(lemurine apophysis),即下巴骨头突起,这种异常特征很容易通过将手放在皮肤上抚摸而从外面识别出来。又如犬齿窝(canine fossa),即位于上颌部位的犬齿肌肉凹陷进去,狗的这种肌肉十分发达,用来收缩使犬齿露出的嘴唇。

女性生来犯罪人和杀人犯的嘴唇多肉、膨胀并向外突出,就像黑人那样。诈骗犯的嘴唇薄而直挺。犯罪人中有兔唇的也比正常人多。

七、颊囊①

生来犯罪人的脸颊肌肉上有褶皱,这会使人回想起一些哺乳动物的颊囊(pouches)。这些特征在生来犯罪人中是很常见的。

八、腭部②

生来犯罪人腭部往往中间隆起,这种特征很容易感觉到,但是不容易看到。生来犯罪人的这个部位也可能有其他的异常特征,例如,像爬行动物上牙部位那样的一些窝和疙瘩。另一种常见的异常现象是裂腭(cleft palate),即腭部有裂缝,这是由发育缺陷造成的。

九、牙齿

应当特别关注的是,生来犯罪人中的牙齿很少有正常的。门齿(incisor)③表现出的异常现象最多。他们往往没有两侧的门齿,而中间的门齿往往过大,像啮齿动物的门齿。牙齿往往有横的条纹,或者牙齿之间的间距很大,牙齿之间有缝隙,使得上犬齿与下犬齿能够紧密咬合,这是猿的一种特征。在一些生来犯罪人中,中间的门齿之间有这种缝隙;在另一些生来犯罪人中,在中间的门齿与两侧的门齿之间有这种缝隙。

生来犯罪人的牙齿往往表现出异常整齐的特征,这使人回想起低等脊椎动物的同型齿(homodontism)。不过,在一些生来犯罪人中,只是前臼齿(premolars)才表现出这样整齐的特征,而且在前臼齿上有像臼齿一样的骨瘤,这是大猩猩和猩猩所具有的一种异常特征。4%的生来犯罪人犬齿非常发达,长而锐利,向内部弯曲,就像食肉动物那样。有早发型龋齿(premature caries)的很常见。

十、下颚④

一般而言,在欧洲人中,脸部的这个部位有一定的突出现象。在生来犯罪人

① 原文是 cheek-pouches。——译注

② 原文是 the palate。——译注

③ 门齿(incisor)即通常所说的“门牙”。——译注

④ 下颚(the chin)又译为“颏部”或者“下巴”。——译注

中，这个部位往往小而后缩，就像儿童那样，或者过长，或者过短，或者过于扁平，就像猿那样。

十一、皱纹

虽然正常人往往也有皱纹（wrinkles），但是生来犯罪人表现出的面部皱纹数量更多、变化更大和产生更早，而且几乎总是这样。生来犯罪人的这些特征会使观察者感受深刻。生来犯罪人中最常见的皱纹特征包括：额部有竖皱纹和横皱纹，鼻根部有竖皱纹和半圆形皱纹，两个眼角外部的眼眶有鱼尾纹，嘴和鼻子周围有鼻唇皱纹（naso-labial wrinkles）。

十二、毛发

生来犯罪人的头发、脸颊汗毛、胡须、眉毛和其他体毛，都有很多异常特征。一般说来，在毛发的分布上，不同性别的生来犯罪人都会表现出异性那样的毛发特征。杀人犯的毛发大多是黑色的，而诈骗犯的毛发像卷曲的羊毛。灰发和秃头的极少，即使出现也比正常人要迟。胡须稀疏，甚至常常连一点胡须也没有。另一方面，额头往往被汗毛所覆盖。眉毛浓密，往往碰到鼻子。他们的眉毛往往长得歪斜，使脸部像猩猩那样。

生来犯罪人特有的体毛异常，不仅在脸部和头部表现出来，而且也表现在躯干和四肢上。

十三、胸部①

12%的生来犯罪人的肋骨数量不是过多，就是太少。这是在动物或低等人种、史前人类中所常见的一种隔代遗传特征，与文明人的数量均匀特征恰好相反。

许多生来犯罪人有多乳房（polymastia）的异常现象。这些乳房对称地分布在正常乳房的下方，就像在许多哺乳动物中那样。男性生来犯罪人往往有女性那样的乳房，相反，女性犯罪人常常乳房发育不足或者缺乏乳房，这是单孔类动物（monotremata）或者低等哺乳动物的一种特征；或者乳房松弛下垂，如同霍屯督族（Hottentot）②妇女那样。

胸部大多被体毛所覆盖，如同动物那样。

① 原文是 thorax。——译注

② 霍屯督族（Hottentot）是生活在西南非洲的一种土著人。——译注

十四、骨盆和腹部[①]

生来犯罪人的腹部、骨盆和生殖器官往往表现出异性的特征。42%的生来犯罪人骶骨沟(sacral canal)外露,有一些犯罪人的尾骨(coccyx)长出一部分,像残存的尾巴,有一些犯罪人体毛丛生。

十五、上肢

生来犯罪人最明显和最常见的现象之一,就是手臂远远长于下肢,手臂之间的长度超过了身高,像猿那样。

6%的生来犯罪人表现出一种在正常人中极少见到的异常特征——鹰嘴孔(olecranon foramen),[②]这是一种肱骨(humerus)尖部的穿孔,在这个部位有关节与尺骨(ulna)相连。这种特征在猿和狗中是很常见的,在史前人类的骨头和现存的一些低等人类的骨头中往往可以发现。

在手掌和手指上也可以发现一系列隔代遗传特征。例如,生来犯罪人的手指往往过多或太少;在生来犯罪人中有并指(syndactylism)或蹼指(palmate fingers)的也很常见,即手指间的连接皮肤过长以至延伸到第二个指骨。生来犯罪人的手指长度由于犯罪类型的不同而有不同:实施人身犯罪的犯罪人手指短而笨拙,拇指尤其如此。许多诈骗犯、盗窃犯、性犯罪人、扒窃犯的手指长。指纹往往很简单,如同类人猿那样。手掌的主纹特别重,正常人有二三个竖掌纹和1个横掌纹,而生来犯罪人往往只有一二个竖掌纹或横掌纹,就像猿那样。

十六、下肢

在检查过的生来犯罪人中,16%的生来犯罪人的股骨第三转子(the third trochanter)异常发达。股骨第三转子是大腿骨顶部的一个隆起(protuberance),通过关节与骨盆相连。这显然是一种隔代遗传的特征,就像四足动物的后肢部位那样。

十七、脚

很多生来犯罪人的脚趾之间的距离就像手指之间的距离一样,脚趾特别灵活,脚拇趾特别长,使脚像灵长类动物那样灵活而善于抓握。生来犯罪人的脚厚实,就像黑人的脚那样。如同生来犯罪人的手那样,他们的左脚往往比右脚更有力量、更加灵巧,而正常人恰好相反,许多正常人都表现出右侧的功能和运动神经更为发达的特征。

---

① 原文是 pelvis and abdomen。——译注

② 鹰嘴(olecranon)又译为“肘突”,指肘部的骨性隆起。——译注

十八、大脑与小脑[①]

最主要和最常见的异常在左半球,那里有很多肉眼可见的异常现象。这些异常现象与生来犯罪人左半部的感觉和机能发达并且容易患病有关。小脑最明显的异常是小脑蚓部(vermis)肥大,生来犯罪人的小脑蚓部相当于低等哺乳动物的中叶(the middle lobe)。大脑脑回(cerebral convolution)中的异常主要是吻合褶(anastomatic flods),罗朗多角(Rolando)的裂缝是成双的,经常有一个第4前脑回,楔前叶(precuneus)发育不足(就像许多猿一样)等。纯粹的病理特征更多,例如,脑膜粘连、软脑膜增厚、软脑膜硬化、脑膜充血、部分萎缩、中央软化、眼脑丘(optic thalami)缝合、胼胝体(corpus callosum)萎缩等。

罗恩考罗尼(Roncoroni)在生来犯罪人和癫痫病人的大脑中,发现了组织异常,这也是很重要的。在正常人中,额平面区(frontal region)的层次(layer)是按照下列方式排列的:

(1)分子层(molecular layer);(2)小细胞表层(superficial layer of small cells);(3)小锥体细胞层(layer of small pyramidal cells);(4)小神经细胞深层(deep layer of small nerve cells);(5)多形态细胞层(layer of polymorphous cells)。

在一些动物中,例如,在狗、猿、兔子、牛和家禽中,往往没有表层,深层也仅仅在猿中才能看到一些。

在生来犯罪人和癫痫病人中,大细胞、锥体细胞和多形态细胞很常见;而在正常人中,则是小细胞、三角形细胞和星形细胞居多。从小的表层细胞向大的锥体细胞转变是很不正常的,神经细胞的数量远远低于平均数,而且,在构造正常的大脑中,蛋白质(white substance)中的神经细胞非常少甚至没有神经细胞。在生来犯罪人和癫痫病人中,大脑的这一部分中则有大量的神经细胞。

罗恩考罗尼描述的异常形态学分布,可能是遗传变异(hereditary alteration)的解剖学表现,显示了神经发育方面的障碍,这类障碍因其产生的病理环境的不同,会发展成为悖德狂或者癫痫。

四肢、躯干、颅骨的这些异常特征,尤其是面部的这些异常特征,如果数量很多并且很明显时,就会构成犯罪人类学家们所说的犯罪人类型(the criminal type),正如呆小病患者(cretins)[②]特有的那些特征合起来构成所谓的呆小病患

① 原文是 cerebrum and cerebellum。——译注

② 呆小病患者(cretins)的英语术语又译为“白痴病患者”、“愚佅病患者”、“克汀患病者”等。——译注

者类型那样。在这两种情况下,这些异常特征本质上都是不重要的,因为它们既不是犯罪人的反社会倾向的原因,也不是呆小病患者的心理缺陷的原因。它们是一类神秘而复杂的退化过程的外显的和可见的标记,在生来犯罪人中,它们引起了邪恶冲动(evil impulse),这些邪恶冲动大多是有隔代遗传根源的。

第三节 生来犯罪人的感觉和功能特征

除了上述相貌和骨骼异常之外,生来犯罪人还有功能异常特征。所有这些异常特征都指向一个核心观念——生来犯罪人的隔代遗传性质,就像条条山泉在平坦处汇入沟壑一样。

对生来犯罪人的感觉(sense)和感受性(sensibility)[①]所进行的检查,发现了下列结果:

一、一般感觉[②]

仅仅使用手指碰触检验,就可以发现一定程度的迟钝(obtuseness)。通过利用杜布瓦-莱蒙博士(Dr. Du Bois-Raymond)[③]发明并由我父亲采用的一种仪器的测定,发现生来犯罪人的敏感度(degree of sensibility)是49.6毫米,而正常人是64.2毫米。犯罪人的左侧比右侧敏感,而正常人则恰好相反。

二、痛觉[④]

生来犯罪人对疼痛和触摸的感受性比正常人低。对疼痛的感受性往往达到痛觉缺失或完全缺乏感觉的程度(16%),在正常人中绝没有这种现象。生来犯罪人的平均疼痛敏感度是34.1毫米,而正常人很少有低于40毫米的。生来犯罪人在疼痛方面的左利手现象也很明显,39%的生来犯罪人左侧对疼痛更敏感。

三、触觉

30%的生来犯罪人在手指尖上能感觉到的两点阈是4毫米,而正常人中只有4%的人才这样迟钝。生来犯罪人左侧的触觉感受性(tactile sensibility)较高。触角迟钝情况随犯罪人类型的不同而有不同。夜盗犯、诈骗犯和伤害犯的触觉

---

① sensibility又译为“敏感性”或者“感觉”、“觉”。——译注

② 原文是general sensibility。也可以翻译为“一般感受性”。——译注

③ 埃米尔·杜布瓦-莱蒙(Emil Du Bois-Raymond,1818-1896)是德国生理学家,现代电生理学研究的先驱。早年用电流计研究动物的电,标志着现代电生理学研究的开端,这方面的研究促进了其他人对神经冲动速率的研究。——译注

④ 原文是sensibility to pain,也可以翻译为“对疼痛的感受性”。——译注

比正常人迟钝2倍,而杀人犯、强奸犯和纵火犯的触觉往往比正常人迟钝4倍或5倍以上。

四、磁感

正常人中极少有磁感(sensibility to the magnet),而生来犯罪人中有明显的磁感(48%)。

五、气候感

在生来犯罪人和精神病人中有气候感(meteoric sensibility)的要远远多于正常人。随着气温和气压的变化,生来犯罪人和精神病人会变得焦虑不安,性情和各种感觉也会产生变化,正常人很少有这样的体验。

六、视力

生来犯罪人的视力(sight)一般是敏锐的,或许比普通人更敏锐,在这一点上,他们与野蛮人相似。相反,生来犯罪人的色觉(chromatic sensibility)有明显的缺陷,色盲者的百分比为正常人的2倍。视野往往受到白色的限制,表现出很奇怪的异常现象:由于边缘盲点(peripheral scotoma)很严重,看不清事物的轮廓。我们应当认识到,这是癫痫病人的一种特征。

七、听觉、嗅觉和味觉

生来犯罪人的听觉、嗅觉和味觉一般低于平均敏锐度。嗅觉缺失(complete anosmia)和性质鉴别迟钝现象(qualitative obtuseness)很常见。①

八、敏捷性②

生来犯罪人一般灵活敏捷,甚至在老年时也保持这种特性。大盗维莱拉在70多岁时,还能像山羊一样爬上他家乡卡拉布里亚(Calabuia)陡峭的岩石;这个臭名昭著的"老年"(La Vecchia)大盗,在很老的时候,还能够跳过帕维亚的高城墙,从追捕者手中脱逃。

九、体力③

与人们所预期的情况相反,用测力计(dynamometer)检查的结果表明,生来犯罪人通常并没有超人的体力。左肢与右肢的力量往往有轻微的差别,但更多的是两边的肢体都很灵巧,就像儿童那样;左肢的力量更大一些。

---

① 有关测定这些感觉的方法的描述,参见本书第三部分。——原注

② 原文是 agility。——译注

③ 原文是 strength。——译注

第四节 生来犯罪人的心理特征[①]

对于生来犯罪人的道德和智力特征的观察,可以补充和增强生来犯罪人的身体类型,而对道德和智力特征的观察,则提供了生来犯罪人与原始人和癫痫病人之间有联系的更多的证据。

一、自然感情

自然感情(natural affections)在正常人的生活中起着重要作用,事实上也是正常人存在的理由,但是,生来犯罪人极少体验到这类感情,他们尤其不考虑自己的同胞。另一方面,生来犯罪人表现出对动物和陌生人的过分喜爱。一名女性犯罪人拉索拉(La Sola)对她的孩子特别有感情,似乎他们就像小动物那样。这名女性犯罪人引诱她的同伙杀死了一个以前的情人,而这名情人却深深地依恋着她。这名女性犯罪人可能是病态的,并且最终为情而死。

在家庭和社会感情方面,生来犯罪人往往被一些引人注目的激情所控制,这样的激情包括虚荣心(vanity)、冲动性、复仇欲望(desire to revenge)和放荡性(licentiousness)。

二、道德感[②]

(道德感)是辨别是非的能力,它是文明人最高的属性,这种属性在身体发育和心理发展受到阻碍的人中明显缺乏。许多犯罪人并没有认识到他们的犯罪行为是不道德的。在法国犯罪人的隐语(jargon)中,把良心(conscience)叫做"哑吧"(la muette),把小偷叫做"朋友"(l'ami)和"劳动者"(travailler),"服务"(servir)意味着盗窃。有一次,一个米兰的小偷对我父亲说:"我没有偷。我只是调剂富人的多余财富。"拉丝奈尔(Lacenaire)对他的同伙艾弗里尔(Avril)讲,"我立刻认识到,我们应当能够在一起工作。"菲利曾经询问一个小偷,当他发现自己所偷的钱包中没有钱时,他会干什么? 这个小偷回答说,"我会把他们叫做骗子。"在这些人心目中,是非观念似乎完全被颠倒了。犯罪人似乎认为,他们

① 这个标题的原文是psychology of the born criminal,直译就是"生来犯罪人的心理"。为了和本章其他各节的标题相对应,在汉语译名中增加"特征"两字。——译注

② 道德感(moral sense)的原标题的字体大小和排版格式,与本译本中"节"的标题相同,似乎应当作为另外的一节。但是,根据第四节的标题以及第四节标题下面的一段文字的内容,有关"道德感"的内容应当属于第四节的一个部分。因此,在翻译时,把它作为第四节的一部分对待。——译注

有权抢劫和杀人,阻碍他们犯罪行为的那些人们的行动是不公平的。杀人犯,尤其是在复仇动机支配下杀人的杀人犯,更认为他们的行动是绝对正确的。

(一)悔恨和自责①

我们听说了很多有关犯罪人自责的故事,但是,那些与这样的退化者(degenerate)②接触的人们认识到,生来犯罪人极少受这类感情的折磨。忏悔自己犯罪的人很少:相当多的犯罪人绞尽脑汁否认自己的罪行,他们总是喜欢说,他们是不公平、诽谤和嫉妒的受害人。正如德斯皮纳(Despine)③曾经很有洞察力地指出的那样,没有什么东西像公平那样视而不见,就像刺客对别人视而不见一样。

许多犯罪人声称确实感到悔恨,但一般都是言不由衷的,他们这样做不是希望通过影响慈善家的感情来获得好处,就是希望逃避监禁,至少希望改善在监狱中的条件。因此,当拉丝奈尔第一次被判刑时,用一种令人感动的笔调给他的朋友维格饶克斯(Vigouroux)写信,以便从他那里获得钱物和帮助,“悔恨是我唯一能够做的事情,当把一个人从犯罪的道路上拯救出来时,您可能感到高兴,因为犯罪并不是他的天性。”几个小时之后,他进行了另外一起盗窃活动。在他死之前,他嘲笑说,他从未感到过悔恨。当在帕维亚的巡回审判庭(Assizes)中受审时,罗格劳尼(Rognoni)讲了一段他如何悔恨的话,并且在一段时间中拒绝监狱中给他的葡萄酒,因为这会使他回想起他被杀死的哥哥。但是,他秘密地从同犯(fellow-prisoner)④中得到了葡萄酒,并且在一位同犯发牢骚说不得不放弃自己的份额时,罗格劳尼威胁他说,“我已经杀死了四个人,我会毫无顾忌地杀死第五个人。”

犯罪人往往把表示自责作为减轻其犯罪的手段。米切留(Michelieu)为自己对被害人的致命打击辩解说:“当我在那种状态下看见她时,我感到那样的恐怖和懊悔,以至我为了不再碰到她的眼神而用枪将她打死。”

有时候,这种自责是在醉酒后产生的幻觉引起的。菲利普(Philippe)和拉克(Lucke)以为他们看见了他们刚刚杀死的那个人的幽灵,但是在实际上,他们只

① 原文是 repentance and remorse。——译注

② 退化者(degenerate)的英语术语又可以翻译为“堕落者”等,这里用来指生来犯罪人,因为龙勃罗梭认为,退化是生来犯罪人产生的另一个重要机制,仅次于隔代遗传。——译注

③ 普罗斯佩·德斯皮纳(Prosper Despine,1812 – 1892,旧译“台斯宾”)是法国精神病学家、犯罪心理学家。——译注

④ 同犯(fellow-prisoner)是指在一起关押的犯人。——译注

是体验到酒后的效果,他们在接受审判时几乎感受不到自责。菲利普说:“如果他们没有把我送到卡宴(Cayenne),[①]我会再干的。”一般而言,悔恨似乎仅仅是对死亡的恐惧,也可能是一些迷信方面的恐惧,他们表现得像是悔恨,其实并没有真实的感情。

伪善(hypocrisy)和玩世不恭(cynicism)的一个典型例子,是由布伦维勒斯侯爵夫人(Marquise de Brinvillers)提供的。这是一个臭名昭著的犯人,她成功地完全骗过了令人尊敬的监狱牧师,以至于这个监狱牧师把她看成是忏悔的一个典型,然而在后来的几个月中,她写信给她的丈夫,否认自己的罪行,表现出淫荡的感情和复仇的心理。

许多犯罪人在监狱中的时候,用面包屑搞雕塑,用来再现他们的犯罪。

(二)玩世不恭

犯罪人完全缺乏自责和他们不能区别美德与邪恶的最有力的证据,是他们夸耀自己的堕落行为,捏造他们并没有感觉到的虔诚的感情。例如,一名犯罪人在监狱中虔诚地请求得到一个耶稣受难的十字架,但是后来发现,这个神物成了他的匕首的鞘子。

菲利普对他的一个女同伴讲了这样一段话:“我爱妇女的方式是非常奇怪的。在享受了她们的爱抚之后,我最高兴的就是掐死她们或者割断她们的喉咙。很快,你就能听到每个人都会谈论我。”在杀死自己的父亲之前,拉绍德(Lachaud)对他的朋友们说,“今天晚上,我将挖一个坟墓来安放我的父亲,他会在那里永远休息。”

有时候,犯罪人确实可能朦胧地认识到自己的行为是堕落邪恶的,但是他们很少像正常人那样判断自己的行为,而是按他们自己的方式解释其行为,将它们加以合理化。当治安法官询问安萨洛尼(Ansalone)是否偷盗了一匹马时,他回答说:“您确实不能把这叫做偷盗;一个土匪头子是完全不能用脚走路的。”

还有一些犯罪人认为,如果他们的意图是好的,那么,他们的行为就很少具有犯罪性质。例如,为了给自己的妻子和孩子得到食物而杀人的霍兰(Holland)就是这样。其他犯罪人认为自己是应该得到宽恕的,因为许多人干了更坏的事情而没有受到惩罚。如果缺乏有关他们的证据,或者证据不足,或者所指控的犯罪不同于他们确实实施过的犯罪,那么,这些情节都可能被用来减轻他们的罪

① 卡宴(Cayenne)是法属圭亚那首府。——译注

过，他们总是非常怨恨对他们执法的那些人员。梅休（Mayhew）①的观察发现，“伦敦的小偷认识到他们在干坏事，但是，他们认为，他们并不比普通的破产者更坏。”

经常熟读新闻报道使得犯罪人相信，在上流社会中有很多无赖流氓，他们不遵守规则，而且自鸣得意地感到，他们自己的行为并不应当受到很大的谴责，因为富人并没有因为类似的行为而受到谴责。

这些例子表明，犯罪人并非完全不能分辨善恶。不过，他们的道德感不会产生效果，因为他们的激情和习惯性阻隔力量（deadening force）阻碍其发挥作用。

在西班牙盗窃犯的隐语（cant）中，把审判（justice）叫做“公正”（la justa，英语 the just），而在法国的行话中，这个名称是给巡回审判庭（Assizes）的，但是，正如梅厄（Mayor）所观察到的，这可能是一种玩世不恭的用法。

在间接提到进行了一些犯罪行为（实际上是由自己实施的）的无名犯罪人时，杀人犯普雷沃斯特（Prevost）说到：“不管是谁，他或迟或早最终都要上断头台的。”在这样的案例中，尽管存在着真实感（sense of truth）和正义感（sense of justice），但是缺乏据此采取行动的欲望。

> ［根据哈威克（Harwick）的观察］，具有理论上的是非观念是一回事情，但根据这种观念采取行动却是另一回事情。为了将关于善的知识转化为让善获胜的强烈愿望，就像将食物转化为乳糜（chyle）和血液那样，必须在高尚情操的驱使下采取行动，而犯罪人中一般都缺乏这样的高尚情操。相反，如果真正存在良好的感情，那么，个人就想做好事，在做坏事时表现出的那种能量就会把他的信念转化为行动。

一位慈善家如果曾经邀请一些年轻的伦敦小偷参加一个友好聚会，并且通知说，最顽固的犯罪人会受到同伴们最热烈的鼓掌欢迎。不过，当主持人请求其中一位到外面兑换一块金币的零钱，并且在这个犯罪人没有返回时，在场的那些犯罪人表现出很大的义愤和焦虑，辱骂和威胁他们那位不在场的同伴，当他最终回来时，人们报以掌声，并获得了真正的解脱。在这个案例中，毫无疑问，嫉妒心和虚荣心起着和正直感（sense of integrity）一样重要的作用，怨恨中包含了对违背信念的幻想。

---

① 梅休（Mayhew）可能是指亨利·梅休（Henry Mayhew，1812－1887），是英国新闻记者和社会改革家，早期犯罪学研究者。——译注

在莫斯科的一些监狱中,由犯罪人的同犯处理违纪行为。在圣斯特法诺(San Stefano)岛的罪犯中,罪犯们自发地编写了严格的行为规则,用来惩治那些由于种族嫉妒而产生的内部争斗。

(三)背信变节①

在一个充满了邪恶的社会中,即使意想不到地出现道德和正义的话,也只能是强迫性的和暂时性的。当正确的行为不是获得益处,而是伤害利益和热情的话,那么,正义这样的观念就不可能持久存在,先天的正直就会突然丧失。与普遍的信念相反,犯罪人很有可能背叛他们的同谋和朋友,他们很容易受到诱惑,为了获得个人利益或者伤害那些他们怀疑背叛了自己的人而充当告密者。

威多克(Vidocq)说:“很多小偷认为,被警察找去问话是一种意外的好运。”实际上,法国一个臭名昭著的帮伙头目布尔索特(Bouscaut)在逮捕该帮伙的成员的过程中,起了重要的帮助作用。卡鲁索匪帮(the brigand Caruso)协助当局抓获其以前的同伴。

(四)虚荣心

我们在一般人中发现的骄傲自满,或者更确切地说是虚荣心、夸大自己的重要性等这些与真正的优点相反的心理,在犯罪人中特别强烈。在拉盖拉(La Gala)的监舍中,发现了他书写的下列通知:“3 月 24 日。这一天拉盖拉学习编织。”另一名犯罪人科洛克(Crocco)艰难地尝试拯救他的弟弟,他说:“莱斯特(Lest),我的人生历程应当逐渐消失。”拉丝奈尔对于死刑判决不大在乎,他更加担心对于他的拙劣诗篇的不利批评,担心受到公开的侮辱。“我不怕受到人们的憎恨,”有关他的报道中提到,“但是,我害怕受到轻视——暴风雨留下了它经过的痕迹,但是,没有注意到卑贱的花朵在枯萎。”

因此,盗窃犯不愿意承认他们所犯的很轻微的盗窃罪;在虚荣心的驱使下,他们往往实施更为严重的抢劫犯罪。同样的虚假羞愧在堕落的妇女中也很常见,她们不会因为严重的堕落行为而受到蔑视,而会因为没有索要高价而受到轻视。一个小偷格雷里涅(Grellinier)在法庭上夸耀虚构的犯罪,希望像一个真正犯罪人那样出庭。正如福尔摩斯(Holmes)②自己总结的,在闹鬼的城堡中发生的犯罪中,有一部分肯定是虚构的。女投毒犯布塞米(Buscemi)在给同伙写信时

---

① 原文是 treachery。——译注

② 福尔摩斯(Holmes)是英国侦探小说作家柯南道尔(Sir Arthur Conan Doyle, 1859 - 1930)侦探小说中的侦探。——译注

这样签署自己的名字:“你的卢克蕾西亚·保尔吉亚(Your Lucrezia Bor gia)。”①

现代犯罪的最常见的原因之一,就是满足个人虚荣心和借此出名的欲望。

(五)冲动性②

这是生来犯罪人所具有的另一种几乎是病态的特征。正如我们将要看到的那样,这也是癫痫病人和悖德狂者的特征。在正常人中,冲动性仅仅是一种反常的、暂时的念头,一产生很快就会消失,但是在不正常的人中,冲动性会迅速转化为行动,而且这种转化几乎是无意识的,因而相当危险。有一个属于这种冲动类型的青年人,一天夜晚喝了很多葡萄酒后回家,遇到一个农民牵着自己的毛驴,就大声叫喊,“我今天没有与任何人打架,我必须在这个动物身上发泄愤怒,”与此同时,他抽出自己的刀,多次把它插入毛驴的身体内。皮内尔(Pinel)③描述了一个悖德狂者,这个人有一种难以控制自己激情的习惯,他杀死任何令自己不高兴的马,鞭打自己的政敌。他甚至不惜将一个女士投入井中,因为她冒险反驳他。

> [塔姆伯里尼(Tamburini)在谈到斯布劳(Sbro)时说]妨碍他愿望的最不重要的原因,引起了一阵暴怒发作,在发作中他似乎完全丧失了自制力,就像小孩一样;对任何冒犯都会憎恨的情况表明,他没有分寸感(sense of proportion)。不喜欢任何人的最微不足道的理由,都会使他产生难以抗拒的欲望,想杀死任何他讨厌的对象;如果他讲了什么亵渎的话,那么,他就会强迫性地重复这类话。

一个小偷对我父亲说:“这是生来就有的。尽管这可能是一根针,但是,我不可能帮助拿走它,尽管我已经做好准备要将它带给它的主人。”一个扒手鲍尔(Bor)承认,在12岁时,他开始在街头和学校中偷窃,将同学枕头下的东西拿走。对于他来说,不偷是不可能的,甚至在衣袋中鼓鼓的时候,也要偷。如果他在上床睡觉之前没有偷到什么东西,他就不能入睡。半夜中醒来的时候,他感到应当把第一件东西偷到手。每当他偷到这件东西的时候,又往往将其损坏。

“放弃偷窃,”德罕(Deham)对劳沃尼(Lauvergne)说,“就会像是停止生存。

① Your往往用于对贵族、官员等的尊称。——译注

② 原文是impulsiveness。——译注

③ 皮内尔(Pinel)又译为“皮奈尔”,是指法国精神病学家菲利普·皮内尔(Philippe Pinel, 1745－1826)。——译注

偷窃就是一种像爱情那样燃烧的激情，当我感到头脑和指尖的血液沸腾时，我想我可能会抢劫自己，假如可能的话我真会那样去做。”当被判处在轮船上服刑时，他偷桅杆的带子、钉子、铜制餐具。当这些赃物被发觉时，让他自己确定应当受到鞭打的数量，但是在事后又无法阻止他再次开始偷窃。

庞蒂切里(Ponticelli)曾经看到过一个小偷，这个小偷极其渴望进行偷窃活动，于是就从他邻居那里偷了一只旧拖鞋，将它藏在床单下面。

(六)报复性[①]

我们发现，与冲动性和夸大的个人虚荣心密切相连的，是一种超常的复仇欲望。卢巴克(Lubuc)杀死了一个从他那里偷了一些火柴的男子。R男爵(Baron R)杀死了一个人，因为他没有让一支进行宗教活动的队伍在他宫殿的窗户下面停住。

看到你憎恨的人断气——

这是至高无上的享乐。

我唯一的欲望就是憎恨和报仇。

拉丝奈尔这样写到。

雷诺德(Renaud)尽管享受了沃艾特(Voit)的盛情招待，但是，在与沃艾特争执了几句之后，却将自己的朋友投入井中。雷诺德被逮捕，沃艾特在获救之后原谅了他，而他却说，“我只是后悔没有杀死他。但是，当我出狱之后，我会杀死他的。”他果真这样做了。

犯罪人身上的文身图案、他们在监狱中的文字作品，都充满了复仇的庄重誓言。一个女盗窃犯曾经说，“如果那些拒绝赦免的人将会真的永远受到谴责的话，我也不会宽恕的。”

(七)残忍性

生来犯罪人的残忍性(cruelty)取决于他们的道德感的缺乏和身体的感觉迟钝，他们不可能感觉到痛苦，对别人遭受的痛苦也漠不关心。妇女的残忍性往往超过男性。

在罗切福特(Rochefort)的监狱中，人们急切地竞争刽子手的岗位。玛门(Mammon)过去经常喝被执行者的血，当无法再弄到被执行者的血时，他就喝自己的血。刽子手让(Jean)看到在他的鞭打之下流淌的血时，变得发狂起来，以至

① 原文是 vindictiveness。——译注

于必须安排看守人员阻止他不适当地延长刑罚时间。迪普(Dippe)写到,“我最大的快乐就是砍头。在我年轻的时候,刺杀是我唯一的消遣。”

人们经常会发现,妇女的残忍超过了男子。鲁尔菲(Rulfi)杀死了她自己的侄女,因为她憎恨这个侄女,杀人的方法是把长长的针插进侄女的身体。女匪徒塞克劳普(Ciclope)指责她的情人将被害人杀死得太快了。

(八)懒惰

像野蛮人一样,生来犯罪人被难以救药的懒惰(idleness)所支配,在一些情况下,这种不可救药的懒惰使他们宁愿饿死,也不愿从事正常的工作。这种懒惰与猛烈的冲动交替出现,在产生冲动时,他们会表现出极大的力量。像野蛮人一样,他们也特别嗜好喝酒、狂欢和感官享乐,只有这些活动才能激起他们的活动积极性。

(九)纵情放荡①

那些观察整天全神贯注于某项能使他们快乐的游戏的儿童的人们,可以理解一名妇女所说的这些话:“犯罪人是已经长大的儿童。”犯罪人对习惯性的淫逸放荡有着相当强烈的爱好,以至于盗窃犯一获得财产或者一从监狱中逃跑出来,他们就立即回到其常去的地方狂饮暴食,寻欢作乐,而不顾警察会突然到来的明显的危险性。

(十)赌博冒险

生来犯罪人赌博冒险(gambling)的欲望相当强烈,以至于他们总是一文不名,不管有多少财产,也不管他们在监狱中会遭受到怎样的饥饿,犯人都会出售发给他们的物品,以获得赌资,满足他们的赌瘾。

(十一)娱乐②

犯罪人一直保留或恢复与野蛮人的娱乐方式相类似的、许多原始而残忍的娱乐方式。例如,在意大利犯罪人中,就保留着被称为“扣盖儿”(La Patta)的游戏。在这个游戏中,参加游戏的一个人在试图把头伸过两个点时,避免被敲打;而这两个点是站着的另外一个人水平地伸出两只胳膊组成的。还保留着一种被称为“轮子”(La Rota)的游戏。在这个游戏中,参加游玩的人一个接一个地在一个圈子中奔跑,他们通过躲闪避免受到一个粗棍子的敲打,他们的一个同伴用这个棍子瞄着他们。

① 原文是 orgies。——译注

② 原文是 games。——译注

(十二)智力

一些犯罪人属于低能,另一些犯罪人智力(intelligence)相当低下。他们一般缺乏小心谨慎和深思远虑。一种常见的特征就是草率鲁莽(recklessness),这会使犯罪人为了显得机智诙谐而甘冒被逮捕的危险,或者尽管他们采取了无数逃避侦查的措施,但是却在犯罪现场遗留下凶器。这种草率鲁莽也会使犯罪人在危险刚刚过去时就炫耀他们的"功绩",或者不顾后果地将其"功绩"刺到身上(文身)。

齐诺(Zino)讲述了一个西西里学生的故事,利用这名学生在纪念册中的简略描述说明这名犯罪人与其同学们的关系。一个名叫卡瓦吉利亚(Cavaglia)的人,持枪抢劫并杀死了自己的一个同伙,将其尸体藏在衣橱中。他被逮捕,在监狱中的时候,决定在犯罪后的一百天时自杀。但是,在自杀之前,他在水壶上表现他的犯罪行为,一半是用图画,另一半是用文字,似乎想给自己树立一个纪念碑。这种草率鲁莽的最明显、最奇怪的例子,就是警察发现的一张照片。在照片中,三名犯罪人冒着被逮捕和被侦破的危险,将自己杀人的行为拍摄了进去。

三、其他智力表现[①]

(一)隐语[②]

犯罪人之间在谈论事情时,往往使用一种特殊的隐语(jargon)。这种语言的句法和语法结构仍然是不变的,但是词语的含义有变化,许多词语使用原始语言的方式构成,即用事物的某个属性的名称代替该事物。因此,把小孩叫做"跳跃者"(jumper),把死亡叫做"倾斜"或者"悲惨"(the lean or cruel one),把灵魂叫做"虚假"或者"不体面"(the false or shameful one),把尸体叫做"遮盖物"(the veil),把小时叫做"快速"(the swift one),把月亮叫做"间谍"(the spy),把钱包叫做"圣人"(the saint),把施舍(alms)叫做"无赖"(the rogue),把布道叫做"单调乏味"(the tedious one)等。许多词语都是像原始人那样用拟声方法构成的,例如,手枪声、钟表声、求爱声、抽彩票声。

这种隐语产生的通常原因是躲避警察调查的需要。毫无疑问,这是主要原

① 其他智力表现的原标题是 intellectual manifestations,不包含"其他"的字样,而且其字体大小和排版格式,与本译本中"节"的标题相同,似乎应当作为另外的一节。但是,根据第四节的标题以及第四节标题下面的一段文字的内容,这些内容应当属于第四节的一个部分。因此,在翻译时,把它作为第四节的一部分对待。同时,对于犯罪人的智力表现,在前面已经有一些论述,因此,在这个标题中增加了"其他"二字。——译注

② 原文是 slang。——译注

因之一，但在有的时候，这种原因不能解释为什么犯罪人继续使用已经广为人知、不可能达到这种目的的隐语的现象。而且，他们还在诗文中使用隐语，这样使用它们是为了吸引公众的注意，而不是为了避免人们的注意。犯罪人在家中的时候，没有必要保密。

（二）象形文字

生来犯罪人最奇怪的特征之一，是往往用象形文字（pictography）表达他们的观点。特洛普曼（Troppmann）在监狱中的时候，画出了他进行犯罪行为的场景，目的是表明犯罪行为是由别人实施的。我们已经注意到杀人犯卡瓦吉利亚在他的水罐上刻上的粗糙图案，这些图案代表了他的犯罪、他被监禁的情况和他的自杀。书本、陶瓷、枪支等用具，都被犯罪人经常用做描绘他们思想的画布。

犯罪人的象形文字与古代人使用的象形文字类似。犯罪人使用的象形文字与他们的隐语有密切的联系。实际上，这些象形文字仅仅是一些表达意思的图画，尽管在很大程度上是为了保密，但是这些象形文字也表示出明显的隔代遗传倾向。

德布莱西奥（De Blasio）已经解释了那不勒斯的黑手党成员们使用的象形文字，特别是他们在监狱中使用的象形文字的意思。例如，为了表示审判长，他们使用了有三个点的王冠图案；为了表示法官，他们使用了法官帽子的图案。下面是德布莱西奥提到的一些象形文字：

（1）巡警（police inspector）——使用的图案是像意大利士兵带的那种帽子，他们叫做“高山帽”（Alpini），一种顶部平坦的头盔，左侧装饰有羽毛。

（2）公诉人（public prosecutor）——一条长着嘴的毒蛇。

（3）卡宾枪手（carabineer）——一把军号。

（4）盗窃行为——一个颅骨和交叉的骨头。

（5）警察官员——一个带着卡宾枪手佩戴的那种帽子的侏儒。

（三）犯罪人的艺术与产业①

尽管习惯犯罪人表现出强烈的对任何有益劳动的厌恶，但是在监狱中，大多数犯罪人都努力从事一些工作，这些工作有时候具有非法性质，例如，制造帮助他们逃跑的工具；有时候却是艺术性的，例如，用面包屑、砖灰、肥皂等给人们塑像。犯罪人也常常制造一些签子、机械、多米诺骨牌、扑克等，与其他犯人进行交

① 原文是 arts and Industries of the criminal。——译注

换;也制造一些用来执行他们复仇计划的武器。他们还进行一些稀奇古怪的、没有用处的活动,例如,训练老鼠、长尾猴、鸟甚至跳蚤一类的动物。这类病态的、误入歧途的活动,往往闪现着天才的光芒,可以用来扩展监狱工业的范围。

第五节　文　身

在很多犯罪人身上都可以发现文身(tattooing)这种身体装饰,这是从前的最奇怪的遗风之一。文身由图案、象形文字和文字组成,它们是通过一种特别的、非常痛苦的过程用针刺在皮肤上的。

生活在原始社会中的原始人,把文身当做功勋的标志或装饰,作为一种荣誉或地位的象征。当一个爱斯基摩人杀死一名敌人时,他会用一对蓝色条纹装饰上嘴唇。苏门答腊(Sumatra)①的勇士每杀死一名敌人,都要在其装饰中增加一个特殊的标记。在乌海瓦(Wuhaiva),有高贵血统的女士,身上的文身图案要比出身低贱的女人多得多。在毛利人(Maoris)②中,文身就像一枚枚徽章,表示着高贵的血统。

根据古代作家的记载,色雷斯人(Thracians)、③皮克特人(Picts)④和凯尔特人(Celts)⑤都有文身的做法,罗马士兵在胳膊上刺上他们的将军的名字。中世纪的工匠们要在艺术品上标刻徽章。今天,在上层阶级人士中,已经废弃了这种习惯,文身仅仅存在于水手、士兵、农民和工人之中。

尽管文身并不绝对局限于犯罪人,但是犯罪人文身的数量大大多于正常人:9%的成年犯罪人和40%的未成年犯罪人都文身;而在正常人中,文身的人仅为0.1%。累犯和生来犯罪人,不管其实施的是盗窃犯罪或是杀人犯罪,都表现出最高的文身率。伪造犯和诈骗犯文身的较少。

文身图案往往由犯罪人所恪守的格言组成。塔迪奥(Tardieu)发现,一名曾多次被监禁过的海员的胳膊上,文身图案是这样的词语,“真不巧”(*pas de*

---

① 苏门答腊(Sumatra)是印度尼西亚西部的一个面积较大的海岛。——译注

② 毛利人(Maoris)是生活在新西兰的土著人。——译注

③ 色雷斯人(Thracians)是生活在巴尔干半岛东半部的人。——译注

④ 皮克特人(Picts)是居住在英格兰的古代部落。——译注

⑤ 凯尔特人(Celts)是古代印欧民族的成员之一,自公元前2世纪至公元前1世纪时,曾散居于欧洲大部分地区。他们的后裔就是当今还生活在爱尔兰、苏格兰高地、马恩岛、威尔士和布列塔尼的操凯尔特语的居民。——译注

chance)。臭名昭著的犯罪人马拉森(Malassen)在胸脯上的文身图案是一个断头台,在断头台的下面,写着这样的预言:“不祥的开头预示着不祥的结尾。”

文身往往是粗鄙下流的证据。在我父亲检查的142名犯罪人中,5个人的文身图案是淫秽的图案和姿势。文身图案也是犯罪人对疼痛不敏感的明显证据,文身的部位往往是全身最敏感的部位,即使原始人也未必在那里进行文身。

另一个值得关注的事实是犯罪人文身的范围。在拉柯沙尼(Lacassagne)①检查过的378名犯罪人中,有35人从头到脚都有文身图案。

许多犯罪人的文身图案表现出性格的暴力倾向和复仇欲望。一名皮埃蒙特人(Piedmontese)②的海员,出于复仇动机实施了诈骗犯罪和杀人犯罪,他的文身图案是这样的文字:“我发誓要为自己报仇。”另一名犯罪人在自己的额头上文身的文字是,“让中产阶级死亡,”下面画着一把短剑的图案。一名年轻的利古里亚人(Ligurian),是一次意大利革命中一起叛乱的领导人,他的文身图案是代表他一生中所有那些最重要事件的图案,复仇观念是极为重要的内容。他的右小臂上,是两把交叉的剑,下面是大写字母“M. N.”(这是一位亲密朋友的缩写);在小臂的里侧,是一则有很长历史的座右铭:“怯懦者死。联合起来永生。”

正如犯罪人所实践的那样,文身是符号和象形文字的一种完美的书写替代品,用这种方式装饰皮肤会带来很大的快感。

实践表明,文身具有隔代遗传根源,这在卡莫拉黑手党成员中更为常见。他们在脸上刺上情人的图像,并不是出于复仇动机,而是所有权的一种标志,就像原始人部落的首领一样,他们在自己的妻子和其他所属物品上刻上标记。文身的方式叫做“拖网”(Paranza),这种标记可以将犯罪分子的不同帮伙区分开来,例如,“旗帜”(banner)帮伙、“三箭”(three arrows)帮伙、“钟声”(bell-ringer)帮伙等。

第六节　犯罪人类型

我们已经论述的所有身体和心理特征,都可以在正常人中单独地发现。而且,犯罪也并不总是退化和隔代遗传的结果。另一方面,许多被认为完全正常的

---

① 拉柯沙尼(Lacassagne)应当是指法国法医学家、犯罪学家让·亚历山大·欧仁·拉柯沙尼(Jean Alexander Eugéne Lacassagne, 1843－1924)。——译注

② 皮埃蒙特人(Piedmontese)是意大利行政区皮埃蒙特(Piedmonte)的居民。——译注

人,实际上并不如此。不过,在正常人中,我们决不会在同一个人身上发现汇集了所有的身体、心理、功能和骨骼异常;但是,在犯罪人中,我们会发现这样的情况。在犯罪人中,没有任何异常特征的人数,要少于普通人。

正像音乐主题是一系列音符的综合结果,而不是任何单一音符的结果一样,犯罪人类型也来自这些异常特征的总和,这些异常特征的聚集使犯罪人显得奇怪而可怕,不仅对科学的观察者是如此,对于能够作出公正判断的普通人也是如此。

没有受到虚假学说影响的画家和诗人们,在很早的时候就观察到这种犯罪人类型,在犯罪人类型成为某个特别学科的研究对象之前,他们就已经进行了这样的观察。曼特尼亚(Mantegna)、[①]提香(Titian)[②]和里贝拉(Ribera)[③]描绘的刺客、刽子手和恶魔,非常精确地体现了生来犯罪人的特征;对一些伟大的作家,例如,但丁(Dante)、[④]莎士比亚(Shakespeare)、[⑤]陀斯妥耶夫斯基(Dostoyevsky)[⑥]和易卜生(Ibsen)[⑦]的描绘,同样是这种病态类型的忠实写照,无论是身体方面,还是心理方面,都很相似。

第七节　谚语中的犯罪人

一些凭直觉进行观察的人们得出的结论,在许多谚语中都有反映。这些谚语提醒人们关注那些我们已经在犯罪人中注意到的特征。

在罗马尼阿(Romagna)流行的一句谚语说,“在天堂中没有比胡须稀疏和脸色苍白更糟糕的事情”。在皮埃蒙特,有这样的说法,“苍白的面孔比疥疮更坏”。威尼斯人有很多谚语表达了对犯罪人类型的不信任:“来自红头发男子和长胡须妇女的问候”;“当心那种与你讲话时看着别处的人,当心眼神沮丧、走路像个女人的男人”;“斜眼的人在所有方面都是可憎的”;“出卖田地和房屋也要

---

① 曼特尼亚(Mantegna)是指15世纪意大利北部第一个典型的文艺复兴艺术家和画家安德里亚·曼特尼亚(Andrea Mantegna,1431-1506)。——译注

② 提香(Titian,1488-1576)是意大利早期的著名画家。——译注

③ 里贝拉(Ribera)可能是指西班牙画家约瑟·德·里贝拉(Jose de Ribera,1591-1652),他一生的大部分时间在意大利度过。——译注

④ 但丁(Alighieri Dante, 1265-1321)是意大利诗人,《神曲》作者。——译注

⑤ 莎士比亚(Shakespeare,1564-1616)是英国伟大的剧作家和诗人。——译注

⑥ 陀斯妥耶夫斯基(Dostoyevsky,1821-1881)是俄国作家。——译注

⑦ 易卜生(Ibsen, 1828-1906)是挪威剧作家及诗人。——译注

比得到一个鼻孔上翻的妻子好”;“鼻孔上翻比下冰雹更坏”,等等。

档案中的无数案件表明,对于犯罪学一无所知的人避免了抢劫犯罪或者杀人犯罪的侵害,这是因为当时的不信任提醒他们警惕那些试图赢得他们信任的人。我的父亲曾经在40名儿童肖像前面进行辨认。他们中有20人是小偷,有20人是高尚的人。结果第一次就辨认出80%的坏人和好人。

总之,生来犯罪人具有一些身体和心理特征,这些特征使得他们构成了一种特殊类型,无论是在身体方面,还是在道德方面,都与人类的大多数不同。

就像笼中喂养的小鸟在看到老鹰时浑身打颤发抖一样,诚实的人尽管不知道恶人的凶残,但是,诚实的人一看到恶人就会凭直觉感到不一样,从而发现犯罪人类型的异常特征。

第2章　生来犯罪人及其与悖德狂和癫痫的关系

在我父亲之前,没有人认识到犯罪人是一种在不可抗拒的隔代遗传冲动驱使下进行反社会行为的异常类型。但是,许多人已经观察到确实存在着一些人,他们几乎总是退化家庭的成员,这些人几乎从很小的时候开始,就在一些致命冲动的驱使下,进行伤害同伴的恶劣行为。这样的例子不胜枚举。他们不同于普通人,因为他们仇视最亲近的正常人、父母、丈夫、妻子和孩子;也因为他们非人的行为,似乎使得他们没有悔恨自责。这些人有时候被当做精神病人(lunatics),[①]有时候被看成是病人,也有时候被看成是犯罪人。早期的观察者认为,这些人有悖德狂(moral insanity)症状。

第一节　悖德狂者与生来犯罪人和精神病人的类比[②]

一、类比

那些熟悉皮内尔(Pinel)、[③]莫雷尔(Morel)、[④]理查德·康农(Richard Connon)和其他伟大的精神病医生们有关悖德狂者(the morally insane)的著作的人们,很难指出这类精神病人与生来犯罪人在身体、智力和道德特征方面的相似性,更确切地说,很难识别这两类人的相似性。

正如在第一章中所描述的那样,在犯罪人中已经观察到的异常特征,包括头

---

① lunatic 这个词早期用于对精神病患者等的称呼,现在已经很少用来指精神病患者。——译注

② 本节的标题是译者根据本书目录中的提示及这部分的内容而添加的。——译注

③ 皮内尔(Pinel)又译为"皮奈尔",是指法国精神病学家菲利普·皮内尔(Philippe Pinel, 1745 - 1826)。——译注

④ 莫雷尔(Morel)应当是指奥地利出生的法国精神病学家、早期犯罪学研究者贝内迪克特·奥古斯丁·莫雷尔(Benedict Augustin Morel, 1809 - 1873)。——译注

盖骨畸形、不对称、身体和功能的左利现象（left-handedness）①以及牙齿、手和脚上的异常特征，与这些老一代作者描述的悖德狂者的特征是相同的；生来犯罪人的心理和道德特征，包括虚荣心、缺乏感情、残忍、懒惰、喜欢纵情放荡等，也是相同的。

只有根源和早期表现方面的相似性，还不能提供识别这两类人的全面的证据。的确，在精神病人（insane）、神经症患者（neurotic）或间发性酒狂者（dipsomaniac）的后代中发现的悖德狂特征，确实多于犯罪人的后代；悖德狂特征在这些人的后代中出现的年龄也比犯罪人的后代中早。但是，这些差异并不是最重要的。

二、案例

在多年的观察过程中，我的父亲追踪了很多的悖德狂案例，并且从婴儿时代起记录异常特征的表现，记录这种疾病的受害者长大成为少年犯罪人以及无法区分他们与生来犯罪人的情况。

一个典型的案例就是一个名叫里兹（Rizz）的人的案例。里兹由他的母亲带来，因为还在吃奶的时候，他就凶狠地咬他的保姆，以致不得不用奶瓶喂他。在2岁时，尽管进行了仔细的训练和医学治疗，但是，还是将这个儿童与他的兄弟们分开，因为他将针插进兄弟们的枕头中，对他们玩弄危险的把戏。两年后，他打破他父亲的硬币存钱罐，偷钱去买糖果。6岁时，尽管很聪明，他还是被镇上的私立学校开除，因为他教唆其他学生干坏事或者虐待他们。14岁时，他诱奸了一个仆人并且离家出走。20岁时，他将其情人扔出窗外，杀死了她。很多医生进行检查之后，宣布里兹是悖德狂者。但是，如果家庭很穷而不是很富有，母亲忘了在婴儿时期让医生对孩子进行检查，从而获得关于其异常特征的病理性质的大量证据，那么，就会把里兹当做普通犯罪人而判处刑罚，因为像所有悖德狂者（morally insane person）一样，他很聪明，能够像正常人一样进行清楚的推理。

另一个典型案例，是一个名叫芮乌（Rav）的儿童的案例。芮乌是罗马尼阿（Romagna）地区的一个土著人，8岁时他被带到我的父亲那里，因为他的父母确信他的行为是由病态状况引起的。与上一个案例不同，他的邪恶行为总是偷偷摸摸地进行的。他对兄弟姐妹们表现出很大的敌意，对最小的一个同胞的敌意

① 左利现象（left-handedness，又译为“左撇子现象”）是指身体左侧的器官的功能更加发达的现象。一般而言，人们似乎都具有右利现象（right-handedness，又译为“右撇子现象”），即身体右侧的器官的功能更加发达。——译注

特别大。有几次,他试图掐死他。同时,由于他的行为对同学们产生了坏影响,他被学校开除。他对于抢劫他的父亲、雇员和邻居,以虚假的理由控告他人之类的事情感到很高兴。他在干这类事情时很聪明,以至于在两面派行为被发觉之前,干了很多的坏事。仅仅在8岁时,就每天早上离家外出工作,他会偷偷地把留在邻居门前的牛奶扔到垃圾箱中,然后指控看门人偷牛奶,致使看门人被开除。一年后,他差不多成功地使一个典当商人被逮捕,因为他控告这个典当商通过典当一个斗篷而借钱给他,在意大利,从未成年人那里接受典当物品是非法的。不过,他的哥哥发现,这件斗篷实际上被藏在地窖中。10岁时,他声称他的父亲虐待他。他身体上的严重的痕迹和瘀伤,进一步渲染了他的指控,以至于这个可怜的人被逮捕。不过,那些痕迹是他自己造成的。

另一个小孩,是一个叫做马恩(Man)的农民,来自瓦尔道斯塔(Val d'Aosta),这是皮埃蒙特境内的一个阿尔卑斯山的山谷。在这里流行呆小病,使这个人从童年早期就表现出刚愎易怒的特征。在12岁时,他因为一枚鸡蛋与同伴发生争吵并杀死了同伴。

在上述案例中,犯罪人都来自富有家庭或者诚实家庭,因此,病态遗传绝对是神经性的(nervous),而不是犯罪性的。由于这个原因,父母对于他们子女的异常堕落(abnormal depravity)感到震惊,就带子女进行医学检查和治疗,这样就发现了他们子女的悖德狂症状。另一方面,如果父母是犯罪人,自己就树立了坏的榜样,那么,就不会有人猜想这些堕落倾向是子女遗传获得的,也不会猜想这些堕落倾向是过早发育的。悖德狂在神经质家庭(neurotic family)中(往往也伴随着精神病、酒精中毒等),而不是在有犯罪倾向的家庭中流行的事实,初看起来似乎有点奇怪,但是,根据我父亲提出的新理论,犯罪人是一种有心理疾病的人。在后面的章节中,我们将会看到,精神病、神经症和间发性酒狂父母的遗传,是与犯罪遗传完全等同的。

三、类比的证据

尽管起源和早期表现可能是不同的,但是,它们实际上构成了一种反证(counter-proof)。对以往历史的仔细检查发现,无论是生来犯罪人,还是悖德狂者,都在很小的年龄时就已经表现出病态倾向的症状,这些病态倾向使得他们对社会具有危险性。一般人和警察在注意到这些案例时,他们通常不会认识到这些症状来源于早熟的反常倾向,因为残暴行为会因为是由偏激青年进行的而得到谅解,人们会把残暴行为看成是偏激青年的特征,而不会认为残暴行为是邪恶倾向

(vicious propensity)引起的。的确,在许多案例中,只有医生才了解这些情况。

类似的一个反证,是在对这些病态者的家庭出身进行的调查中提供的,因为对生来犯罪人的研究表明,他们和悖德狂者的父母往往都是精神病人、癫痫病人、神经症患者、酒鬼以及犯罪人。如果他们的父母是犯罪人,那么,他们的反常倾向的病态根源就很难被发现,因为他们父母的犯罪行为对此有影响,人们自然也就不关心他们子女中的堕落症状。

第二节　癫痫病人及其与生来犯罪人和悖德狂者的关系

我们已经谈到,生来犯罪人的身体特征和心理特征与悖德狂者的特征相吻合。这两类人与另一类退化者——癫痫病人(epileptics),具有相同的特征。

一、生理特征①

癫痫(epilepsy)这个术语往往被作为一种疾病加以研究,但是,古代的医学家对其知之甚少。癫痫的主要症状是反复的强直和痉挛发作,发作之前是所谓的"癫痫发作先兆"(epileptic aura),发作之后是深度睡眠。这被称为"癫痫"(morbus sacer),人们相信癫痫是神经引起的。

临床专家和心理专家对癫痫的仔细检查表明,除了特征性发作(characteristic seizure)之外,这些不幸的人还有其他的现象,这些现象往往取代痉挛发作;它们还可以在痉挛发作之前或者之后出现。这些现象包括夜惊(pavor nocturnus)、突然出汗、发烧、神经痛、流涎(sialorrhea)、间歇性头痛,尤其是眩晕。这些症状并不总是无意识地伴随发生的,也并不总是在发作之后出现昏迷。有时候,发作仅仅表现为勃然大怒,有时候,发作以凶恨残忍的冲动的形式表现出来,就像肆意进行破坏行为的动物。如果这类行为是有意进行的,就会被认为是犯罪。这类事实促使医生和心理专家检查其他的病人,并且会提出一些癫痫病人从未有过典型发作的证据,认为这种疾病只是以头痛、流涎、谵妄型残暴行为(delirious ferocity),特别是眩晕(giddiness)等比较温和的方式表现出来。

卢西阿尼(Luciani)、齐亨(Zehen)等人的实验已经充分证实了癫痫的多样性。他们通过对大脑的不同区域进行不同程度的刺激,诱发各种形式的癫痫。罗森巴赫(Rosenbach)通过逐渐增大电流,能够诱发出上述的各种癫痫,从轻微

① 这个标题是根据上下文的联系及内容,由译者增加的。——译注

的癫痫到最严重的癫痫都可以诱发出来。对运动神经区域的轻微刺激,会引起特定部位的肌肉严重收缩和痉挛抽搐;电流的增大会引起更加狂暴的运动反应,并且遍及整个肢体;如果继续增大电流,就会使半边身体都会产生同样的反应。最后,如果用非常强的电流,就会引发全身性的无意识痉挛发作、眼球震颤和瞳孔僵化。

里克特(Richet)和伯纳德(Bernard)通过刺激狗的大脑额叶,诱发了眩晕和其他一些生理现象,包括用力吸鼻子、狂吠和撕咬。

杰克逊(Jackson)以这些调查为基础,得出了这样的结论:癫痫发作是由中枢神经系统的灰白质(grey matter)快速而过度的激增引起的;灰白质不是逐渐增加力量,而是受到刺激之后突然地迅速增大。正如已经指出的那样,癫痫可以通过不同的形式表现出来,包括眩晕、肌肉震颤抽搐、多涎、头痛、暴怒发作和残暴行为。这些症状似乎都是与典型发作等同的现象,具有这些症状的人应当划入癫痫病人的范围之中,即使他们没有经历过典型的运动性发作也是如此。

一些犯罪人除了具有癫痫病人的心理和生理特征之外,还具有癫痫病人特有的其他一些症状。我们应当把这类犯罪人归入所谓的衰减癫痫(attenuated epilepsy)中。一些生理特征是犯罪人和癫痫病人共有的特征,包括斜头畸形(plagiocephaly)、头小畸型(microcephaly)、斜视(strabismus)、脸部和头盖骨不对称、明显的额窦(prominent frontal sinuses)、中央枕骨窝、前额后仰、眼睛突出、早老性侏儒(progeneismus)和畸形脚。我父亲在对一些癫痫病人的治疗中就发现了这样的情况。犯罪人和癫痫病人的一些功能和组织异常也是相同的。罗恩考罗尼(Roncoroni)在生来犯罪人的大脑额叶中发现的组织异常包括深粒层(the deep granular layer)萎缩、锥体层和小细胞颠倒(inversion of pyramidal layers and small cells)及锥体细胞的扩大和稀少、在蛋白质(white substance)中存在神经细胞,在没有犯罪的癫痫病人中也发现了类似数量的组织异常。我们也在癫痫病人的视力方面发现了一些特征,这与奥托兰奇(Ottolenghi)在生来犯罪人中发现的相同,这些特征包括边缘盲点(peripheral scotoma)交叉,几乎成为大小不等的一个线条,这在正常人眼睛中很常见。

二、心理特征①

当我们研究癫痫病人、生来犯罪人和悖德狂者的心理时,他们之间完全相同

① 这个标题中的“二”是译者添加的,原文中的“心理特征”用斜体字排版。——译注

的特征就变得更为明显。

癫痫、生来犯罪性(congenital criminality)和悖德狂可以构成一个从天才到低能(imbecility)的智力连续体的不同临床形式。在癫痫病人中,智力的这种临床形式往往以24小时内一个人的不同情况来表现。当个人失去意志力和得了健忘症的时候,他不能表达最简单的观点。稍后的时间中,他可以表达新颖的观念和进行符合逻辑的推理。

感情矛盾和感情夸张,是癫痫病人、生来犯罪人和悖德狂者的突出特征。那些喜欢争论、怀疑和玩世不恭的人,会突然变成文雅、受人尊敬和有深厚感情的人。玩世不恭者会表现出宗教感情,残忍虐待第一个妻子的男子,有可能跪在第二个妻子的面前。托尼尼(Tonnini)观察过的一个癫痫病人,经常幻想自己就是拿破仑(Napoleon),[①]在其他时候,他又会像最卑贱的奴隶那样,用嘴舔地板。

生来犯罪人表现出来的极端兴奋性(extreme excitability),癫痫病人也有表现。他们都无法让人信任、缺乏忍耐力、不能真诚地依恋别人,一个手势、一种眼神都足以激怒他们,刺激他们产生最残暴的行为。

癫痫对于性格会产生灾难性的影响。癫痫会破坏道德感,会引起激动易怒,会通过经常不断的幻觉与妄想而改变感觉,会削弱自然感情或者使它们成为病态感情。

三、对动物的感情

犯罪人和癫痫病人往往憎恨自己的家人,与此同时,他们也往往表现出特别喜爱动物的感情,就像卡里古勒(Caligula)、克冒得斯(Commodus)、拉丝奈尔(Lacenaire)、罗沙斯(Rosas)、弗兰西亚医生(Dr. Francia)和拉索拉(La Sola)表现出的那样,他们都特别喜爱小动物,而不喜爱自己的小孩。我父亲知道的一个悖德狂者,会花几个月的时间训练狗、马、鸟、鹅和其他家禽。他常说,所有的动物对他都很友好,似乎把他看成是它们的同类。托斯陀耶夫斯基的同犯们[②]非常喜爱马、鹰和一些鹅。他们特别喜爱一只山羊,以至于想给山羊的羊角镀

① 拿破仑(Napoleon)指拿破仑一世,全称是拿破仑·波拿巴(Napoleon Bonaparte,1769-1821),是法国政治家,1804-1815年间担任法国皇帝。——译注

② 俄国作家托斯陀耶夫斯基曾经因参加争取政治和社会改革的讨论活动而在1849年4月被逮捕。经过长时间的调查,参与讨论的成员中,包括托斯陀耶夫斯基在内的21人被判处死刑。后来虽然被沙皇免除死刑,但是仍然被改判为到西伯利亚的鄂木斯克监狱服4年苦役,然后再服4年兵役。监狱中的恶劣生活条件对于托斯陀耶夫斯基的人生、信仰、写作等各个方面都产生了极大的影响。据说他的第一次癫痫发作就是在监狱中发生的,这种疾病折磨了他很多年。——译注

上金。

四、梦游症

梦游症(somnambulism)是癫痫病人常见的一种特征。克拉夫特－埃宾(Krafft-Ebing)①曾说:

> 癫痫发作之后往往是一种类似于梦游症的状态。病人似乎已经恢复了意识,谈话流畅,行为有序,进行通常的消遣活动。不过,事实表明,病人并没有真正恢复意识。过后他会完全不知道自己在此期间的所作所为。这种特殊的精神恍惚状态可能持续较长时间,有时候可能持续两次发作之间的整个间歇时期。

托斯陀耶夫斯基对许多犯罪人的观察发现,他们在睡眠中会用手势表达意思,会进行情绪激动的谈话。

淫秽行为(obscenity)是一种常见的特征。科瓦列夫斯基(Kowalewsky)②注意到生殖行为和癫痫发作之间的相似性:进行这两类行为时都有肌肉的强直性紧张、失去意识和瞳孔放大现象。科瓦列夫斯基也谈到了生殖行为和癫痫发作在频率方面的相似性,指出癫痫发作时总伴随着性冲动。

像饮酒欲望一样,可以通过犯罪人和悖德狂者的早熟现象识别他们的性放纵欲望(desire for sexual indulgence)。已经在4岁的儿童中观察到性本能早熟现象。在一个案例中,一岁的婴儿就进行淫秽行为。

马罗(Marro)③描绘了一个3岁10个月大的儿童。这名儿童在出生时就表现出癫痫症状,是一个有嫉妒和暴躁易怒倾向的人。他有抓挠、嘴咬兄弟姐妹、敲打家具、藏匿东西、撕裂衣物的习惯。当他不能伤害别人或者使别人感到苦恼时,就会在自己身上发泄怒气。如果受到惩罚,他就会用秘密的方式继续进行恶劣行为。

另一个儿童从婴儿早期开始就有痉挛发作。这是其性格退化的结果。当他还是婴儿的时候,就进行极端暴力的行为。他杀死了一只猫,试图掐死自己的哥

① 里夏德·冯·克拉夫特－埃宾(Richard von Krafft-Ebing,1840－1902)是德国精神病学家、司法精神病学家。——译注

② 科瓦列夫斯基(Kowalewsky)可能是指俄国胚胎学家科瓦列夫斯基(Aleksandr Kowalewsky,1840－1901),他是比较胚胎学和实验组织学(experimental histology)的创始人。——译注

③ 马罗(Marro)可能是指19世纪意大利马克思主义思想家、早期犯罪学家安东尼奥·马罗(Antonio Marro)。——译注

哥,纵火烧自家的房屋。

犯罪人中常见到另一种特征是不受伤害性(invulnerability)。托尼尼已经在癫痫病人中发现了这样的特征,他们的伤口和损伤很快就能够治愈。他认为,这种特征是倒退到某一个进化阶段的表现,在这个阶段,像蜥蜴、蝾螈这样的动物,能够用新长出的关节代替已被严重损坏的关节。所有的退化者都有这样的不受伤害性:癫痫病人、低能者和悖德狂者都是如此。

托尼尼曾说过,"在这些人中,有的人拔下所有的胡须,还会撕下大片的皮肉。几天之后,伤口就会差不多痊愈。"

这是一种毁灭生命和破坏物体的几乎无意识的倾向。这种倾向往往引起伤害、自杀和杀人行为。这种破坏欲望在儿童中也很常见。我父亲曾经治疗过一名叫作佛南多(Fernando P.)的癫痫病人。当他生气的时候,就习惯性地打碎所有他可以够得着的家具,将碎块扔到25英尺多高的墙上。

一个兵营中的理发师米斯迪(Misdea)在被辞退时,激发起了他的狂怒情绪,他用牙齿把4把理发剃刀弄成碎片。后面我们还要提到他。另一名癫痫病人皮茨(Piz)经常将自己病房中的陶器砸成碎片,往往是每隔一天就要这样做一次,"就像提供发泄情绪的渠道。"

病房中的这种破坏倾向,在普通犯罪人中也很常见。

五、伴随潜伏癫痫现象的悖德狂病例

下面的病例都是我父亲治疗过的,他对他们进行了细致的观察和研究,这些病例可以对癫痫的犯罪形式提供一种清晰的观念。

病例一[①]

病人吉利亚诺·塞勒斯迪诺(Giuliano Celestino),16岁。黄皮肤上有很多的文身图案,脸上、身上没有毛发。颅骨的特征是:左前区和右顶骨区有斜头畸形;眼睛歪斜;额头狭窄;眼眶突出;嘴巴线条水平,就像猿的嘴巴;上颌的侧门牙就像犬齿,边缘粗糙;颧骨和上颌骨过度发育;触觉非常迟钝;右侧无痛觉,左侧的痛觉非常迟钝;髌部反射右侧过于强烈,左侧非常微弱。缺乏自然感情。当询问他是否喜欢自己的母亲时,他回答说:"当她给我带来吉他和金钱时就喜欢。"当询问到与他的犯罪有关的问题时,他既没有表现出羞愧,也没有表现出慌乱。相

① 这个标题是译注加的。——译注

反,他笑着供认说,当他只有10岁时,他就试图杀死他最小的弟弟。当时他的弟弟是一个摇篮中的婴儿,当母亲阻止他时,他就打她、咬她。他的父亲是一个酒鬼,患有梅毒。吉利亚诺7岁时患了癫痫。那一年,他开始大量饮酒和进行自虐行为,偷父母亲的钱买糖果。他似乎一直患有漫游狂(ambulatory mania),这种疾病使得他到处漫无目的的游荡。如果把他关在室内,他会从窗户跳下,会爬上烟囱。如果以这些方式都不能逃跑的话,他就会打坏家具,用令人恐怖的尖叫声吸引邻居的注意。从8岁开始,尽管他的父母试图让他学门手艺,但他总是很快就被雇主辞退。他跟随一个杂技团离家出走,后来跟着一个屠夫学手艺,以便在屠宰场的恐怖环境中狂欢。15岁时,他被关进一个教养院,在那里,他两次试图逃跑,并且纵火焚烧建筑,后来被判处2年监禁。有几天时间,他似乎癫痫发作,尽管有伪装的形式,但是,却几次自杀未遂。在一年中,每隔几个月,这样的现象就会重复一遍。当询问他在释放之后以何为生时,他会笑着回答说,别人的口袋中有很多的钱。

病例二①

病人L,是一个16岁的悖德狂者,都灵本地人,父亲年龄大,但是很受人尊重。这名病人身高1.5米,体重46.2公斤,毛发浓密,额头后仰,门牙交错,犬齿过度发育,眼眶骨很大。他对家庭没有任何感情,他玩世不恭地说,当他的父亲给他钱而不烦他时,他就喜欢他的父亲。他经常用脚踢这个可怜的老人,或者用其他方法对他进行虐待。当无法获得钱时,他会打碎家中的所有家具,直到家人出于经济方面的原因而满足他为止。为了从放贷者手中获得一张5磅的纸币,他会签署偿还10倍的借条。他随时改变自己的想法。他有时候想参军,有时候又想移民法国,等等。当他只有10岁的时候,就经常光顾名声不好的场所,在那里进行恃强凌弱的活动。

尽管可以把这个病例看成是一个悖德狂的例子,但是,这个病例中显然没有眩晕或者抽搐的症状。不过,在16岁时,在患上风湿病的时候,这个病人在3个

① 这个标题是译注加的。——译注

夜晚的同一个小时内，试图从卧室的阳台上跳下去。此后，他似乎患上了健忘症。

这些狂暴的自毁行为尝试，似乎代替了癫痫发作。我父亲偶尔地将这些行为表现与这个病人的母亲联系起来。但是，在其他情况下，尽管类似的事件对于犯罪学家们来讲是极其重要的，但是，往往被忽略了。

在《人类学大会会刊》(*Actes du Congrès d'Anthropologie*)中，安格卢希(Angelucci)描述了另一个典型的癫痫型悖德狂(epileptic moral insanity)病例。这个病人叫做 E. G.，他的哥哥是一个癫痫犯罪人(criminal epileptic)，父亲是一个癌症患者。他因为无动机地伤害他人而多次被判刑。这个人身上有裸体女人的文身图案，头颅异常小(39.2 立方英寸，589 立方厘米)，颅骨和面部不对称。这个人虚荣、狡诈而狂暴，尽管他表现出许多诚实的外表特征，但是却充满了怀疑心理。这个人在 25 岁多的时候，癫痫第一次发作。

癫痫与犯罪之间的联系是一种衍生(derivation)的关系，而不是等同(identity)的关系。癫痫代表了一个大类(genus)，①而犯罪和悖德狂是其中的小类(species)。

生来犯罪人是一种癫痫病人，因为生来犯罪人具有已知的癫痫所特有的解剖学、骨骼、颅相学、心理学和道德方面的特征。有时候，生来犯罪人还具有癫痫病人的神经运动现象，不过，这种现象很少是间歇性的。更多的情况是，生来犯罪人表现出另外的一些特征，包括眩晕、瘙痒、多涎和情绪发作。但是，癫痫犯罪人具有其他一些独有的特征，特别是邪恶的欲望，这是普通癫痫病人所没有的。由于这种情况，除了认识到纯粹的神经异常(nervous anomaly)之外，还必须从临床诊断以及治疗方法和社会预防方面认识这类癫痫。

而且，犯罪人的神经异常在犯罪现场经常表现出来，增强犯罪倾向，直至达到隔代遗传的形式并且导致往往是致命的病态并发症。犯罪人的神经异常表明了这种疾病的真实性质，强调了这样的事实，即当它减弱到运动发作(motor attack)的程度时，其中的犯罪冲动(criminal impulse)会得到增强，这类犯罪冲动使得癫痫病人变得具有部分免疫力(semi-immune)，长期受到轻微癫痫的影响，但是，犯罪冲动会激起一种持续性的大脑兴奋(brain irritation)，这会削弱与干扰癫痫病人的智力和道德性质。

① 在生物学的分类中，genus 被称为“属”，它是 species(种)的上位概念，其外延大于 species。——译注

为了更好地理解这两种癫痫,我们必须回忆另外两种类似的、同样具有多种表现的疾病:肺结核(tuberculosis)和淋巴结核(scrofula)。这类疾病的病因是相同的,症状往往也是相似的,但是,淋巴结核的病程发展缓慢,病人也可以长期存活,而肺结核则是迅速发病的,病人在壮年时期就会死亡。

在运动型癫痫(motory epilepsy)中,易激惹(irritation)突然产生,尽管发作可能导致病人出现痴呆(dementia),但是在间歇期间,病人的心理是健康的。在犯罪型癫痫(criminal epilepsy)中,这种易激惹症状并不是以暴力发作的形式突然产生的,而有一个较长的过程,但是,这种易激惹症状会改变病人的整个身体和心理面貌。

犯罪的癫痫根源(epileptic origin)可以解释犯罪人的许多特征和以前模糊的犯罪原因。生来犯罪人和悖德狂者的许多道德和身体异常,都可以被看做是通过作恶习惯,特别是在作恶过程中经常出现的鼻子、嘴巴和颧骨皱纹、玩世不恭的表情、逐渐变细的手指等而获得的职业特征。在骨头、毛发、耳朵、眼睛方面的许多异常现象,以及颌部和牙齿的畸形发展,肯定可以用在怀孕第五个月或者第六个月时被逮捕之后的胎儿发育来解释,低等种族在不同进化阶段表现出的胚胎发育规律,也有类似的情况。但是,还有最后一类异常现象,这类异常现象的起源,以前是很神秘的,它们包括:斜头畸形(plagicephaly)、硬化症(sclerosis)、脑膜增厚、颅骨不对称以及大脑皮层的其他变化。这些异常现象只能用某种疾病过早地改变了整个大脑结构来解释,就像在癫痫疾病确实发生的变化那样。

生来犯罪人是一种癫痫病人,不过,他们并非患有通常的癫痫,而是患有一种特殊的癫痫。其病理基础、病因、解剖和心理特征都是相同的,但是,也有许多差别。尽管在普通癫痫中,运动性异常(motor amomaly)是很常见的,但是,在犯罪型癫痫中,运动性异常却是很少见的。在普通癫痫中,精神爆发(mental explosion)伴随着无意识现象,而在其他类型的癫痫中,精神爆发现象很弱并遍布整个病程,而且相对来说是有意识的。最后,普通癫痫中并非总是有作恶倾向,而且可能有崇高愿望,隐蔽的邪恶倾向会持续终生。在运动发作中,尽管前一时刻发生的异常现象在后一时刻会减弱,但是,这些异常现象会持续整个病程。因此,我们可以区分出一类特殊的癫痫,可以将其称为"犯罪型癫痫"(criminal epilepsy)。

这样,有关犯罪的粗糙看法,就变成了一种有机的和完善的看法。犯罪人仅仅是一种病人，是一种癫痫病人。对于一些犯罪人来说，他们的脑部疾病从出生之前就已经开始了，或者是在出生之后，由于受到一些感染、脑中毒而开始的，这类脑部疾病与一些颅骨、面部、牙齿和大脑中的生理退化症状一起，使个人回到了原始种族所具有的那种早期野蛮的自我中心状态，这种状态在杀人、盗窃和其他犯罪中都有表现。

第3章 精神错乱犯罪人[①]

第一节 犯罪型精神错乱的一般形式[②]

从一些方面来看,可以把癫痫型生来犯罪人(epileptic born criminal)和悖德狂者看成是一些精神病人(lunatics),但是,只有科学观察者和职业心理学家才会持这样的观点。除了这两种形式之外,还有一类重要的犯罪人类型,他们不是生来就是犯罪的人,但是在生命的某一阶段,由于大脑的变化完全扰乱了他们的道德品行,使他们不能区分善恶,从而变成了犯罪人。他们是真正的精神错乱者(insane),也就是说,他们完全不对自己的行为负责任。

并非所有的精神错乱(mental derangement)都会引起特定的犯罪。

一、白痴者[③]

白痴者(the idiot)[④]在暴怒发作时会立即对其同伴进行致命的攻击。白痴者旺盛的性欲,会刺激他们进行强奸犯罪,而他们在看见火光时的孩童般兴奋,又会促使他们进行纵火行为。

二、痴愚者

痴愚者(the imbecile)或者低能者(weak-minded individual)会根据本能冲动采取行动,也会在别人的影响下为了得到微不足道的奖赏而变成作恶的帮凶。

---

① 本章标题的英语原文是the insane criminal,也可以翻译为"精神病犯罪人"。——译注

② 原文是general forms of criminal lunacy,其中,lunacy的含义与insanity近似,可以翻译为"精神错乱"、"疯狂"等。不过,lunacy是一个在早期文献中使用得较多的术语,在当代的精神病学文献中,已经很少使用这个术语。同时,这一"节"的标题是译者根据原文中的字体和版式等增加的。——译注

③ 标题是译者根据原文增加的。在原文中,仅仅将这部分内容用斜体字排版,本节中下面的同类标题均为这种情况。——译注

④ 根据现代心理学的理论,白痴以及下面的痴愚都是智力落后(mental retardation)的不同程度者,其中,白痴的智力落后程度最严重,白痴者是最严重的智力落后者,智商低于20;痴愚仅次于白痴,是中等程度的智力落后者,智商在20~50之间。比痴愚更轻微的智力落后者是愚鲁者(moron),其智商在51~69之间。——译注

三、抑郁症

抑郁症(melancholia)患者会在被压抑的悲痛、心前区激越(precordial agitation)或者幻觉的驱使下进行自杀行为。自杀尝试往往是间接的,会采取杀死重要他人或者亲属的形式,希望因此使自己受到谴责,或者使自己的亲人们能够摆脱悲惨的命运。

四、全身麻痹症

全身麻痹症(general paralysis)患者往往进行偷窃行为。原因是他们相信其看到的任何事物都是属于他们自己的,或者因为他们不能理解财产的意义。如果被指控进行了盗窃,他们就会否认罪行,或者坚持认为被盗财物是别人藏在他们那里的。他们有可能进行伪造文书或者欺诈型破产(fraudulent bankruptcy)犯罪;当他们在别人的作用下认识到自己的犯罪行为时,他们没有羞耻的表现。他们也经常实施非自然型性犯罪(unnatural sexual offence)①和侵害当局的犯罪。尽管他们很少进行杀人犯罪,但是,他们经常进行纵火犯罪,其中有的是粗心大意的结果,有的则是为了破坏自己家庭而进行的,之所以破坏家庭是因为他们认为自己太渺小了,或者是想消灭家中的害虫,例如老鼠。

五、痴呆

痴呆(dementia)患者忘记自己的承诺,不过,他们可能是严肃认真的。大脑兴奋往往使得他们进行暴力行为、杀人等。

六、诉讼狂

在一些案例中,心理异常表现为诉讼狂(mania for litigation)。这种症状会使患者发表冒犯性的言论,向律师和法官进行诉说。

七、糙皮病

糙皮病(pellagra)的一种常见症状,就是没有原因的非预谋型杀人或者自杀行为。看见水就想起溺水,这是杀人或者自杀的形式。

快到青春期的年轻人和月经不调的妇女,往往表现出一种纵火和进行色情犯罪的倾向。在怀孕期间也往往会表现出类似的倾向。盗窃倾向不常见。

八、躁狂症患者

躁狂症患者(maniacs)容易出现男性色情狂(satyriasis)和发酒疯(bacchanalian excesses)。他们进行强奸犯罪,在公共场合进行猥亵行为,往往盗用奇特的

---

① 非自然型性犯罪(unnatural sexual offence)通常是指在性变态心理的作用下进行的性犯罪。——译注

物品、毛发、佩带的装饰品,想以此获得满足其恶习的东西,他们有的是无意识地进行这类行为的,有的则相信,被盗物品就是自己的,夸大狂者(megalomaniac)就是如此。某种兴奋的活动往往会使他们进行盗窃行为,"我感到一种不安,手指头中进了魔鬼,"一名犯罪人说,"这迫使我消除它们并获取某些东西。"

九、单狂者

单狂者(monomaniac),[①]特别是伴随幻觉的单狂者,往往有一种杀人倾向,或者以此摆脱想象中的迫害者,或者按照同样是想象中的命令而采取行动。同样的动机促使他们进行特别类型的盗窃与纵火行为。纳(Na)在患上妄想一年之后,没有任何理由地杀死了他的朋友。

精神错乱犯罪人的特征是很明显的,将他们和习惯犯罪人(habitual delinquent)区分开来并不困难。精神错乱犯罪人很少有害怕受到惩罚的,他们也不试图逃避惩罚。他们几乎不做隐匿其犯罪行为的活动,也不想消除线索。如果是投毒者,他们将毒药留在被害人房间的周围;如果是伪造者,他们并不采取使其签名与真正的签名更加相似的措施;如果是盗窃犯,他们会公开展示被盗物品,或者当着证人的面使用被盗物品。他们往往会勃然大怒并攻击在场的人,而完全忘记被盗物品。一旦他们完成犯罪,不仅他们自己不采取措施隐匿犯罪,而且也很容易立即供认犯罪,渴望谈论犯罪,心满意足地讲述他们在干了什么事情之后获得的轻松感,谈论他们对上级命令的服从,并且认为自己的行为是值得称赞的。他们拒不承认自己是精神错乱者,或者在一些情况下如果他们承认自己是精神错乱者的话,也仅仅是因为他们被律师或者同犯劝说这样做的。他们甚至一开始就拒不承认自己是精神错乱者,而称赞和夸大自己的犯罪行为。

在法庭上全部供认的情况是很常见的。冲动型单狂者(impulsive monomaniac)、癫痫病人、精神错乱型酒鬼(insane inebriate)会用富于特征性表情的言语,讲述他们在受到犯罪型狂暴(criminal frenzy)支配时的心理状态。

罗姆(Rom)是一名冲动型单狂者,他刺伤了一位熟人,在刺人时感到"血液涌向头部,大脑似乎要燃烧起来。"

泰克塞耶(Tixier)在看到他后来杀死的那位老人时,将老人推到一条乡间小路上,"有什么东西进入他的脑子中。"这样的犯罪人往往很快就向司法人员坦白投降。

---

① monomaniac 又译为"偏执狂者",一般指患有妄想的精神病人。——译注

十、先前经历[①]

与普通犯罪人不同，精神错乱犯罪人在犯罪之前，往往是相当守法的。

十一、动机

或许，生来犯罪人与精神错乱犯罪人之间的最大差别就是行为的动机（motive）。在精神错乱犯罪人中，行为的动机不仅与行为完全不成比例，而且其动机几乎总是荒谬可笑的，几乎完全依赖个人的敏感性。

这里有一些典型的案例。一位父亲幻想他听到了一种声音，命令他杀死自己喜爱的儿子。他回到家中，让这个小孩子穿上最好的衣服，然后极端平静地割下他的头颅。一位女士对园艺一无所知，她在自己丈夫的坟墓上种花。一两天之后，看到所种的花死了，于是就想，这是由于园丁浇的水太多了。在将园丁痛骂了一顿之后，用一把剪刀杀死了园丁。

这些不幸的人在犯罪之前，甚至在进行致命的打击行为之前，往往都表现得精神十分正常。然而，他们的行为纯粹是本能性的，而不是由激情或者任何其他的原因引起的。尽管这样的人似乎是有理智的，但是，可以说他们完全具有心理能力吗？如果他们完全具有心理能力，那么，我们如何解释他们对自己最喜欢的人进行的破坏行为呢？一位丈夫会杀死自己挚爱的妻子，一位父亲会杀死自己最喜欢的儿子，一位母亲会杀死她怀抱中的婴儿。

这样的一种极端现象，只能用智力和道德能力（moral faculty）以及意志力的突然停止来解释。

第二节　犯罪型精神错乱的特别形式

一、酒精中毒

（一）概述[②]

除了这些偶然的精神错乱形式（它们通过暂时改变个人的道德品质而使个人进行犯罪行为）之外，我们发现了其他的精神错乱形式，可以将他们称为精神错乱的特别形式（specific form of lunacy），因为犯罪行为成了这类疾病的顶点。这些特别的精神错乱的人，不容易和普通犯罪人区分开来，也不容易和正常人区分开来，而比较容易和我们将要论述的精神病人（lunatic）区分开来。这些精神

① 原文是 antecedents。——译注

② 这一标题是译者增加的，原文中没有这个标题。——译注

疾病包括酒精中毒(alcoholism)、癔症(hysteria)[①]和癫痫,应当分别对它们进行研究。

众所周知,暂时性醉酒(temporary drunkenness)可以将一个诚实、平和的人变成一个粗暴的杀人犯或者盗窃犯。

加尔(Gall)[②]讲述了一个名叫佩特里(Petri)的人的案例。这个人在受到酒精刺激时,就会表现出杀人倾向。劳科太里(Locatelli)注意到一个30岁的工人。这个工人在喝酒之后,就会打碎周围的一切东西,并且会用刀刺那些试图阻止他耍酒疯的人。拉戴尔赛(Ladelci)和卡米格纳尼(Carmignani)引用了一个未成年人的案例。这个人因为酒后吵架而被多次逮捕,当指责他的时候,他总是回答说,"我没有办法。一旦我喝了酒,我肯定开始打架。"

一个名叫佩迫(Papor)的人的案例很有特色。这个人在都灵被监禁过一段时间。他的父亲是一名酒鬼,并且虐待自己的妻子。儿子成了一名士兵,然后成了一名税收官员、消防员,最后成了一家养老院的护理员,周围的人都知道这是一个受人尊敬的好脾气的人。6年前,他被移送到利帕里岛(Island of Lipari),在那里,马姆齐甜酒[③](malvoisie)每升仅为25生丁(centimes),[④]因此,他喝葡萄酒上了瘾,不过,并不会喝多。但是,一年之后,医院规定的变化给他提供了较多的闲暇时间,他开始大量喝酒。1881年,在喝醉酒之后,他和一个运动员讲话,自称是一名警察,命令这个运动员把枪交给他。当时,他被一个真正的警察逮捕,带到临时拘留所。在那里,他被判刑,没有任何人注意他的醉酒情况。在释放之后,他实施了同一类型的犯罪,之后供认罪行并表示后悔。

(二)慢性酒精中毒[⑤]

不过,从犯罪学家的眼光来看,由慢性醉酒(chronic inebriety)发展起来的这种慢性酒精中毒(chronic alcoholism)症状,要比一些情况下酒精的直接影响严重得多。

---

① 癔症(hysteria)又音译为"歇斯底里",神经官能症的一种。——译注

② 加尔(Gall)可能是指德国解剖学家、颅相学的创始人弗朗茨·约瑟夫·加尔(Franz Joseph Gall,1758-1828)。——译注

③ 马姆齐甜酒(malvoisie)是一种烈性白葡萄酒,产于西班牙、希腊等地。——译注

④ 生丁(centime)是法国辅币,100生丁=1法郎。——译注

⑤ 这一标题是译者增加的,在原文中,仅仅用斜体字排版。本节中下面的此类标题均为这种情况。——译注

（三）慢性醉酒的身体和功能特征①

习惯型醉酒者（habitual drunkard）很少表现出先天性退化的迹象，但是，他们往往有一些获得性特征，特别是局部麻痹（paresis），面部轻偏瘫（facial hemiparesis），轻微的眼球突出（exophthalmia），瞳孔不规则，触觉和痛觉迟钝，而且往往是舌头一侧的触觉和痛觉迟钝、热感觉丧失，感觉过敏和神经区域的不同部位不对应，自动发生变化或者感觉发生器官产生变化，即格拉塞现象（Grasset），②与无痛觉的身体发生接触时产生痛觉（alphalgesia），尿中的尿素缺乏，普遍的营养状况不均衡，在外伤、中毒、兴奋或者严重疾病之后容易出现回复症状（symptom to return）。

不过，最严重的现象还是肝脏、心脏、胃、输精管和中枢神经系统的萎缩或者退化现象，它们会产生严重的功能紊乱，最严重的是消化功能紊乱，表现为胃炎、清晨呕吐（matutinal vomit）和腹部绞痛，还有生殖系统功能紊乱，这会导致阳萎。

（四）心理紊乱——幻觉③

最常见和最早产生的症状，是妄想（delusion）与幻觉（hallucination），它们通常具有悲观沮丧甚至可怕的性质，而且差别很大，转瞬即逝，就像做梦，几乎每种情况都是从最近的和强烈的印象中产生的。最具有特征性的幻觉，是那些使其相信自己接触了令人厌恶的害虫、尸体或者其他可怕事物的幻觉。患者被想象中的害虫啃咬，被想象中的火柴焚烧，被想象中的特工人员或警察所迫害。

慢性酒精中毒引起的奇怪的病态状况，会引发其他的恐怖性幻觉（fearful hallucination）。皮肤感觉缺失和酒精型性欲缺失（alcoholic anaphrodisia）会使患者感到他们失去了生殖器官、鼻子、腿等；消化不良、筋疲力尽和局部麻痹会使患者感到自己已经中毒或者受到迫害。过长时间刺激之后的这种反应，会引起躁狂抑郁症和悲观沮丧的幻想。慢性醉酒者（chronic inebriate）往往相信，他们被指控犯有所想象的犯罪，带着镣铐停在许多尸体中间。他们恳求得到宽恕，试图进行自杀，以便逃避自己感受到的羞愧；或者他们保持某种姿势不动，感到不知所措和恐惧。由于这样的信念并不是经常发生，与许多其他的精神错乱者不同，他们沉浸在自己的幻觉中，会从忧郁沉思变为狂暴发作，这类发作往往会导致杀

---

① 原文是 physical and functional characteristics of chronic inebriety。——译注

② 格拉塞现象（Grasset）是指不全偏瘫时，患者能够分别举起两个下肢，但是不能同时举起两个下肢。——译注

③ 原文是 psychic disturbance—hallucination。——译注

人或者自杀的结果。他们想象自己在与小偷或者野兽进行斗争,会从窗户中跳出,或者裸体冲到街道上,杀死挡住他们去路的第一个人。在一些情况下,这种谵妄状态会像癫痫那样突然停止,在短暂性和强度方面非常类似。他们毛发竖立,像原始人那样横冲直闯,呲牙咧嘴,咬牙切齿,撕碎衣物,或者撕拽草地,或者从高处跳下。在这些症状之前,有眩晕、间歇性头痛和脸部发红的症状。那些已经表现出从外伤向头部发展,或者通过斑疹伤寒(typhus)或遗传,或者在极度兴奋和长期禁食之后的人,更有可能表现出这些症状,并且与饮酒数量无关,饮酒的数量可能是很少的;也与一般的身体状态无关。但是,与慢性酒精中毒引起的大脑兴奋有关系。这种发作在几个小时之后可能消失,而且不会在病人的心理上留下哪怕是极轻微的记忆。简言之,它们是一类伪装的癫痫,所以很好伪装,因为真正的酒精中毒性癫痫可以在许多酒鬼中看到,特别是可以在苦艾酒酒鬼(absinthe-drinker)者中看到。

(五)冷漠

在实施犯罪的酒鬼中普遍存在的另一种特征,就是奇特的冷漠(apathy)和无动于衷(indifference),即对自己的情况毫不关心,这也是普通犯罪人中常见的特征,不过在普通犯罪人中程度并不严重。他们进监狱就像在家中那样,一点不关心对自己的审判,也丝毫不关心使自己被逮捕的犯罪,只有在被带到法官面前时,他们才会从冷漠的状态中短暂地惊醒过来。

一名受过良好教育的人,曾经从事过医生、化学家、办事员等多种职业,在从业期间经常因为醉酒而被辞退。这个人在街道上遇到一名警察并将其杀死,因为他相信这名警察要逮捕他。当被关进监狱时,他做的第一件事情就是写信给他的母亲,恳求她送给他一些润发油。在接受审讯时,他告诉预审法官,审讯是无用的,因为他已经选择了一种新的职业,要做一名摄影师。仅仅在监狱中戒酒几个月之后,他开始清醒起来,认识到自己的情况的严重性。

(六)冷漠和冲动性的比较

这种冷漠和奇特的冲动是交替发生的。尽管这种冲动性与病人以前的习惯极不吻合,但是,他不能控制,甚至在认识到自己正在犯罪的时候也无法控制。

(七)酒鬼特有的犯罪

由于生殖器官的变化是发生幻觉的一种常见原因,酒鬼犯罪人(inebriate criminal)往往患有一种色情谵妄(erotic delirium),在这种谵妄发作期间,他们会杀死那些他们相信要侵害自己的人,通常是他们的妻子或者情妇。这部分是由于他们幻觉的性欲性质引起的，部分是由于他们家庭的不幸引起的，他们的家庭生活与酒精激起的浪漫梦想形成鲜明对比，这种情况会加重酒鬼的忧郁情绪。他们想象自己遭受了欺骗，他们的阳痿症状遭受到嘲笑，并把这种最无辜的情况看成是致命的侮辱。

在都灵的监狱中，我的父亲观察了这样的两个不幸者，其中一个是60岁的男子，另一个是很年轻的人。这两个人都用极端残忍的手段杀死了自己的妻子，因为他们相信自己的妻子不忠实，而在实际上，他们的妻子都是无可指责的。

（八）酒精中毒的过程

不断酗酒最终会导致完全痴呆或者全身性假性麻痹症（general pseudo-paralysis）。身体最初很胖，但是会迅速变瘦，皮肤会由于脂肪分泌和汗腺分泌过多变得油腻而湿润，分泌物会弄脏外衣。记忆逐渐衰退，言语会变得含混不清，观念联想会变得迟缓，感觉逐渐迟钝起来，知觉发生混淆，判断出现错误，无法进行正常的判断。早期的幻觉重新出现，但是不太生动，而且有较长的间隔。然后，逐渐全身瘫痪直至死亡。

二、癫痫

在另一章中，我们已经讲过这种疾病，已经指出生来犯罪人实际上是癫痫病人，因为这种疾病在进行型大脑易激惹（continual brain irritation）方面缓慢发展，而不是表现出突发性的异常肌肉扭曲或者可怕的痉挛发作，而进行型大脑易激惹会使个人重新产生原始人所具有的那种可怕的自私自利，这不可避免地产生伤害他人的倾向。

尽管这些癫痫病人是与生俱来的悖德狂者，在监狱和精神病院中度过他们的一生，但是，任何人都难以明确地区分他们的异常症状和无责任能力。除了这些人之外，社会有权利也有道德义务将这些人从社会中隔离开来，因为他们是危险的来源，危险就存在于那些患有另一些癫痫的人中。这些癫痫的表现形式中就包括易激惹，它会通过发作表现出来，这种易激惹很像典型的痉挛发作（convulsive fit），它们在强度和持续时间方面也是相似的。一般而言，他们也具有完全丧失记忆和意识的特征，但是在一些案例中，他们有部分意识或者完全有意识，然而癫痫病人对其行为是无责任的。癫痫的这种变异形式被称为萨姆特精神性癫痫（Samt psychic epilepsy），即伴随精神发作的癫痫，这种癫痫发作的间隔时间长，有时候只有一次发作，不过，更多的情况是一生只发作2到3次，在发作期间，患者的人格完全改变。

萨姆特将这种发作描述如下:在发作期间,个人像梦游症患者一样行动。他们有时候头晕眼花、沉默无声、呆着不动,有时候则是连续不停地讲话,还有时候则会进行正常的职业、旅行、阅读和写作。但是,在每种情况下,患者的人格都发生完全改变,其习惯、行动甚至字迹都表现出不同的特征。有时候,患者狂热地步行,会行走数英里;有时候,患者会乘火车连续不停地旅行。蒂赛(Tissié,1887)引述了几个病例,其中有的癫痫病人从法国的巴黎旅行到印度的孟买,有的癫痫病人步行70多公里,有的无意识地漫游31个月。

有时候,癫痫仅仅表现为进行无目的地旅行的倾向,就像费雷蒂(Ferretti)案例中那样:一个癫痫病人M……到非洲的马赫迪(Mahdi)旅行,从那里又独自到澳大利亚旅行。

这种走动的癫痫在14到15岁的少年中很常见。几乎每个星期警察都会接到他们的父母的报告,说他们的儿子从家中走失了,口袋中仅仅装着几个零钱。漫游者后来往往会在一些小城镇被人们发现,而癫痫病人可能是在无目的地行走数日后到达那里的,在行走的过程中,他们在谷仓中睡觉,靠乞讨生活。当询问他们时,少年往往对自己在此期间进行了什么活动茫然无知。

马卡布鲁尼博士(Dr. Maccabruni)在1886年的《论癫痫的隐蔽形式》(Notes on Hidden Forms of Epilepsy)一书中描述了一个癫痫病人的例子。这个癫痫病人在童年时候颅骨受到损伤。后来,他开始不停地到威尼斯、帕多瓦(Padua)、罗马、米兰、摩纳哥和芒通(Mentone)漫游。他的旅行,特别是那些远距离的旅行,都是在无意识状态下进行的,往往在癫痫发作开始前不久进行旅行。

这些癫痫发作可能持续不同的时间,从几分钟到几个月不等。在我父亲观察的一个病例中,一个癫痫病人的发作持续了两个星期。病人是我们家熟悉的一个年轻的官员,他是一个特别安静的人,但是,他突然狂热地写了无数的书信,特别是在盖了戳子的纸上,写了与他平时的风格截然不同的字母很大的书信。这些书信中充满了荒谬的言论,病人从自己无目的地旅行到达的不同城镇邮寄这些信件,整个活动持续了两个星期。在一次发作期间,他被作为一名逃亡者而被逮捕,当时他对自己的行为不能进行任何解释。

在这个特殊的病人身上,疾病表现为荒谬信件和更加荒谬的旅行的温和形式。但是,在同样状态下的其他人,可能会进行杀人之类的犯罪行为,特别是可能会进行原因不明或者与己无益的杀人行为。一旦发作结束,这些不幸的人往往无法回忆起自己过去的行为;在他们处在正常状态的时候,他们是安静的守法的人，很难设想他们会进行那样的行为，也很难发现他们患有癫痫，因为除了特定的犯罪行为之外，他们没有表现出任何癫痫的症状。

萨姆特描述了这种精神性发作的一种更复杂的形式。在这种发作中，人格在没有失去意识的情况下发生改变。在一个这样的病例中，一名勤勉工作了40年的公务员，在夜间杀死了自己的情妇，在此之前割断了所有的电话线，以防其他公务员通话。他带了一些贵重物品逃跑，但是几天后又回来向警察自首。他向警察详细描述了自己的犯罪，没有表现出厌恶或者懊悔。他受到审判并被判刑，几个月后，他的癫痫再次发作，他在这次发作中死亡。对于这种情况，萨姆特得出了这样的结论：杀人行为是在一种类似的发作状态下进行的，他可以证明，这类发作并不必然伴随着意识丧失。

就像在上述案例中那样，这些精神性发作有时候伴随着无节制的进行血腥行为、破坏行为和各种暴力行为的欲望，也会伴随着在意识清楚状态下的强大肌肉力量。这种发作可能持续几分钟到半个小时不等，发作之后，病人陷入深度睡眠状态，忘记所发生的一切，或者仅仅保留模糊的记忆。

癫痫病人米斯迪（Misdea）的病例也是这样的。这个病例第一次使我父亲产生了犯罪与癫痫之间有联系的观点。由于这个病例在意大利的犯罪编年史中已经变得很出名了，很可能读者对它感兴趣。米斯迪是一对堕落父母的儿子，表现出一系列典型的癫痫异常症状，包括不对称、血管运动紊乱、冲动性、凶残等。20岁的时候，他正在军队中服役，由于一些琐碎的动机，他突然袭击并杀死了自己的长官和8到10名试图制服他的士兵。最后，他被绑起来安置到一个单人房间中，在这个房间中，他进入酣睡状态，醒来的时候，他完全忘记了自己做过的事情。他被判处死刑，但是我的父亲对他进行医学检查后，得出了这样的结论，这起犯罪是在癫痫发作期间进行的。

这类癫痫病人的身体和精神特征，在所有不犯罪的癫痫病人中很常见。我们有理由认为他们是精神错乱者，而不是犯罪人，因为除了采取袭击这种可怕的方式之外，他们没有表现出犯罪倾向。

三、癔症

癔症（hysteria）[①]是一种与癫痫有联系的疾病，癔症似乎是一种比较温和的癫痫，它在妇女中发生的频率要高于男子，比率是20比1。这种疾病往往可以

① hysteria一词又音译为“歇斯底里”。——译注

追溯到遗传影响,与在癫痫中发现的那些遗传影响类似,经由癫痫性父母、神经质的父母或者酒鬼父母传递;往往也可以追溯到某些外伤性或者中毒性影响,例如,伤寒、脑膜炎、遭受一击、跌倒或者受惊。

(一)生理特征

生理特征(physical characteristics)比癫痫病人少。最常见的异常特征是小而斜视的眼睛、苍白而长的脸颊、密集或者稀松的牙齿、面部和手部的神经性运动、脸部不对称、黑头发。

(二)功能性特征

功能性特征(functional characteristics)是很重要的。癔症患者对一些金属的接触特别敏感,例如,对磁铁、铜和金。特征性的症状是喉部不敏感或者喉部外面敏感,即癔症性窒息感(globus hystericus);神经痛,这种疼痛会突然消失,往往会在最初感到疼痛的身体另一侧突然重新出现;身体一侧的感觉和运动异常多见;不能辨别不同的颜色;身体的一些部位十分敏感,例如,卵巢和乳房十分敏感,当它们受到按压时会出现神经病性异常,即致癔点(hesterogenous points);对痛苦的快感,咽喉反射动作消失,身体的一些部位缺乏温暖感,表现出一种被称为"癔症发作"(hysterics)的倾向。这些特征与癫痫的特征很相似,它们出现之前有一些预兆性症状,例如,幻觉、性格突然变化、挛缩(contraction)、喉部痉挛、斜视、断续而紊乱的笑声或者打哈欠、心悸、无力感、发抖、麻木和(在即将发作之前)身体一些点的疼痛,一般是在头部、卵巢或者颈背。

(三)心理特征[①]

癔症患者的心理表现是十分有趣而重要的。

大体而言,他们表现出较高的智力,不过,注意力很难集中。在性格倾向方面,他们高度的自私自利,往往只关注自己,以至于为了引人关注和获得名声,他们会做任何事情。他们非常敏感,所以很容易产生愤怒和进行残忍行为,很容易突然地没有理由地产生喜欢和憎恨的情感。他们变幻无常,动摇不定。他们特别热衷于诽谤别人,当他们的无理指控不能激起公众的关注,不能以此作为一种报复手段时,他们就会通过不停地争吵和争执而败坏周围人们的生活。

(四)暗示感受性[②]

对于犯罪学家们来说,认识到癔症妇女受到催眠暗示的控制是很重要的。

---

① 原文是 psychology。——译注

② 原文是 susceptibility to suggestion。——译注

她们的意志变得完全受催眠者的摆布，通过催眠者的影响，她们被诱导相信自己已经改变了性别，以至于她们可以立即具有男性的习性，或者接受一些固定观念（idées fixes），例如，奇怪的、冲动性的甚至是犯罪的观念。当她们受到催眠影响时，她们实际上变成了顺从的机器人，但是，如果她们本性正直的话，不可能劝说她们进行一些与其本性相反的行为，不可能劝说她们进行犯罪行为或者吐露她们知道的秘密。

（五）可变性[①]

心境的变化是癔症的一种比较突出的特征。癔症病人会以极快的速度改变心境，从笑声飞扬变得泪眼婆娑，"就像小孩一样"。里歇（Richet）说，"在眼泪还未干时，就会大笑不已。"

"一会儿，"塞丹汉姆（Sydenham）说，"她们暴躁不满；一会儿，她们又兴高采烈，和朋友们玩起过去的游戏。"

她们的感受性可能会受到极其琐细的原因的影响。一句话就有可能使她们悲痛忧伤，就像真正遇到不幸一样。她们的冲动并不缺乏理性的控制，但是，行动往往比理性更快。尽管有这样的容易变化的倾向，但是，她们有一些固定的观念，而且往往固守这些观念。一名妇女可能会数月不言不语或者静止不动，其理由是讲话或者活动会伤害自己。然而，这是她们表现出的唯一一种持久不变的特性，在其他时候，她们本能地慵懒。有时候，她们活跃几天，然后又恢复慵懒状态。

（六）色情狂[②]

这几乎是一种病理症状，它通过色情性质的幻觉和噩梦表现出来，之前会有腹部预兆（epigastric aura）。色情狂具有强烈的冲动性，癔症妇女往往因为冒险欲望或者为了体验突发性情绪而进行通奸行为（liaison）。癔症患者的犯罪行为总是与性功能联系在一起的。

在 21 名犯有诽谤罪的妇女中，9 人进行虚假的强奸控告，4 人控告她们的丈夫进行性暴力行为，1 人控告其丈夫进行兽奸行为。这些控告都是由未成年人提出的，通常都充满了令人厌恶的细节，任何成年人都会对这些细节感到厌恶。

---

① 原文是 variability。——译注

② 原文是 erotomania。——译注

(七)谎言癖①

癔症妇女的另一种异常特征,是不可克制的说谎倾向,这种倾向导致她们仅仅为了取乐和使人相信而进行没有意义的说谎行为。她们佯装自杀、生病或者书写充满虚构的匿名信。许多妇女出于怨恨或者虚荣心动机而控告公务员进行欺诈行为,以使他们出丑和坐牢而取乐。不过,她们偏好的诽谤往往是控告别人进行了猥亵行为,被控告的人有时候是她们的父亲和兄弟,但是,一般情况下被控告的人是某个神父或者医生。在大多数案例中,这些控告离奇而充满幻想,根本不值得相信,但是有时候很不幸,人们相信了她们的控告。散布这些控告的最常见的方法,是写匿名信。在一个案例中,一个著名家庭的一位25岁的女青年,写求爱信纠缠一位受人尊敬的神父,稍后不久又控告神父引诱她。另一个18岁的少女告诉检察长,她经常受到淫荡神父的侵害,并且控告她的一名表兄是同谋。根据她的说法,当她在教堂祈祷时,一个名叫艾伯特·阿(Abbot R)的人……把她带进圣器收藏室(sacristy),恳求她和他一起私奔到西班牙。她愤怒地拒绝了。他希望劝解她,当着她的面两次刺自己,她随即昏倒,当意识苏醒的时候,她发现神父在自己的脚下请求自己宽恕。她进一步控告自己的表兄将其带到女修道院,在那里,她受到一个神父的引诱,那些修女充当了同谋。后来的医学检查证实,没有发生诱奸,她患有癔症。

在另一个病例中,一个16岁的女孩是一位意大利将军的女儿,她向自己的父亲控诉说,进餐时坐在她旁边的一名中尉向她讲下流话。稍后,一批匿名信扰乱了这个家庭的平静——这些匿名信向这名女孩的母亲求爱,并对这名女孩进行威胁。后来发现,这个女孩自己就是所有这些匿名信的作者。

匿名写信在癔症患者中十分常见,因此,可以把这种行为看成是一种病理特征。字迹往往具有某种异常的特征,有时候字迹表现出一种异常倾向,不是太大,就是太小,这是一种我们在癫痫病人中已经注意到的特征。

(八)谵妄②

像癫痫病人一样,癔症患者往往患有精神忧郁症或者偏执性谵妄(monomamiacal delirium)。根据莫雷尔(Morel)③的研究,当其他的病态现象不

① 原文是mendacity。——译注

② 原文是delirium。——译注

③ 贝内迪克特·奥古斯丁·莫雷尔(Benedict Augustin Morel, 1809 - 1873)是奥地利出生的法国精神病学家、早期犯罪学研究者。——译注

存在时，这种症状就更为常见。

像癫痫一样，精神性癔症(psychic hysteria)可以不伴随特征性癔症发作而存在，并且就像具有癫痫的病例那样，这种癔症对于社会是最危险的。

总之，尽管到目前为止，医学家已经倾向于认为癔症是一种不同于癫痫的疾病，但是，对这种疾病的仔细研究使我父亲将它划分为癫痫的一种变异形式，它在妇女中更为流行；就像许多其他疾病那样，在这种疾病中，也表现出一种衰减的形式(attenuated form)。

第4章　倾向犯罪人[1]

第一节　基本特征[2]

一、概述[3]

我们已经看到,疾病、酒精中毒(alcoholism)和癫痫是如何使一个人在生理方面和心理方面堕落的,如何使他们在外貌上与正常人不同的。但是,不能把所实施的大部分犯罪归到精神病人、癫痫病人或者悖德狂者身上,也并非所有的犯罪人都表现出隔代遗传特征和病态特征,例如,原始人的残忍和野兽般的感觉迟钝,癫痫病人的冲动性、放荡不羁、妄想、疯子(madman)的急躁冲动。这些特征我们在生来犯罪人中都已经看到了。

根据我父亲获得的统计资料,生来犯罪人实施的犯罪行为仅占犯罪总数的33%,对于犯罪人来说,这似乎是一个不可思议的数字,因为它与罗恩考罗尼(Roncoroni)发现的组织学异常的百分数是一致的,也与所有严重异常的百分数是吻合的,其中包括视力方面的异常。但是,除了生来犯罪人的这个百分数之外,生来犯罪人在出生之前就注定要有一种犯罪生涯,所有的教育活动都无法挽回他们的犯罪生涯,因此,要立即将他们隔离起来;除了癫痫病人、癔症患者、酒鬼和那些由于酒精中毒而精神错乱的人之外,正如我们已经讲到的那样,仍然有一些犯罪人,整整占到一半,由于病毒而变得衰弱,尽管他们是癫痫样人(the epileptoid),患有轻度的癫痫,但是,如果没有一些适当的原因,犯罪就不会产生。他们的抑制中枢有点迟钝,但是并非完全丧失抑制力,健康的环境、仔细的训练、勤勉的习惯、道德和人类情感方面的教育,都可以预防这些人产生不良冲动;倘若总是没有特别的罪恶诱惑,他们就不会产生犯罪。

我们已经谈到,教育并不足以将一个犯罪人转化为一个诚实的人。相反,考

---

① 倾向犯罪人的英语原文是criminaloid,也有人将这个名词翻译为“偶发性犯罪者”。——译注

② 这一节的标题是译者增加的,以便与下文中的其他标题相对应。——译注

③ 这个标题是译者增加的,以便与下文中的其他标题相对应。——译注

验、困难和教育的缺乏，也不能使一个犯罪人变成一个诚实的人。催眠术是可能产生暗示作用的最有力的手段，它也不能诱导一个好人在催眠入睡期间实施犯罪行为，但是，邪恶的训练对于意志薄弱者有很大的影响力，他们究竟为善还是作恶，主要取决于情境。我父亲把这样的人称为"倾向犯罪人"。

二、生理特征①

倾向犯罪人没有特别的骨骼方面的、解剖学方面的或者功能方面的异常。由于倾向犯罪人代表了生来犯罪人的一种轻度类型，他们可能在颅骨、毛发、胡须、耳朵、眼睛、牙齿、嘴唇、关节、手、脚以及所有感觉异常、触觉和痛觉不敏感、磁感高度发达、对气压变化敏感等方面，有同样的生理缺陷。但是，所有这些异常都没有像在生来犯罪人中那样多。这就是说，倾向犯罪人决不可能表现出可以将生来犯罪人与悖德狂者区分开来的那样的生理和精神异常。另一方面，我们在倾向犯罪人中发现了一些特征，例如，毛发过早灰白和秃顶等，生来犯罪人不会表现出这样的特征。倾向犯罪人与生来犯罪人之间的真正区别在于心理方面，而不在于生理方面。

三、心理特征②

当直接考虑倾向犯罪人开始反社会生涯的年龄，考虑促使他们开始反社会生涯的动机时，生来犯罪人与倾向犯罪人之间的差异就变得明显起来。尽管生来犯罪人从很小的时候就开始进行犯罪活动，并且总是因为琐碎的动机而进行犯罪活动，但是，倾向犯罪人是在生活的较晚时候才实施第一次犯罪的，并且他们的犯罪往往有适当的理由。

一个这样的犯罪人名叫萨尔瓦多(Salvador)，他既无颅骨异常，也无面部异常，多年来一直过着诚实守法的生活，但是，在一次长时间的商业旅行之后回到家中时，他发现自己的房子被妻子洗劫一空，他的妻子已经遗弃了他。从此开始，他似乎有意识地开始了一种不良生涯，变成了一个盗窃帮伙的头目。

在另一个案例中，一个雕刻师除了额窦(frontal sinuses)比较突出之外，没有表现出任何病态异常，某一家协会预订这个雕刻师为他们打造一个奖章。这个奖章凑巧和他们国家正在流通的硬币极为相似，这种巧合促使他进行伪造硬币的行为。

---

① 这个标题是译者增加的，原文 physical characteristics 仅用斜体字排版，本节中下面的同类标题均为这种情况。——译注

② 原文是 psychological characteristics。——译注

但是,在当时引起人们极大关注的最具特征性的案例,就是奥利夫(Olivo)案件。奥利夫是一个相貌英俊的男子,嗅觉正常敏锐,触觉和痛觉正常,不过,他从神经质和精神错乱的祖先那里遗传获得了继发型癫痫现象(secondary epileptic phenomena),它后来发展成为痉挛型癫痫(convulsive epilepsy),还出现了一些退化症状,包括面部和颅骨不对称、异常的毛细管涡(capillary vortices)、手臂过长、视力盲点症、夸张的腱反射动作。到了30岁时,他过着一种无可指责的生活。实际上,他过分地小心谨慎,这和他明显的狂妄和小气一起,成为他仅有的缺点。他和一名普通人家的妇女结婚,妻子并不是真正的堕落,但是,她粗鄙而不诚实,在他眼中最坏的品质是寡廉鲜耻和挥霍浪费。这些缺陷和她的说谎与欺骗的习惯,加重了这个可怜男子的生活痛苦。一天晚上,他感到很不舒适,可能是由于疾病将要发作,他请求妻子帮助,但是,妻子却作出没有感情的反应,当时,他跳下床,拿起一把刀子刺向了她。过后,他陷入昏睡状态。为了消除所有的犯罪痕迹,他肢解了尸体,将其装入旅行皮箱,然后扔入大海。两个月后,当他被逮捕时,他立即做了全面供认,表示了深刻的忏悔和对被害人的真诚依恋,并且在自己的一首诗中赞美了被害人的美好品德。在审判中,他没有尝试为自己辩解;在审查证据的时候,那些证据似乎极大地刺激了他,他的癫痫发作了。他被陪审团免除罪行,回去继续平静地当他的会计员,以后再没有违法。

四、不愿意实施犯罪[①]

倾向犯罪人的另一种特征是他们在实施犯罪行为之前表现出的犹豫不决,特别是在第一次犯罪之前表现出的犹豫不决,正如上述案件中那样,在癫痫发作期间他们并没有实施犯罪行为。

费尔巴哈(Feuerbach)[②]出版的很好的案例汇编中,描述了克莱因罗斯(Kleinroth)兄弟的案例。他们的父亲虐待自己的妻子和家庭成员,让大家吃不饱饭,与此同时,却将自己的钱大方地给他的情妇和他们的私生子。克莱因罗斯兄弟不情愿地离家出走,留下有残疾的母亲继续忍受丈夫的狂暴行为。当他们处在这种可怕的情境中的时候,其中的一个人提出暗杀让他们痛苦的那个人。

---

① 原文是reluctance to commit crimes。——译注

② 指德国刑法学家和犯罪学家保罗·约翰·安赛姆·冯·费尔巴哈(Paul Johann Anselm von Feuerbach,1775-1833)。他曾经将一些诉讼案件汇编成《奇案》(2卷,1808年和1911年出版),还出版了《离奇罪行的档案记述》(2卷,1828年和1829年出版)。参见汉斯·约阿希姆·施奈德:《犯罪学》,吴鑫涛、马君玉译,中国人民公安大学出版社1990年版,第104页。——译注

在犹豫不决之后，这项提议被采纳。在被逮捕的时候，这对年轻人立即供认了他们的共谋，表示了深刻的忏悔。

五、供认[①]

倾向犯罪人很容易在引导下供认自己的罪行。

C从国外回到家的时候，发现他以前的情妇和自己的父亲结了婚。这对夫妻承认了他们的通奸行为，但是在一段时间之后，由于害怕丑闻败露，这名妇女威胁说要淹死自己，除非她的情人能够找到一种令人满意的方法使事情合理化。C……不喜欢他的父亲，用药毒死了自己的父亲，并且在拿了几件他父亲的贵重物品之后与这个寡妇消失了。一年后，这名妇女也死了，他回到家，先是向他的姐姐、然后又在法庭上做了彻底的供认。

六、道德感一智力[②]

虚弱的、阴暗的或者不平衡的心理，愤世嫉俗和缺乏道德感，缺乏亲情，这些特征都可以识别最高等级的甚至是天才的生来犯罪人。倾向犯罪人一般都具有清晰的头脑和平衡的心理，他们可能会向人们表明，自己有能力操纵国家的命运。在法国巴拿马丑闻（French Panama Scandal）中受到牵连的那些人，在罗马银行（Banaca Romana，Bank of Rome）案件中受到牵连的那些人，就是例子。当处在丑闻之中时，他们不是像普通犯罪人那样漠不关心、愤世嫉俗或者变化无常，而是表现出深刻的悲伤、羞愧和懊悔，这种心理状态往往导致严重疾病甚至死亡。他们的自然感情和其他情操都是正常的。

同样众人皆知的是，当对法国巴拿马丑闻和罗马银行案件中受到牵连的那些人提起诉讼的时候，很多人生病了，其中的两个人在审判结束时突然死亡。

与生来犯罪人不同，倾向犯罪人极端厌恶普通犯罪人。为了避免与其他犯人接触，他们要求独居监禁，要求提前进行锻炼，这是监狱生活中唯一可以进行的娱乐活动。

七、倾向犯罪人的社会地位和文化[③]

正如我们已经看到的，倾向犯罪人来自社会的各个阶层，会进行任何类型的犯罪行为，从轻微的盗窃到复杂并事先预谋的谋杀，从制造假的硬币到实施巨额的诈骗，这类犯罪会对社会造成难以估计的损害。某一犯罪的严重与否，并不意

① 原文是 confession。——译注

② 原文是 moral sense—intelligence。——译注

③ 原文是 social position and culture of criminaloids。——译注

味着它的实施者有更大的罪行,而是意味着犯罪行为的实施者是一个有杰出才能的人。犯罪人的文化和才能,可以大大增加其进行犯罪的机会和手段。在所有机会起着重要作用的犯罪案例中,犯罪必然是由那些受到特殊诱惑的人实施的:出纳员侵吞他人的钱款就是一个例子,在这种犯罪中,出纳员可能会受到诱惑而侵吞别人的钱款,幻想这些钱款以后会被还上;官员和公众人物拥有一定的权力,他们显然不会受到惩罚,那么,受托处理别人财富的银行工作人员也有权力使用这些财富。因此,这就可以解释为什么那些具有杰出才能而仅有轻微犯罪倾向的大人物会进行数额巨大的诈骗,例如,罗马银行案件和法国巴拿马丑闻。

一个典型的案例是关于S勋爵的。S勋爵是英国财政大臣,他伪造了50万英镑的货币。他写道,“我的犯罪没有受到任何痛苦的惩罚。逐渐地,我成了无数犯罪的实施者,毁了一万多个家庭。如果少一点才干和多一些正直,我现在可能仍然是过去的样子,是一个诚实的人。现在悔之晚矣。”

在S勋爵的案例中,我们发现了倾向犯罪人的所有特征:悔恨、供认欲望、以前的经历无可指责、强烈的欺诈动机、杰出的才能。

尽管这种人给社会造成的损害远远大于任何普通的生来犯罪人可能进行的犯罪行为,但是,他的犯罪行为不过是属于一种较弱的类型。他实施的犯罪行为的严重性,不在于他的犯罪倾向的强度,而在于他的杰出才能,这种才能增加了他作恶或者为善的力量。

在这类犯罪人中,必须记住那些聪明的诈骗者,他们到处谈论自己的功绩。这些人包括亨伯特夫人(Madame Humbert)、莱蒙恩夫人(Madame Lemoine)和克佩尼克(Köpenick)的皮匠船长。

有时候,特别是在政治犯罪人或者商业犯罪人中,我们会发现一些有关自动错觉(auto-illusion)的案例,在这些案例中,犯罪人和被害人就像公众一样。有时候,一个发明家要让人们相信他已经发明了或者将要发明的一种事业,可能只是一些设计或者机械装置,而此事的促进者则会相信自己能够从中获得巨额财富。有时候,可能是一场骗局,在这个骗局中,被害人的贪婪和他们想获取暴利的欲望,发挥着和骗子的才能一样重要的作用。有时候,可能是一场巨大的骗局,骗局的设计者自己对此极端感兴趣,设计骗局时花费的才能和精力十分巨大,如果用来干正事的话,也可以获得很多的财富。但是,骗子乐意进行具有创造性的欺骗,似乎他在表演一场令人惊讶的戏剧。

一个典型的例子是C……这位C因为诈骗一名妇女而在20多年前被监禁过。当他在监狱中的时候，我的父亲去治疗过他，从而有机会了解他以后的生涯。这个C……是一个出生于良好家庭的年轻人，聪明而诚实，有很好的语言才能。他的面部表情是愉快的，丝毫看不到以前犯罪的痕迹。在20岁时，他沉溺于赌博，为了赌博，他答应和一位比他自己大很多的富有妇女结婚，从这个富有的妇女那里，他借了大笔的钱，条件是应当归还这些钱。不过，不久之后，他与一个年轻女孩恋爱并结婚。他以前的情妇在法庭中起诉他，他被判处两年监禁。在此期间，他拒绝见任何人，也拒绝参加活动，以免与监狱中的其他罪犯接触。他对自己的妻子很有感情，表示他想开始新的生活。不过，他对自己实施的犯罪行为似乎没有什么懊悔，因为正如他自己所说的，他决不继续这场骗局，他的被害人也不是那样甘心受骗。从监狱出来后，他到了伦敦，在伦敦的时候，由于缺少钱，迫使他又一次进行诈骗，但是这一次，他逃到了那不勒斯（Naples）。[①] 在那不勒斯的两年期间，他在一个大的宾馆中诚实劳动，但是当再次急需要钱的时候，他又进行了第三次严重的诈骗，由于这次诈骗，他一直在监狱中服刑。

第二节　习惯犯罪人

监狱生活的不良影响，与粗鄙犯罪人的接触或者酗酒，往往都会对良好的品行产生影响，使良心的痛苦逐步减弱。这些都有可能使那些最初在矛盾和犹豫不决中实施犯罪行为的倾向犯罪人，后来发展成为习惯犯罪人（habitual criminal）。这意味着，习惯犯罪人会把系统性地违反法律的行为看成是平常的活动或者职业，会毫不在乎地进行自己的犯罪行为。

从生理上来看，习惯犯罪人不同于生来犯罪人，但是，他们表现出倾向犯罪人的一些特征。此外，他们具有一些更加明显的获得性特征，例如，凶恶的皱纹、变化不定而鬼鬼祟祟的眼神。

从心理方面来看，倾向犯罪人往往与生来犯罪人类似，他们的习惯、口味、俚语、文身、放荡、懒惰等，都是相似的，这些特征会逐渐发展，就像生活在封闭乡村的老夫妻形成相同的习惯、姿势和说话腔调那样。

倾向犯罪人发展为习惯犯罪人的类型，可以通过艾劳德（Eyraud）案例加以

① 那不勒斯（Naples）是意大利西南部的港口城市。——译注

很好的说明。艾劳德与加布里埃尔·邦帕德(Gabrielle Bompard)一起,谋杀了古夫里(Gouffré),然后将其尸体装入旅行箱中。通过他对妇女表现出的意志薄弱,艾劳德先后变成了遗弃者、小偷和杀人犯。他肯定有一些退化者(degenerate)所特有的特征,例如,长而突出的耳朵、左额窦发育过度并且不对称、凸颚、夸张的圆形颅骨、手臂长度超过身高,但是他没有一般犯罪人的特征,例如,牙齿正常、胡须浓密、毛发稀疏。

他的心理特征与他的生理特征十分相称。在婴儿时期和青年时期,他没有表现出异常特征,只是性本能特别旺盛。他也没有表现出对于邪恶的爱好,毕竟,这些都是杀人犯的特征。从各个方面来看,他是一个快活的人,喜欢尽情欢乐,但在同时,他又粗暴而野蛮,很容易产生激情狂暴(passionate fury)。他对异性的吸引力特别敏感,这使得他可以不顾所有的道德戒律。为了满足他的这种偏好,他变成了一个遗弃者,挥霍了他从酿酒厂挣来的所有金钱,也挥霍了他作为一个皮毛商人挣来的所有金钱,最后,他进行了谋杀行为。审判时的情况表明,在逃往美国之前,他曾试图杀死一名拒绝离开自己的丈夫而与他一起逃亡的妇女。他粗暴地迷恋上了他的同谋加布里埃尔·邦帕德,像许多倾向犯罪人一样,他被她的堕落所吸引。

艾劳德所表现出来的极端多变,似乎证实了他与生来犯罪人之间具有最强的联系。他一会儿兴高采烈,一会儿却又忧郁悲伤。他的智力得到很好的发展,他可以讲三四种语言,在所从事的大多数事情上都是很成功的,不过,他似乎不能持续地成功下去。作为一名商人,他浪费了自己的资本,甚至在进行犯罪行为的过程中,他也表现出了轻率无聊和前后不一的特征。在里昂,[①]他雇用了一辆马车,将古夫里的尸体放在马车里,在与加布里埃尔·邦帕德像个疯子一样地乘车经过了几条街道之后,在人们不断经过的一个地点扔掉了被害人的尸体。

艾劳德似乎一直是一个风流放荡的倾向犯罪人,他的放荡不羁的热情和与加布里埃尔·邦帕德的交往,使他变成了一名习惯犯罪人。不存在病态遗传的事实,证明了这种论断。

引证一系列案例可能是价值不大的。在这些案例中,尽管细节有所不同,但是,我们总会发现同样的现象,即倾向犯罪人逐渐发展成为习惯犯罪人。观察在西班牙和意大利常见到的强盗这一大类犯罪人就足够了,在这类犯罪人中,往往

① 里昂(Lyons)是法国的一个城市。——译注

都可以观察到这样的现象。

这些违法者，特别是他们的头目，尽管其犯罪很严重，但是，他们很少是生来犯罪人，除了极少数例外的情况，他们也不是从很早就开始其犯罪生涯的。不过，他们拥有良好的品质，有正常的感情，慷慨大方，同情弱者，这些都可以解释为什么人们在很久之后还记得他们，而良好的守法者却被忘记了。

强盗头子曼德林（Mandrin），一般被称为“走私将军”（Smuggler General），多菲尼（Dauphiné）和法国其他地区、瑞士和萨瓦（Savoy）①的人们记着他，喜欢和爱戴他。这种感情很容易理解，因为他是那个“慷慨农场主”（fermiers généraux）的敌人，这个“慷慨农场主”19世纪从法国政府那里租借了征税权，残酷地压迫人民。

路易·曼德林（Louis Mandrin）在早年的生活中，并没有表现出反常的症状，也没有犯罪的特质，之所以变成一名强盗，是因为他受到了这些“慷慨农场主”的不公平对待，不向他支付劳动报酬。他成了一小股走私者的头目，使税收官员和宪兵们感到害怕。他过去公开地将走私物品带到村庄和城镇的附近，鼓励人们购买这些走私物品，无论是销售，还是购买，宪兵和税收官员们都不敢进行干涉。“慷慨农场主”的政府管理部门颁布了一项可怕的法令，阻止人们购买违禁走私物品；于是，很有幽默感的路易·曼德林宣布，他会迫使政府管理部门购买这些走私物品，他经常迫使税收官员以公平的价格购买走私物品。

西西里的人们仍然记着强盗加斯帕罗尼（Gasparone），并且对他很尊敬。他是一个具有同样情况的人。

第三节 司法犯罪人

司法犯罪人（judicial criminal）是指那些并非由于本性邪恶，也并非由于恶劣的处境而违法的人，而是指那些仅仅由于意外事件而违法的人。可以把这类犯罪人分为两类：

第一类是意外事件犯罪人（author of accident misdeeds）。例如，偶然杀人或者纵火的人，舆论或者人类学家并不认为他们就是犯罪人，但是，法律规定他们必须对所造成的损失进行赔偿。自然，这类违法者是无法从生理上或者心理上

① 萨瓦（Savoy）是法国东南部的一个地区，曾经属于意大利。——译注

和正常人加以区分的,不过,他们一般都缺乏谨慎、小心和预见。

第二类是无害于社会的犯罪人。社会公众不会把他们看成是犯罪人,但是,法律根据一些支配性意见或者偏见,认为他们是犯罪人。说下流话、煽动性文字、无神论、醉酒、逃税和任何轻微违法行为,都属于这种类型。如果需要引用的话,这类犯罪的例子是人们普遍知晓的。一位美国法官的话对这类犯罪做了最好的概括。这位法官指出,仅仅因为违反关于禁止吐痰、饮酒、在寡妇附近脱光衣服、诅咒、星期天经营娱乐场所、在某些日子里雇用人们、或者在法律禁止的条件下雇用人们等轻微的地方性法规而判处共和国最诚实的公民一百年监禁并处以一千多美元罚金,是多么容易的一件事情啊!

尽管将进行这些犯罪行为的人和普通人加以区分,往往是不容易的,但是,无论是犯罪人,还是倾向犯罪人,都会比普通人更经常地进行这样的犯罪行为,普通人会本能地避免与法律发生冲突。

判断这些犯罪行为的困难之处在于,必须仔细考虑进行这些犯罪行为的动机。也就是说,这些犯罪行为是不是由一个诚实的人无意中进行的。或者是不是属于某个犯罪人实施的一系列犯罪行为中的一种。这种区别性判断的主要基础是犯罪人以前的经历。

那些在当时或者在其发生地并不认为很严重的一些违法行为者,也属于这种类型。这类违法行为包括:在农村地区偷窃燃料、在商业活动和一些行业中的轻微欺诈行为、在那些存在着像那不勒斯的卡莫拉(camorra)、西西里的黑手党(mafia)这样的秘密社会的国家中与这类组织的联系,这种联系从一定程度上讲是进行自卫所必要的。在革命、起义、战争时期的盗窃和杀人,对新的地区和矿山的征服与开采,也属于这类违法行为。

罗切福特(Rochefort)和怀特曼(Whitman)已经指出,在澳大利亚和美国加利福尼亚州的淘金热期间,犯罪大量增加。那些有良好经历的人会为了拥有最有价值的地区而进行致命的争斗,纵酒狂欢之后往往是血腥争斗。

在欧洲人1900年远征中国期间,[1]那些以前的生涯无可指责的士兵们,携带了劫掠来的物品。

---

① 这应当是指1900年八国联军入侵中国毁损圆明园和紫禁城等的事件。——译注

第四节　激情犯罪人

这类犯罪人，如果要这样称呼的话，代表了与普通犯罪人相对的另一类犯罪人。普通犯罪人的犯罪行为是其凶恶而自私的冲动的结果，而激情犯罪人（criminals of passion）则是由于纯粹的利他精神的推动而犯罪的。实际上，他们与所谓的普通违法者没有什么联系，将他们划分到一起，仅仅是因为法律规定的缘故。他们代表了犯罪人系列（criminal spectrum）①中的紫外线，而普通犯罪人则代表了红外线。这类犯罪人不仅没有自私之心、冷漠无情、懒惰成性，也缺乏普通犯罪人中特有的道德感缺乏的特征，而且他们的异常之处就在于高贵品质、敏感性、利他精神、人格尊严、感情得到了过度发展，这些特征会使他们走向另一个极端，进行法律禁止的行为，在更坏的情况下甚至会发生危害社会的行为。

一、生理特征②

激情犯罪人的生理特征与生来犯罪人完全相反。他们的外貌英俊，有高耸的前额，有平静而温和的表情，还有浓密的胡须。他们的感觉相当敏锐；很容易兴奋，有夸张的反射动作，这些都是正常人（甚至是超常态的人）所具有的特征，很难根据这些特征将激情犯罪人与正常人区分开来，唯一和正常人不同的是他们行为的反社会效果。

二、心理特征③

如同所有的生理特征那样，很难用心理特征将激情犯罪人与正常人区分开来，唯一的不同是，我们认为善良而圣洁的人所特有的那些品质，例如，爱情、诚实、高尚的志向、爱国主义等，在激情犯罪人身上表现得更加突出。实际上，激情犯罪人的犯罪动机总是恰当的，经常是高尚的，有时候可能是崇高的。爱情会促使一些人杀死那些羞辱其爱人的人，爱情也会成为一些不良行为的原因。在一些案例中，爱情甚至会促使人们杀死那些被证实对自己不忠实的感情对象。这类犯罪包括杀死玷污其姐妹的人们的那种犯罪、未婚母亲杀死婴儿的犯罪、丈夫

---

① spectrum 的原意是光谱。这里指所有犯罪人，其中，激情犯罪人代表了犯罪人中的一个极端，而普通犯罪人则代表了犯罪人中的另一个极端。——译注

② 这个标题是译者增加的，原文 physical characteristics 仅用斜体字排版，本节中下面的同类标题均为这种情况。——译注

③ 原文是 psychology。——译注

杀死不忠实妻子的犯罪。这类犯罪的动机有时候是爱国主义,就像在布伦南·科戴(Charlotte Corday)、奥悉尼·桑德(Orsini Sand)、凯斯里奥(Caserio)案件中那样。所有这些犯罪人都是性情温和、在犯罪之前的行为无可指责的人。

这类犯罪人在犯罪之后往往自杀,或者如果能够阻止他们自杀的话,他们会以多年的悔恨、自我牺牲进行赎罪。

这类犯罪行为往往是无预谋的,并且往往是公开进行的,没有同谋,使用手边最简单的工具,包括指甲、牙齿、剪刀或者棍子。

库曼诺(Cumano)、范拉诺(Verano)、古格力莫蒂(Guglielmotti)、哈里(Harry)、科蒂(Curti)、米兰尼(Milani)、布伦南(Brenner)、马里(Mari)、扎卡(Zucca)、贝奇斯(Bechis)、鲍里(Bouley)、塔克(Tacco)、贝鲁特(Berruto)、桑德(Sand)、卡米沙(Camicia)、芬奇(Vinci)、列昂尼(Leoni),所有这些人都是徒手公开袭击他们的被害人的,这些犯罪人中的最后三人是妇女。

在查兰顿(Chalanton)案件中,他通过结婚而从低贱生活中拯救的那名妇女,不满意她的恩人的背叛,当众辱骂他,通过匿名指控迫害他。他要求分居而没有获得成功,最后,发现人格尊严受到侵害,自己陷入了丑闻中,他的妻子扮演掮客的角色,用公众的好奇心、记者们的无休止提问来折磨他。他杀死了这个给他带来所有不幸的女人。另一名谋杀犯戴尔·普立特(Del Prete),被迫杀死了他的被害人,一位以魔法出名的老年妇女,因为他相信这名老年妇女使他的弟弟患上了疾病,而他深爱着这个弟弟。

这类犯罪的动机一般是严重的,在大多数案件中,犯罪动机直接引起犯罪行为。鲍里(Bouley)仅仅在听到迫使他行动的消息之后几个小时,就实施了犯罪行为。鲍宁(Bounin)、贝奇斯(Bechis)和范拉诺(Verano)仅仅在几分钟后进行了犯罪行为;米兰尼(Milani)在24小时之后实施了犯罪行为;扎卡(Zucca)在8小时之后实施了犯罪行为;科蒂(Curti)在几天之后实施了犯罪行为。因此,这类犯罪很少是预谋的,或者如果有预谋的话,也仅仅进行了很短时间的预谋,决不可能预谋几个月甚至数年。

在这类犯罪人的犯罪行为中,杀人犯罪占91%。其中的相当一部分是杀婴犯罪,这是因为存在着很盛行的偏见,这种偏见在结果得到证实之后,会非常严厉地谴责这种不道德行为。纵火和盗窃仅占2%。不过,这样的案件是有可能发生的。我父亲在监狱中曾经发现,一个年轻女孩看到自己的家庭特别穷,就纵火焚烧,以便获得保险金。

在另一起案例中，一位举止文雅、受过良好教育和性情温和的妇女，从富裕生活一下子陷入了极端贫穷的状态中，于是就进行盗窃活动，以便支付儿子的学费。当被逮捕时，她拒绝讲出自己的姓名，以免自己的儿子受到羞辱。她的身份没有被发现，一名律师在法庭上也没有认出她来。在审判后的几天，她死于心脏病。

第二部分　犯罪及其根源、原因和矫治

第1章 犯罪的根源和原因

第一节 概 述[1]

为了确定我们称之为犯罪的那些行为的根源(origin),我们必须追溯到人类历史中非常遥远的时期。在所有有记载的时代中,我们都会发现对犯罪行为的描述。实际上,如果我们详细地研究原始人、研究过去和现在的风俗习惯的话,我们就会发现,今天被文明国家称之为犯罪的许多行为,在从前的时代是合法的,在远古的人中也有今天这样的看法。

根据皮克泰(Pictet)[2]的看法,拉丁语"犯罪"(crimen)一词来源于梵语的karman,意思是与kri(做)相关的行动。这与凡尼塞克(Vanicek)的观点相反,凡尼塞克认为,[拉丁语"犯罪"(crimen)一词]来源于kru(听)和croemen(指控)。无论如何,梵语apaz一词(意思是罪恶)与apas(意思是工作)相对应,拉丁语facinus来源于facere和culpa。根据皮克泰和波特(Pott)[3]的看法,拉丁语facinus来源于梵语kalp,意思是做或者执行。凡尼塞克认为,拉丁语fur(小偷)一词来源于bahr,意思是运送,希伯来语ganav和梵语sten仅仅意味着放到一边、隐藏和掩盖(gonav)。希腊语peirao来源于海盗(pirate),意思是冒险;希腊语chleptein的意思是隐藏或者偷窃,它来源于梵语harp-hlap,意思是隐藏和偷窃(凡尼塞克的观点)。

在印度,从锡兰(Ceylon)[4]到喜马拉雅山脉(Himalayas),杀婴行为都受到宗

① 这一节的标题是译者根据内容增加的。——译注

② 皮克泰(Pictet)可能是指瑞士政治家和作家查尔斯·皮克泰·德罗什蒙(Charles Pictet de Rochemont,1755-1824),他曾参加编辑《不列颠文库》(1815年以后改为《世界文库》)。——译注

③ 波特(Pott)可能是指德国语言学家奥古斯特·波特(August Pott,1802-1887)。——译注

④ 锡兰(Ceylon)是南亚岛国斯里兰卡的旧称。——译注

教的制裁,不仅在野蛮的种族中这样,而且在拉其普特人(Rajputs)[①]中也是如此。拉其普特人是贵族,如果他们自己的一个女儿最终不能结婚,就认为自己受到了羞辱。蒂科皮亚岛(Tikopia)[②]会杀死数量超过女子的男性,这种情况可以解释他们实行的一夫多妻制(polygamy)。

马可·波罗(Marco Polo)谈到了日本和中国的杀婴行为,就像今天所做的那样,这是一种调节人口的手段。同样的行为在布须曼人(Bushmen)、[③]霍顿督人(Hottentots)、[④]斐济人(Fijians)[⑤]中很常见,也在夏威夷和美国的土著人中很常见。根据宗教人员提供的证言,在塔希提岛(Tahiti)[⑥]出生的小孩中,2/3 的会被父母杀死。

"在圭亚那人(Guaranys)中,"迪亚扎拉(D'Azara)说,"母亲们会杀死自己的大部分女婴,以便使幸存者有更高的价值。"[⑦]

迦太基人(Carthaginians)[⑧]最初有向贵族献祭的风俗,最漂亮的儿童要献给克隆那斯(Kronos)[⑨]或者摩洛神(Moloch),[⑩]但是,到后来的时候,总是为此目的而购买和养育受害人。在阿加索克利斯(Agathokles)[⑪]手中遭到失败后,他们牺牲了 200 名迦太基贵族家庭中的儿童,以便平息神的愤怒。

费阿刻斯人(Phænicians)、[⑫]埃及人、克里特岛人(Cretans)、塞浦路斯岛人(Cypriotes)、罗得斯岛人(Rhodians)和波斯人(Persians)中,都有类似的活动。

---

① 拉其普特人(Rajputs)是指印度北方一部分专操军职的人,自称是古印度武士种姓刹帝利的后代。刹帝利是印度四大封建种姓(婆罗门、刹帝利、吠舍和首陀罗)的第二种姓,即武士等级,社会地位较高。——译注

② 蒂科皮亚岛(Tikopia)是所罗门群岛中的一个岛屿。——译注

③ 布须曼人(Bushmen)是非洲纳米比亚和博茨瓦纳等地的居民。——译注

④ 霍顿督人(Hottentots)是非洲南部的一种人。——译注

⑤ 斐济人(Fijians)是太平洋岛国斐济的居民。——译注

⑥ 塔希提岛(Tahiti)位于南太平洋,是法属波利西亚的经济活动中心。——译注

⑦ 《美洲游记》(Travels in America,1835)。——原注

⑧ 迦太基人(Carthaginians)是非洲北部居民,公元前 6 世纪到公元前 5 世纪控制地中海沿岸的很多地方。公元前 3 世纪开始与罗马争夺地中海西部的统治权,失败后沦为罗马统治下的阿非利加省。——译注

⑨ 克隆那斯(Kronos)是希腊神话中的神。——译注

⑩ 摩洛神(Moloch)是古代腓尼基等地所崇奉的神,信徒以焚化儿童向其献祭。——译注

⑪ 阿加索克利斯(Agathokles)又写作 Agathocles,是西西里岛锡拉库萨的僭主(公元前 317 - 304),后自立为西西里王。——译注

⑫ 费阿刻斯人(Phænicians)是荷马史诗《奥德赛》中居住在谢利牙(Scheria)岛的一个民族,以航海为生。——译注

在吕底亚人(Lydians)①中,奉献给神的妓女数量很多而且都很富裕,她们对艾拉埃茨(Alyattes)的摩索拉斯陵墓(Mausoleum)②的贡献,要比艺术家和商人们贡献的总和还要多。在亚美尼亚(Armenia),仅仅允许女祭司实行一妻多夫制;在米底(Media),③夸耀自己有5个丈夫的妇女,是极受人尊敬的,这表明,一妻多夫制不仅是得到允许的,而且是受人尊敬的。

在西藏,家庭中年龄最大的男子和兄弟们一起共享他的妻子,整个家庭生活在新娘的房子中,孩子们也从她那里继承财产。在托达人(Todas)④中,当丈夫的弟弟们成年时,妻子便成了所有兄弟的妻子,然后,兄弟们又成为妻子的妹妹们的丈夫。

纳亚尔人(Nairs)⑤是马拉巴尔(Malabar)⑥海岸地区的一个高贵的黑人种姓。在纳亚尔人(Nairs)中,按照习俗,一名妇女有5至6个丈夫,一名妇女最多可以有10个丈夫。

在埃及,承认小偷是一种职业。那些希望从事小偷职业的人,要求在一块大家可以看到的木板上记下他们的名字,他们在某个地点收集起来所有偷窃所得的物品,然后将它们归还给各自的主人,以便换取一些硬币。古代的德国人鼓励年轻人抢劫邻居的财产,以免他们养成懒惰的习惯。修西得底斯(Thucydides)指出,希腊人以及居住在岛屿和沿海地区的野蛮人,都是海盗,而且这种职业是一种高贵的职业。

在著名的斯巴达人(Spartans)中,盗窃是允许的,但是在行动中被抓获的盗窃者要受到惩罚,这并不是因为盗窃行为本身要受罚,而是因为盗窃者缺乏技能要受罚。根据伯顿(Burton)⑦的描述,在东非,抢劫被看成是一种光荣的事情。在非洲的卡拉曼扎(Caramanza),与和平种植水稻的巴格努斯人(Bagnous)一起居住的巴兰代斯人(Balantes),则以抢劫和掠夺战利品生存。当他们杀死了在自己的村庄上进行盗窃的人时,他们会鼓励掠夺其他的部落。最聪明的小偷是很

① 吕底亚人(Lydians)是小亚细亚西部一个古代王国中的居民。——译注

② 摩索拉斯陵墓(Mausoleum)是古希腊国王哈利卡那苏斯的陵墓,被称为世界七大奇观之一。——译注

③ 米底(Media)是亚洲西部的一个古国。——译注

④ 托达人(Todas)是印度南部尼尔吉里山区的游牧部落。——译注

⑤ 纳亚尔人(Nairs)是印度喀拉拉邦印度教一个种姓的人,长期实行一妻多夫制。——译注

⑥ 马拉巴尔(Malabar)是印度西南部的一个沿海地区。——译注

⑦ 伯顿(Burton)可能是指理查德·伯顿(Sir Richard Francis, 1821-1890),英国探险家及东方文化学者。——译注

受人尊敬的,他们在这个行业中训练小孩是要交纳费用的,他们会被选为这个行业的头目。

在印度,扎卡·科尔(Zakka Khel)部落是专门从事这种不光彩的行业的。当男孩出生时,都要通过特别的仪式,为小孩从事这种盗窃活动进行祭祀。在仪式上,要在父亲房屋墙上的豁口中传递新生婴儿,与此同时,众人一起说三遍"变成一个小偷"的话。根据塔西佗(Tacitus)[①]的记载,在古代德国人中,在自己部落的边界之外进行盗窃活动,是不会受到谴责的。在一个大的集会上,头目号召那些愿意追随他的人们,他们通过在鼓掌欢呼的人群中抬起自己的脚表示自己的意愿。那些拒绝参加的人,会被看成是逃兵和叛徒。在科曼奇族人(Comanches)[②]中,如果一个男人不参加一些成功的掠夺冒险活动,就不会被看成是该部落的勇士。最聪明的小偷是该部落中最受尊敬的人。在巴塔哥尼亚人(Patagonian)[③]中,如果一个男人不能成功地抢劫一个陌生人,他就没有资格娶妻。在库克斯人(Kukis)中,偷盗技能是最受尊敬的才能。在蒙古人中,如果小偷能够机敏地进行偷窃活动并且逃脱了人们的侦查,那么,他就会被看成是社区中受人尊敬的人。

第二节　儿童中的犯罪

一、概述[④]

在原始人中常见的犯罪本能,也会相应地在几乎所有的儿童中发现,即使他们不受道德教化和榜样影响的话,也是如此。这并不意味着,如果没有教育约束,所有儿童都会发展成为犯罪人。根据卡利亚里(Cagliari)[⑤]的马里奥·克拉拉(Mario Carrara)教授的观察,在撒丁岛首府街头流浪的被忽视儿童(neglected children)帮伙,习惯于进行偷窃和更严重的不良行为,一旦他们进入青春期时,这些习惯就会自动得到纠正。

在人类出生后的早年中常见的悖德狂和犯罪的萌芽,如果到了成年时以同

① 塔西佗(Tacitus)是古罗马元老院议员,历史学家。——译注
② 科曼奇族人(Comanches)是北美洲印第安人中的一个部落。——译注
③ 巴塔哥尼亚人(Patagonian)是居住在南美洲最南端的一个部落。——译注
④ 这个标题是译者增加的,原文中没有这个标题。——译注
⑤ 卡利亚里(Cagliari)是意大利撒丁岛的首府。——译注

样的形式表现出来的话，就会被看成是可怕的现象。这是一种简单而常见的现象，但是，在像莫罗（Moreau）、[①]佩雷斯（Perez）和贝恩（Bain）[②]这样的观察者们清楚地加以证实之前，人们对此视而不见。像一些成年人一样，儿童的异常之处在于缺乏道德感，儿童代表了精神病学家们所说的悖德狂者和犯罪学家们所说的生来犯罪人，在冲动性暴力行为方面，他们都是相似的。

佩雷斯（Perez）在《儿童心理学》（*Psychologie de l'enfant*，1882 年，第二版）一书中论述了儿童中愤怒发生的频率和早熟现象：

"在出生后的头两个月中，当遇到不愉快的活动时，例如，洗澡，被拿走正在玩耍的物品，就通过眉毛和手的运动，清楚地表明他们在发怒。到一岁的时候，他们通过长时间打击让他们不高兴的人、打碎盘子或者将盘子扔向他们不喜欢的人等方式，表示自己的愤怒，这与原始人十分相似。"

莫罗（Moreau）在《儿童杀人》（*De l'Homicide chez les enfants*，1882 年）一书中，引述了很多儿童在其愿望没有得到立即满足时勃然大怒的例子。在他所观察到的一个例子中，一个很聪明的 8 岁儿童，在受到自己的父母或者陌生人的责备时，即使这种责备很温和，他也会愤怒不已，拿起手边的武器进行攻击行为，或者如果他发现自己不能直接进行报仇时，就会打碎手边的任何物品。

佩雷斯（Perez）记述了这样的事例：一个小女孩会表现出极端的暴力发作，但是，在其到了 2 岁时，又会变得性情温和。他观察到的另一个例子是，一名 11 个月大的女婴会勃然大怒，因为她无法拽拉祖母的鼻子。还有一个例子是，一个 2 岁的女孩企图咬伤另一个小孩，因为这个小孩有一个和自己的一模一样的玩偶，这个 2 岁女孩十分生气，以至于在 3 天之后生病了。

尼诺·贝克西奥（Nino Bixio）还是一个 7 岁的小孩时，当看到自己的老师对着自己书写的作业发笑时，将墨水瓶扔向这名教师的脸部。这个小孩简直就是学校中的恐怖制造者，他的暴力行为达到了轻微犯罪的程度。

人们已经发现，七八个月的婴儿会试图抓伤将他们从乳房上拉开的任何人，在受到别人的拍打时，就会进行报复。

我的父亲观察过的一个智力迟钝、有轻度脑积水的小孩，从 6 岁开始，在受到哪怕是最轻微的指责或者惩罚时，都会暴怒发作。如果他能够打击那个令他

---

① 莫罗（Moreau）可能是指 G. Moreau，法国 19 世纪的犯罪研究者。——译注

② 贝恩（Bain）可能是指英国哲学家和心理学家亚历山大·贝恩（Alexander Bain，1818 – 1903）。——译注

不快的人,他的愤怒就会立即平息;如果不能这样做的话,他就会连续不断地大哭大闹,咬自己的手,就像被关进笼子里的熊在遇到别人戏弄而无法报复时表现出的动作那样。

上述例子表明,报仇的欲望在儿童中是极其常见而早熟的。愤怒是人类最原始的本能之一。应当引导和约束愤怒,但是,不可能根除愤怒。

在出生后的头几个月甚至头几年中,儿童是很缺乏道德感的。他们心目中的好与坏,就是被大人们允许的和禁止的,他们不可能独立地判断某一行为的道德价值。

"说谎和不服从是很糟糕的,"一个小孩向佩雷斯说,"因为这样做会使妈妈不高兴。"他习以为常的东西都是对的和必要的。

儿童不能理解抽象的正义观念,也不能理解财产权,只有在他们丧失了一些自己所有的物品时,才能对财产权有一定了解。儿童憎恨不公平,特别是当他自己受到不公平对待时,更是憎恨不公平。在他的心目中,不公平就是某种习惯性对待模式与某种偶然遇到的不同对待之间的不一致。当遇到条件变化时,儿童的表现会完全失常。佩雷斯观察的一个儿童,每遇到一个新来的人时,都会改变自己的行为方式。他开始盛气凌人地对待自己的同伴,除了佩雷斯之外,拒绝服从任何人。

儿童的感情发展很缓慢。任何令人愉快的事物或者任何能够使他们高兴的东西,都会很容易地激起他们的想象。像他们愿意逗弄的家庭宠物,他们不喜欢、不熟悉从而会引起他们害怕的物品等,都是如此。到 7 岁甚至更大的时候,他们对任何人都不会表现出真正的依恋。即使他们所爱的母亲,也会在短时间的分离之后被忘记。

总而言之,儿童表现出很多我们已经在犯罪人中观察到的冲动:愤怒、报仇欲望、懒惰、变化无常(volubility)和缺乏感情。

我们也已经指出,许多在文明社会中被看成是犯罪的行为,在原始人类中是正常的和合法的。因此,显而易见,无论是在社会进化的早年时期,还是在个人心理发展的早年时期,这样的行为都是自然发生的。

从这些事实来看,文明社会中有一部分成年人进行危害社会和受到法律处罚的行为,是毫不奇怪的。这仅仅是一种隔代遗传现象,是回到了某种以前的状态。不过,在犯罪人中,这种现象伴随着在原始进化阶段常见的其他一些现象。在第 1 章中,已经论述了这些现象,它们包括在违法者中常见的、显然具有原始起源的许多奇怪行为，例如，文身、残忍游戏、热衷于纵酒狂欢、和一些原始人的语言类似的俚语、使用象形文字。

犯罪人在艺术方面的表现显示了同样的特征。尽管犯罪人距离史前的原始人类有几千年之久，但是，他们的艺术创作的确是原始人最初的、粗糙的艺术创作的再现。在我父亲创办的犯罪人类学博物馆中，收藏了大量犯罪人艺术品，包括类似于人形的石头，就像是在澳大利亚所发现的那样；刻有图案的粗糙陶制品，其图案使人回想起埃及人的装饰图案，或者陶器上的场景，与儿童和原始人创造的奇形怪状的图案很相似。

犯罪人是一种隔代遗传者（atavistic being），是一种已经消失的人种的残余。这种现象在大自然中决不罕见。隔代遗传（atavism）①就是回到某种以前的状态，这是一种与试图改变其精密结构的干扰性原因相反的反作用力的微弱痕迹。在一些不利的条件下，寒冷或者贫瘠的土壤，都会使常见的橡木发展成第四纪时期（Quaternary period）②的橡木所具有的特征。将一只狗放归森林中野化，经过几代，它就会回到最初像狼一样的祖先的样子。人工种植在花园中的蔷薇，如果忽视不管，它就有可能再次出现最初的大蔷薇（sog-rose）的形状。在酒精、氯仿（chloroform）、③高热、外伤所致的一些特殊条件下，蚂蚁、狗和鸽子会变得暴躁凶猛，就像它们的祖先那样。

在特殊条件下发生改变的这种倾向，在人类中也是常见的。饥饿、梅毒、外伤，更常见的是从患精神病的、犯罪的或者生病的祖先那里遗传而来的病态素质，或者滥用像酒精、烟草或吗啡等神经毒剂，都会引起不同的改变，其中的一种改变就是进行犯罪行为，这是原始野蛮人所特有的特征，它实际上是不很严重的改变，因为犯罪行为代表了一种不如其他形式的大脑改变那样严重的退化阶段。

因此，犯罪的原因包含了各种类型的退化（degeneration），包括驼背、耳聋、身体畸形（monstrosity）、多毛症（hairiness）和呆小病（cretinism）。④ 犯罪仅仅是其中的一种变异。不过，由于人们本能地不愿意承认犯罪这样一种无所不在、渗透在社会生活的每个角落的现象，实际上起源于和驼背、不生育等在社会上不很

① 隔代遗传（atavism）又译为"返祖现象"。——译注

② 第四纪时期（Quaternary period）是一个地质学上的名词和时间阶段，是地球发展史的最新阶段，时间范围从上新世末（距今 248 万年）直到现在。第四纪分为更新世和全新世两个阶段。——译注

③ 氯仿（chloroform）又译为"三氯甲烷"，是一种麻醉剂。——译注

④ 呆小病（cretinism）又译为"侏儒症"。——译注

重要的现象同样的原因,因此,人们总是把犯罪看成是另外的一种现象。但是,这种不愿意实际上仅仅是一种错觉,就像许多具有不同性质的其他错觉一样。

二、犯罪的病理根源①

犯罪的隔代遗传根源,肯定是犯罪人类学最重要的发现之一,但是,这种重要性仅仅表现在理论方面,因为它只能解释这种现象。人类学家不久就认识到,利用在一些犯罪人身上发现的根源或者原因,即隔代遗传本能或者犯罪本能,来补充这种发现,是很有必要的,因为它们是直接的原因,是问题的核心,消除这些原因就有可能治愈这种疾病。

这些原因可以分为犯罪的器质性因素(organic factors)和犯罪的外部因素(external factors)。器质性因素是遥远的、根源很深的因素;外部因素是短时间内起作用的但是却经常性地决定犯罪行为的因素。这两类因素密切联系和交织在一起。

遗传是犯罪倾向的主要的器质性原因(organic cause)。遗传可以分为2类:一类是间接遗传(indirect heredity),这一般是来自退化家族(degenerate family)的遗传,这类家族的成员中经常出现精神病、耳聋、梅毒、癫痫和酒精中毒现象。另一类是直接遗传(direct heredity),这是直接来自犯罪父母(criminal parentage)的遗传。

三、间接遗传

几乎所有的慢性体质性疾病(chronic constitutional disease),特别是那些具有某种神经特征的慢性体质性疾病,例如,舞蹈病(chorea)、坐骨神经痛、癔症、精神错乱和癫痫,都有可能引起子孙后代的犯罪行为。

在布兰卡里昂·里包多(Brancaleone Ribaudo)检查过的559名犯罪士兵中,10%的人父母有癫痫。根据德耶林尼(Dejerine)的资料,在癫痫犯罪人(criminal epileptic)中,父母患有癫痫的百分数达到74.6%。人们已经知道,关节炎和痛风(gout)会引起子孙后代中的犯罪行为。但是,最严重的,同时也是最常见的间接遗传形式,是酒精中毒的遗传。和一般的观念相反,酒精中毒会损害社会中的各个阶层,不管是富人还是穷人,不管是男人还是女人,都会遭受酒精中毒之害,因为酒精可以通过各种文雅的、令人愉快的伪装,通过甜露酒(liqueur)、②糖果

---

① 这个标题是译者增加的,原文 pathological origin of crime 仅用斜体字排版。本节中下面的同类标题均属于这种情况。——译注

② 甜露酒(liqueur)又译为“利口酒”,是饭后饮用的一种芳香的烈性甜酒。——译注

和咖啡,逐步渗透到各个地方。

根据我父亲进行的计算,在意大利犯罪人中,20%的人出身于酒鬼家庭(inebriate family)。根据彭塔(Penta)的研究,出身于酒鬼家庭的意大利犯罪人达20%;在危险犯罪人中,这个百分数为33%。我们后面将要论述的朱克斯家族(the Jukes family),就是一个酒鬼家庭。

遗传型酒精中毒(hereditary alcoholism)的第一种突出特征,是很早就喜好酒类饮料。第二种特征,是对酒精的易感性,这种特征对于酒鬼的后代的伤害性,远远大于对普通人的后代的伤害性。第三种特征,对烈性酒类的渴望不断发展,这不可避免地会伤害体质。

四、直接遗传

直接遗传的效果仍然是严重的,因为环境和教育会加重这些效果。官方统计表明,20%的少年犯罪人来自名声很糟的家庭,26%的少年犯罪人来自名声很坏的家庭。犯罪人格莱托(Galletto),是法国马赛的本地人,是那个同样早熟的食人违法妇女奥赛兰诺(Orsolano)的私生子(nephew);杜莫拉(Dumollar)是一个谋杀犯的儿子;帕特托(Patetot)的祖父和曾祖父坐过监狱,就像帕巴(Papa)、库饶克(Crocco)、塞惹沃(Serravalle)、卡瓦兰特(Carvallante)、坎普托斯(Comptois)和兰佩伍(Lempave)的祖父和父亲坐过监狱一样,臭名昭著的女窃贼桑斯·瑞佛斯(Sans Refus)的父母都是窃贼。

对一些家族的系谱学研究已经发现,在不同代的人中,都有犯罪者、精神错乱者和卖淫者(妇女中的卖淫现象与男人中的犯罪行为相当)。一个典型的例子,就是臭名昭著的朱克斯家族,这个家族中有77名犯罪子孙。

这个家族的祖先是马克斯·朱克斯(Marx Jukes),①他的子孙后代包括77个犯罪人、142个流浪者、120个妓女、18个名声很差的主妇、91个私生子、141个白痴或者性无能与梅毒患者、46个不能生育的女性。②

在克雷蒂安(Chrêtien)、勒梅尔(the Lemaires)和菲尔施(the Fieschi)家族中,也可以发现类似的犯罪人子孙。

五、种族

种族(race)对于考察犯罪的隔代遗传根源是很重要的。存在着一些或多或

---

① 从其他文献来看,这个人应当是马克斯·朱克(Marx Juke)。——译注

② 这些数字与其他出版物上的数字不吻合。参见吴宗宪:《西方犯罪学》(第二版),法律出版社2006年版,第190页。

少从事犯罪行为的部落和种族,例如,印度的扎卡·科尔(Zakka Khel)部落。在意大利的各个地区中,由于种族的原因,一些村庄的所有人都从事犯罪活动,例如,罗马省的阿泰纳(Artena),皮埃蒙特省(Piedmont)的卡德(Carde)和圣乔治·卡纳维斯(San Giorgio Canavese),托斯卡纳省的珀勾拉(Pergola),阿普利亚(Apulia)地区的圣塞维罗(San Severo),西西里的圣莫洛(San Mauro)和尼科西亚(Nicosia)。卡拉布里亚(Calabria)、西西里和撒丁尼亚(Sadinia)的杀人犯罪之所以频频发生,基本原因是因为非洲人和东方人引起的。

在吉普赛人中,整个种族都是犯罪人,他们都具有犯罪人中常见的激情和恶习,包括懒惰、无知、冲动性狂怒、虚荣心、喜好纵酒狂欢、凶残。他们往往为了蝇头小利而杀人。妇女们擅长偷窃,并且训练儿童进行偷窃。相反,犹太人中的犯罪比例总是比周围的其他人低。尽管流行一些特殊类型的犯罪,例如,诈骗、伪造、诽谤,其中最主要的是进行卖淫,这些犯罪往往具有遗传性,但是,谋杀极其少见。

第三节 疾病、中毒和外伤

尽管疾病、中毒和外伤这些原因显然和遗传同样重要,但在实际上,这些原因绝对没有遗传重要。无论是疾病,还是外伤,都有可能加剧或者引起潜在的反常现象,但是,它们都不会经常性地引起反常现象。不过,在一些情况下,外伤、脑膜炎、斑疹伤寒或者其他影响大脑的一些疾病,毫无疑问会激起个人的犯罪倾向,而这个人在此之前是一切正常的。在我父亲仔细研究的290名犯罪人中,20名犯罪人在童年期脑部受过伤;最近引起他关注的一个案例是:一个家庭出身良好并且品行优异的年轻人,在14岁时头部受伤,变成了一个癫痫病人,后来不断发展成为一个赌徒、小偷和杀人犯。不过,这样的例子并不是很多见的。

有一种疾病即使没有别的原因,例如,遗传性退化或者不良教育和环境导致的恶习,也能够使一个健康的人变成一个邪恶的、没有希望的恶棍。这种疾病就是酒精中毒(alcoholism)。在上一章中已经讨论过,但是,我必须在这里简要提到它,因为它是犯罪行为的一种重要因素。

暂时性醉酒(temporary drunkenness)本身就可以引起犯罪,因为它会唤起激情,使心理和道德功能难以发挥作用,破坏各种正常感觉,促使人们在一种自动化状态或者梦游状态中实施犯罪行为。有时候,醉酒会引起偷窃狂(kleptomania)现象。在醉酒之后,即使一种很琐碎的情况,都会使人们毫不犹豫地盗用他们手边的任何物品。酒醒之后,他们感到羞愧和懊悔,并且急忙归还盗窃来的物品。不过,酒精更多地引起暴力行为。我父亲认识的一名官员在喝醉之后,有两次试图和他的朋友、随从进行决斗。

在杀人的东方人中,正如我们已经知道的那样,为此目的而使用大麻籽酿造的酒精饮料来激起和维持杀人的狂暴状态。

比希讷(Büchner)指出,使用将蜂蜜与白兰地混合的一种特殊食物,可以发展蜜蜂的不良本能。这种昆虫通过像人类一样的方式对这种饮料产生嗜好,并且会在其影响下停止工作。蚂蚁在被氯仿麻醉之后,会表现出类似的症状。他们的身体会保持不动,只有头在活动,并且会猛咬接近他们的任何东西。

上述引用的事例表明,存在着一种酒精精神型癫痫(alcoholic psychic epilepsy),它与先天型癫痫(congenital epilepsy)类似,在醉酒之后,个人会神情激动,毫无缘由地殴打自己或者别人。但是,除了在醉酒发作期间进行暴力行为之外,长期滥用酒精、鸦片、吗啡、古柯和其他刺激神经物质,会引起慢性心理紊乱,在没有其他原因,如先天原因或者教育原因的情况下,都有可能将一个诚实、有教养和勤勉的人,变成为一个懒惰、暴躁和冷漠的人,变成一个卑鄙下流的人,即使没有直接受到药物影响,也有可能进行堕落的行为。

当我们还是孩子的时候,一个经常来我家的人叫贝尔姆(Belm)……他是一个非常聪明的人,有很好的语言才能。他曾经是一个军官,但是后来从事新闻工作,他的作品以生动的风格和崇高的思想而著称。他结婚后有了几个孩子,但是在30岁的时候,他遇到了一些麻烦,就开始喝酒。不久,他的性格完全变了。尽管以前是一个骄傲的人,但是,现在毫无廉耻地缠着朋友要钱,并且使自己的家庭陷入赤贫状态。

第四节　犯罪的社会原因

一、家庭与环境①

我们现在论述第二类犯罪因素。这类犯罪因素不取决于有机体,而是取决于外部条件。我们已经谈到,即使最好的、最细致的道德和智力教育,也无法改

① 编号及标题是译者增加的,目的在于更加清楚地了解所论述的内容。原文 education 仅用斜体字排版,本节中其余的同类标题均为这种情况。——译者

善悖德狂者,但是,在其他情况下,教育、环境和榜样是极其重要的,因为被忽视儿童和贫穷儿童很容易受其影响而进行不良行为。

在那不勒斯,"弃婴"(*Esposito*,foundling)是监狱犯人中一个常见的名字,就像在博洛尼亚和伦巴第,"鸽子"(Colombo)是一个常用的名字一样,它们有着同样的意味。在普鲁士(Prussia),[①]私生男子占犯罪人总数的6%,私生女子占犯罪人总数的1.8%;在奥地利,这两个百分数分别为10%和2%。在少年犯罪人、妓女和累犯中,这个百分数更大。在法国,根据1864年的资料,被逮捕的未成年人中,65%是私生子或者孤儿。在汉堡,30%的妓女是私生子。在意大利,30%的累犯是私生子和弃儿。

这种现象在很大程度上取决于遗传影响,而遗传影响通常都是不良的,但是,更多地取决于谋生的困难性,由于这些可怜的人处于被忽视的状态,即使把他们安置在教会学校和孤儿院,虽然他们生理上可能是健康的,但是,道德上却会受到不良影响。

在一种怂恿甚至支持干坏事的堕落环境中,父母或者亲属的坏榜样,会对儿童产生比遗弃更大的恶劣影响。在犯罪家庭科努(Cornu),人们发现其中的一个孩子,是一个小女孩,厌恶他们的恶劣行为,于是,他们就迫使这个女孩在围裙中带着一个被害人的头颅走了几英里,之后,这个女孩变成这个帮伙中最凶残的成员之一。

二、气候原因[②]

对于最基本的冲动行为而言,气候原因往往是决定性的因素,它会使潜在犯罪人变成实际犯罪人。过高的气温和急速变化的气压,会使一个容易产生癫痫的人,产生痉挛发作,精神病人会变得烦躁不安、坐卧不宁、吵闹不停,会促使争吵、怒骂和打架。在炎热的月份中,强奸、杀人、起义、造反之所以更容易产生,也是因为同样的原因。菲利(Ferri)[③]在将法国的犯罪统计数据与气温变化的数据进行比较的过程中注意到,在炎热的年份中,暴力犯罪的数量增加。对欧洲和美国的统计数据的一项比较发现,当我们从炎热的气候向凉爽的气候过渡时,杀人犯罪的数量就下降。霍尔岑多夫(Holzendorf)通过计算发现,在北美南部的一些

① 普鲁士(Prussia)位于北欧,1701年起成为王国,1871年建立了统一的德意志帝国。——译注

② 原文是 meteoric causes。——译注

③ 菲利(Ferri)是指恩里科·菲利(Enrico Ferri, 1856-1929),意大利社会学家、犯罪学家。——译注

州中实施的杀人案件数量，超过了北部州中杀人案件数量的15倍。相反，寒冷的气温会引起财产犯罪数量的增加，这是因为人们需求增加的缘故，无论是在意大利，还是在美国，盗窃犯罪的比例都是越往北越多。

三、人口密度①

人口在较大城镇的聚集，是财产犯罪的一种诱因。由于相互监督产生的约束作用，抢劫、诈骗以及犯罪团伙（criminal association）②会增加，而人身犯罪则会下降。

我父亲写到："已经研究了人类，更确切地说，研究了自己的人，肯定已经注意到，一个在家庭环境中受人尊敬和自我控制良好的人，当发现自己和那些与自己类似的同伴们在一起时，就会变得举止粗野，甚至变得邪恶放荡。盗窃、杀人和肉欲的本能，这些在每个人独自一人时，特别是在受到健康道德训练的控制时，处于休眠状态的病菌，会在与他人接触时苏醒过来，突然发生膨胀，这种变化在已经具有明显的犯罪倾向的人中，膨胀增加得更快。"

在所有大城市中，低矮的出租房屋成了特别容易发生犯罪的地方。

四、模仿③

在大的城镇中，报纸对于犯罪发生的细节的传播，已经产生了极端有害的影响，因为榜样能产生巨大的力量，好的榜样是如此，坏的榜样也是如此。

在法国马赛，1868年和1872年时，报纸对一起遗弃儿童案件的报道，引发了地方性的遗弃儿童浪潮，一天中就会发生1到8起这样的案件。

在卡里多瑞（Carridori）杀死他的寄宿学校的校长之前，据说他曾宣称，"将会再次发生一起在卡坦扎罗（Catanzaro）的校长身上发生的事情。"（这名校长曾被人用同样的方式杀死）。

就在卡西里奥（Caserio）杀死卡诺特（Carnot）不久，无政府主义者卢切希（Lucchesi）杀死了班蒂（Banti），而且使用了类似的方式。某些犯罪方式会在一定时期变得流行起来，扔炸弹，肢解死者尸体，特别是肢解妇女尸体，特定类型的诈骗，可能都要归因于模仿，暴徒进行的暴力行为也是如此，在流行的影响下，甚至一个性情温和的人也会采用残忍的犯罪方式。

---

① 原文是density of population。——译注

② criminal association也可以翻译为"犯罪交往"。——译注

③ 原文是imitation。——译注

五、移民入境[①]

移民入境产生的人口聚集,是犯罪的一种强烈诱因,对于那些具有共犯性质的犯罪来讲,更是如此,因为人口聚集增加了需求,降低了监督,使犯罪人很容易逃避侦查。在纽约,之所以犯罪数量最多,就是因为移民人口影响的结果。

人口聚集的事实,可以解释为什么法国人口越多的地区,杀人犯罪越多。

移民人口犯罪的增加,与其不稳定性成正比。这也适合于一个国家内部的流动人口,特别是那些没有明确目的地的流动人口,例如,小贩。即使那些我们自然而然地假定有良好品行的移民,例如,宗教朝圣者,也会实施大量的结伙犯罪。在意大利语中,mariuolo 这个词意味着"流氓无赖"(rogue),因为它起源于一些去洛雷托(Loreto)和阿西西(Assisi)的圣殿朝圣者们的行为,这些朝圣者一边喊着"万福马利亚"(Viva Maria),一边实施最凶残的犯罪,他们相信,朝圣活动本身就是赎罪的手段。马斯莫·阿泽利奥(Massimo d'Azeglio)[②]在《回忆录》(Reminiscences)中写到,夸耀有著名圣殿的地方,往往有一个坏名声。

六、监狱生活[③]

城市中即使犯罪人再多,也不会产生像关在监狱中那样的坏影响,监狱完全可以被称为"犯罪的大学"(criminal universities)。

几乎犯罪人的所有头目,例如,梅诺(Maino)、劳玛多(Lommardo)、拉嘎拉(La Gala)、拉丝奈尔(Lacenaire)、索弗拉德(Souflard)和哈多因(Hardouin),都是逃犯,他们都是从自己的那些胆大妄为和凶狠残忍的狱友中选择帮凶的。实际上,在监狱中,犯罪人有机会逐渐相互熟悉,有机会训练那些对犯罪行为还不熟练的人,有机会为了罪恶的目的而拉帮结伙。人们对于单人监舍怀有很大的期望,但是,即使是造价昂贵的单人监舍,也不能实现预定目的,不能阻止犯人之间的相互交流。不过,在监狱中,即使因为偷了一串葡萄或者一只家禽而被监禁的七八岁儿童,如果与成年犯人密切接触,也会逐渐学会犯罪手段的,这些愚蠢法律的可怜的小受害人,在以前是不知道这些的。

七、教育

和一般人的看法相反,教育(education)对于犯罪的影响是很小的。

---

① 原文是 immigration。——译注

② 马斯莫·阿泽利奥(Massimo d'Azeglio,1789 - 1866)是意大利贵族,画家、作家和政治家,民族复兴运动领袖之一。——译注

③ 原文是 prison life。——译注

在欧洲被逮捕的文盲的数量，远远少于被逮捕的有文化的人。不过，尽管接受过一定程度的教育，往往有利于进行犯罪，但是，所受的教育起一种调节器的作用，或者至少可以减轻所要实施的犯罪的性质，降低犯罪的凶残性，减少暴力犯罪，与此同时，则会增加诈骗犯罪和性犯罪。

八、职业

对人们有吸引力的那些行业（trade）和职业（professions），例如，厨师、糖果制造人（confectioner）、小旅馆老板；让穷人与财富接触的那些行业和职业，例如，各类仆人、特别是男仆（footman）、马车夫、司机，或者可以为犯罪提供手段的行业和职业，例如，砌砖工、铁匠，都会产生大量的犯罪。公证人、法庭引座员、律师和军人会进行更多的犯罪。

不过，应当看到，犯罪人所特有的懒惰成性使得他们对任何职业都不感兴趣，即使在他们从事一定职业时，他们的变化无常的特性也会促使他们不断地进行改变。

九、经济条件

当经济条件（economic conditions）的可怜受害人发现自己和家人面临饥饿时，贫穷往往就成为盗窃的直接诱发因素。而且，贫穷会进一步间接地引起一些疾病，例如，糙皮病（pellagra）、淋巴结核、坏血病，这些疾病都是贫穷的结果，它们会引起犯罪型堕落（criminal degeneration）。不过，贫穷的影响往往被夸大了。如果小偷一般身无分文的话，那是因为他们极端懒惰和过度奢侈，这又会使他们挥霍大笔钱财，而不是因为贫穷迫使他们进行盗窃。另一方面，拥有财富往往是犯罪的一种诱发因素，这是因为，拥有财富不仅引起了对财富的永无止境的欲望，还会促使人们获取高级的政府公职，或者在银行和商界获取重要职位，这些职位都具有进行非法行为的很多机会，并且会使他们相信金钱可以掩盖一切罪行。

十、性别①

每个国家的统计都表明，妇女进行的犯罪是很少的，根本无法与男性进行的犯罪相比。当我们排除了杀婴犯罪之后，妇女犯罪的份额就会更小。几乎在所有的杀婴犯罪案件中，犯罪人都可以被归入激情犯罪人的类型。在奥地利，女性实施的犯罪只占犯罪总数的15%；在西班牙，女性实施的犯罪仅仅占犯罪总数

① 原文是 sex。——译注

的 11%;在意大利,女性实施的犯罪仅仅占犯罪总数的 8.2%。

不过,这仅仅是指严重犯罪。对于那些比较轻微的犯罪,现代学派(Modern School)获得的统计结果是不尽相同的,这些统计中把妓女也作为犯罪人。根据这种计算模式,男女在犯罪方面的差别明显地减小,或许会出现妇女犯罪略多的现象。在任何情况下,女性犯罪都会随着文明程度的增加而大量增加,对于男性来讲也是如此。

十一、年龄

很多犯罪都是由 15 到 30 岁的人实施的,相反,在这个年龄阶段大量产生精神疾病的情况是极其罕见的,精神疾病的高峰年龄是 40 到 50 岁。总体而言,犯罪发生的年龄要比精神疾病发生的年龄早得多,犯罪的早发性,在盗窃犯罪中表现得更明显,而杀人犯罪和诈骗犯罪开始得较晚。暴力犯罪和伤害犯罪从另一方面证实了犯罪的先天性质和隔代遗传根源,因为早发性是原始人类的一种特征。

我们在生来犯罪人中很少发现所谓的犯罪等级表(criminal scale)中的发展标志,犯罪等级表将犯罪从最轻微的向最严重的性质排列。一般而言,犯罪人以那些可以明显区分出来的犯罪开始其生涯,有时候,这类犯罪是极其严重的,例如,抢劫和杀人。我们甚至可以说,每个年龄都会进行特定的犯罪行为,对于倾向犯罪人来说更是如此。在儿童期向青年期过渡的阶段,似乎有一种本能的违法倾向,因为这个阶段有不成熟的心理,它是男子气概的一种表现。意大利小说家和诗人曼佐尼(Manzoni)[①]在他的《约婚夫妇》(Promessi Sposi)中,很好地描述了这种观点。当描述一个愚笨的小伙子格瓦索(Gervaso)时,曼佐尼这样写到:"因为他参加了具有犯罪性质的密谋活动,就感到自己突然变成一个男子了。"

这种观念在意大利犯罪人使用的俚语 omerta[②] 中有所体现,这个词不仅是指一名男子,而且是一个敢于违法的男子。

---

① 曼佐尼(Manzoni)是指亚历山大·曼佐尼(Alessando Manzoni, 1785-1873)。

② omerta 在意大利语中的普通含义是"(秘密团体内的)保密禁规"、"(同谋间的)保守同盟"。——译注

第 2 章　犯罪预防

第一节　概　　述[①]

犯罪的可矫治性(curability)是一个全新的观念,这个观念是由现代刑罚学派(Modern Penal School)提出的。迄今为止,按照一般人的观点,犯罪人是正常人,他们主动地、有意识地违反法律,因此,没有矫治的思想,而是认为,非常严厉的刑罚可以阻止犯罪人再次犯罪,也可以促使其他人惧怕违反法律。

在过去很多世纪中设计发明的刑罚,是很不相同的,包括鞭打、苦役(hard labour)、监禁和流放。在 18 世纪,它们已经被监禁取代,监禁被认为是最人道的,但在实际上,监禁是最不合逻辑的,因为它既不能恐吓犯罪人,也不能改造犯罪人。事实上,尽管监狱强迫犯罪人与家庭分离,对于诚实人是一种可怕的惩罚,他们往往因为犯罪而受到惩罚,但是,对于其他的普通犯罪人来说,监狱是一种避难所,或者说,即使在最坏的情况下,监狱也不会比他们经常栖息的地方更糟糕。监狱里很缺乏空气、阳光和食物,但是,这种缺点完全可以被他们享受闲暇、结交臭味相投的朋友所抵消。

如果监狱不能恐吓本能型犯罪人(instinctive criminal),那么,它更不是一种有效的改造(rehabilitation)手段。借助于法律的力量,任何人,即使是正常的人,在昏暗的监舍中监禁长短不同的一段时间之后,都会得到改造吗？在监舍中,他们与社会中的好人分隔开来,不能受到任何良好的影响,例如,不能受到艺术、科学和崇高理想的影响。在监舍中,他们失去了正常的工作习惯、失去了在一些情况下的纪律约束、失去了自由公民所必需的责任感,并且在与那些人类渣滓的不断接触中遭受污染。

犯罪人的自传向我们表明,监狱根本不可能改造坏人,监狱实际上是一所关

① 这一节的标题是译者加的。——译注

押刑期长短不同、类型各有区别的犯罪人的犯罪大学(criminal university)。监狱也不是一种拯救的手段,而是一种堕落的温床,在这里准备和发育以后会感染社会的病菌。监狱也是犯罪的孵化器,社会努力保护自己免受违法行为的侵害,而监狱却积极地培养这类违法行为。

我父亲在自己的《监狱笔记》(Prison Palimpsets)一书中,收集了犯罪人在监狱期间,在墙上、在器具上、在书中刻画或者书写的题字、图画和寓言。除了悲叹、绝望之外,很少有后悔;除了无数的诅咒、向敌人复仇的计划甚至在未来进行抢劫和杀人的方案之外,没有劝告犯罪人向善的内容。

尽管现代学派已经证实了监狱的无用性,而且也证实了监狱的有害性,但是,它不想让社会突然失去保护,也不想让犯罪人逍遥自在。事情不可能一蹴而就,现代学派希望在刑罚学(Penal Jurisprudence)中开始一场进化,而不是进行一场革命。因此,它的目的是逐渐改变现行制度,尽可能减少其危害性,尽可能增加其有益性。这就像现代医学所追求的过程那样,从最初的荒谬疗法和同样荒谬的经验性手术方法开始,现在已经发展到用具有更加坚实的科学基础的方法治疗疾病。

现代学派旨在预防犯罪人的形成,而不是惩罚犯罪人;或者如果不能预防的话,就对犯罪人进行矫治;如果不能矫治的话,就在合适的机构中将这些不能矫治者终生隔离。这类机构能够比现有的监禁制度更好地保护社会,但是,完全没有监狱所具有的那些恶名。现代学派主张通过预防性措施和法律措施矫治犯罪人。

第二节　贫穷儿童的预防性机构

对犯罪的矫治就像对任何其他疾病的治疗一样,开始得越早,成功的机会就越大。因此,要特别关注那些有可能变成犯罪人的儿童:孤儿和贫穷儿童。因为在他们成年之后,他们所实施的犯罪可能会是最多的。一个想严肃地保护自己免受罪恶侵害的社会,应当向那些不幸的流浪儿童提供良好的教育,死亡或者恶习已经使他们失去了亲人。最大的照料肯定是,在需要的时候,将他们安置到受人尊敬的私人家庭中,在那里,他们会受到仔细的监督;或者将他们安置到合适的机构中,在那里,他们会受到良好的教育,更重要的是,会受到良好的道德训练。

为了达到这个目的，国家不可能比杰出的慈善家唐·鲍斯高(Don Bosco)、[1]巴纳多医生(Dr. Barnardo)、[2]布思将军(General Booth)[3]以及其他成功地拯救贫穷儿童的人们做得更好。

唐·鲍斯高是意大利都灵的黑衣主教(the Black Pope)，天主教传教士，生活在19世纪后半期。他在意大利各地、美洲特别是南美洲的许多地方，创办了很多拯救贫穷孤儿的机构。他创办这些学校对儿童进行训练的心理学基础，主要来源于经验，而且被证明在实践中是很成功的，值得引用：

"大多数被忽略、被遗弃的儿童[他说]，都是性格和情绪正常的人，但是往往三心二意、漠不关心。除了经常进行劝导之外，简短的忠告、小额的奖赏和对坚持精神的鼓励，都是非常有效的，而且，最重要的是，教师必须表现出对他们绝对信任，与此同时也决不能放松警惕。不过，要充分关心那些不守规矩的人，他们一般占总数的1/5左右。教师应当进行特别的努力，完全熟悉他们的性情、过去的生活，与他们成为朋友。应当鼓励他们自由讲话，同时，教师的谈话应当简短、多举例子、多用格言和轶闻趣事。特别是在表明完全信任学生的同时，教师决不能停止对他们的关注。

"偶尔得到有益健康的、有吸引力的款待，或者外出野餐、一起散步，都会使孩子们感到快乐和满意。色情行为是唯一令人担忧的恶行；

---

① 唐·鲍斯高(Don Bosco，又译为"博斯科")即圣约翰·鲍斯高(Sain John Bosco，1815－1888)，罗马天主教的教士，生活在19世纪后半期。1841年在意大利都灵担任神职—司铎。为了救济在城市中寻求职业的贫穷男童，鲍斯高借用房屋教育他们，对他们灌输宗教思想，为他们举行文娱活动，后来建成包括文法学校、职业学校及教室在内的综合设施。在这些设施中，他以心理学为基础，教育、训练贫穷儿童，取得了很大成绩。1859年，他与人共同成立了以接近、教育和救济贫穷儿童为宗旨的救助协会(Salesians，又译"慈幼会")，该会成立之初仅有17名教士，待到30年后鲍斯高去世时，会员已达1000多人，在意大利各地、法国、西班牙、英格兰、乌拉圭、巴西等地建立了57处救助贫穷儿童的设施。——译注

② 巴纳多医生(Dr. Barnardo)即托马斯·约翰·巴纳多医生(Dr. Thomas John Barnardo，1845－1905)在伦敦创办了90多处贫穷儿童之家，救助了大量的孤儿和贫穷儿童，大大减少了伦敦的犯罪。巴纳多在学医时，就曾主持伦敦东区的一所贫穷儿童学校。1867年建立了一所救济青少年的慈善机构。1870年为贫穷男童建立了一个"巴纳多医生收容所"，1876年又为贫穷女童建立了同样的机构。1899年，这些机构被批准改名为全国贫穷儿童救济联合会。——译注

③ 布思将军(General Booth)是指威廉·布思(William Booth，1829－1912)，基督教救世军队(Salvation Army)创始人和首任将军(1878－1912)。救世军组织通过演讲、娱乐室、戒酒旅馆等同酗酒作斗争；通过调查贫穷的人、参观穷人家庭、提供同情和帮助、以低廉的价格提供夜晚住宿的场所、为无业的人建立工作之家等，同贫穷作斗争。救世军成员还参观监狱，向监狱犯人写了大量信件和小册子，在监狱中为犯罪人举行会议，向犯人提供衣物，在犯人释放后帮助他们寻找工作，提供食宿方面的帮助。——译注

任何坚持进行不良行为的少年,都应当被开除。

“决不应当借助严厉惩罚手段。镇压性制度(repressive system)可以阻止不守规矩的行为,但是,决不可能产生好的影响。使用镇压性制度的那些人几乎不会遇到麻烦,这种制度在军队中也可能是有效的,因为军队是由有责任感的成年人构成的,但是,这种制度对于年轻人却是有害的,他们的错误更有可能是由于粗心大意而发生的,而不可能是由于邪恶的素质而发生的。对于年轻人而言,更适合的应当是预防性制度(preventive system),这种制度要使他们完全熟悉他们应当遵守的规章制度,用规章制度约束他们。通过这种方式,他们总是能够觉察到校长或者其助手对他们的关注;每当遇到困难的时候,校长及其助手总是会指导和劝告他们,也总是会预见到他们的需要。不应当听任学生们自行其是,但是,学生们也应当完全自由地跑步、跳跃,以自己的喧闹方式寻找乐趣。健身房、声乐和器乐、大量的户外活动,都是维持纪律和促使少年身心发展的最有效方式。”

唐·鲍斯高创办的机构只接纳7岁以上的儿童,而巴纳多医生则拯救了数以千计的伦敦孤儿和贫穷儿童,使首都地区的犯罪发生了显著的下降。巴纳多医生致力于拯救年幼的贫穷儿童,主张应当尽早将贫穷儿童从他们出生的恶劣环境中转移出去。他希望那些贫穷儿童应当与那些幸运的儿童们一起分享快乐的童年,解决这些儿童在7岁之前不受教育或者其他约束的问题,安排人们在这些儿童出生后的早年时期照料他们,挽救他们的感情,以便他们在一生中的其他时候能够获得足够的关爱和乐趣。这些就是为婴儿们建立的那些机构——伯德城堡(Bird Castle)、蒂尼之家(Tiny House)和泽西之家(Jersey House)所遵循的规则,这些机构是完美的幸福婴儿的天堂。

尽管在一个学校中接受个别教育似乎是不可能的,但是,幸亏由于巴纳多医生创办的一种制度,使那些年龄较大的儿童实际上受到了个别教育。新来的儿童被安置到一个特别的部门,直到搞清楚他们过去的生活情况,对他们有了一定的认识为止。这些初步调查的结果,决定着儿童会被安排到哪个学校和哪个年级。不过,对于任何想改变自己生活的儿童,都鼓励他们这样做。每年都要根据儿童在学习、手工以及身体和智力发展方面的情况,重新调整对他们的安置;对于那些年纪很小,无法与年龄较大、身心发育较好的儿童一起相处的儿童,给予特别的照料。因此,保证了不同人的能力倾向得到自由发展,同时,又避免了学校中常见的那些缺陷,使大量儿童按照一种正常的模式得到发展。

尽管采取了这些防范措施,但是,可以认为,这类机构中的生活不适合女孩。因此,巴纳多医生在伦敦附近建立了一个小村庄,在那里为男孩和女孩提供小屋。每个小屋包括 15 到 20 名小孩,他们组成一个家庭,这个家庭的家务由女孩负责。

不过,巴纳多医生认识到,将儿童安置在私人家庭中是拯救他们的最好方法,他在私人场合和公共场合进行了很多的努力,劝说有善心的人们收养这些小孩。最后,他还组织小孩们移民加拿大,在那里,有一个特别的机构向小孩们提供机会,使他们可以到农场或者工厂工作。

美国肯定不会比欧洲落后。在美国,有一些很好的组织,拯救城市中被遗弃的小孩。在我参观过的每一个美国城镇中,我都很高兴地视察了这类机构,这些机构照料得很好,一些机构可以说是漂亮雅致。在其他一些机构中,我可以谈谈纽约市的希伯莱保护救济协会(the Hebrew Sheltering Guardian Society)和伊萨卡(Ithaca)附近的弗里维耳(Freeville)的乔治少年共和国(the George Junior Republic),我认为这两个机构似乎是这类机构中最早建立的。

希伯莱保护救济协会是一个为希伯来人建立的孤儿院,由卢因森先生(Mr. Lewisohn)精心管理。这个机构仅仅是为孤儿建立的,没有年龄或者其他条件的限制。只要是孤身一人的幼儿和青少年,不管他们身体是否健康、智力是否发达、精神是否正常、品行是否善良,都加以收留。为了避免机构内过分拥挤和为尽可能多的孤儿们提供一个家庭,还组织了一个委员会,为 6 岁以下的所有幼儿、为生病和病弱的幼儿寻找适合的私人寄养家庭。一部分这样的儿童被人收养,其他儿童则由人们提供膳食,但是,所有这些方面的费用都要低于将他们安置在学校中后需要支出的费用。而且,这些儿童以后总会有机会被收养。到 6 岁时,所有健康而精力充沛的儿童,都要进入这个机构,组成自己的家庭,机构向他们提供食宿、衣物,进行道德和宗教教诲,提供一些工作训练。为了让他们与其他儿童进行交往,还在公立学校中让他们接受教育,节省的资金和空间,可以使机构接纳更多的儿童。

与其他这类机构习惯于让小孩们身着统一制服,用一种令人羞辱的方式使其中的儿童和那些拥有父母和家庭的幸运儿童形成对比的做法不同,希伯莱保护救济协会的孤儿们身穿颜色和款式多种多样的衣服。女孩们熟练地用针线修改她们的衣服,以便使衣服符合自己的口味;也允许机构中的男孩和其他无能力或者不愿意自己修改衣服的女孩们进行缝纫,有些缝纫是免费的,有些缝纫是收费的。鼓励12岁以上的男孩和女孩在完成学校布置的作业之后,从事兼职工作,包括针线活、写字等,这些兼职工作是由机构提供的,目的是让他们获得一些零用钱,学会如何恰当地花费这些零用钱。

当男孩和女孩们通过所有的小学考试之后,他们就进入职业学校(trade school)学习,直到熟练掌握一些使他们能够谋生的手艺。那些显示出良好的智力或者商业才能的人,会被送到学院或者商业学校(commercial school)学习。

机构还通过建立微型共和国(miniature republic)或者为男孩和女孩分别建立两个不同的共和国,让他们有自己的总统之类的方式,鼓励儿童发展他们在社会和政治方面的兴趣。不过,在实际上,他们由一位女士管理,这位女士为儿童们设计不同的娱乐活动,包括阅读、游戏等,教他们音乐和绘画,帮助他们的小总统组织娱乐表演,供从外面邀请来的人们、亲属和校友等观看。

美国的乔治少年共和国是一个有很大不同的机构,这是为那些桀骜不驯、父母难以管教的少年们建立的。这是少年教养院(Reformatory)的一种,而不是收容流浪儿童的机构。

乔治少年共和国的创建人乔治先生(Mr. George),是一位富于创新精神和聪明才智的人,如果我可以根据传闻判断他的个性的话,那么,他是在经过很多类似尝试之后才决定建立乔治少年共和国的。当他看到许多桀骜不驯的青少年在暑假期间自行其是,堕落成为小流氓之后,很为他们的前途感到焦虑,因此,就邀请其中的100多人到他在伊萨卡附近的弗里维耳的庄园中度过几个月的暑期,试图影响他们向好的方面转变。最初,这种尝试并没有完全获得成功。乔治先生不久就认识到,通过温和的方法向一两个小孩施加善意影响,是多么的容易;而要用这种方式管理几百个小孩,却又是多么的困难。不过,他发现,在他们进行的游戏中,孩子们一般都是很公正、很诚实的,他们谴责任何卑鄙的行为。于是,他产生了让这些孩子们相互照料的想法。这样的话,每个人都会感到自己是一名有责任评判同伴行为的法官。

在1895年暑假结束,当孩子们回到家时,有5个人仍然留在弗里维耳的一个小屋中,继续照料3英亩土地。第二年,留下来的小孩数量增加了二至三倍。这样,就建立了一个微型共和国,这些少年就是其居民,他们自己负责制定法律和维护法律。这个共和国被证明是非常成功的,这个临时性的感化农场(colony)变成了一个永久性的、能够改变野蛮而桀骜不驯的少年的地方；如果让这些少年在街头流浪，与年龄更大、更加邪恶的少年混到一起的话，他们很有可能走向毁灭。最近对该共和国的一次人口普查发现，它有 150 个居民，其中 82 个是少年，68 个是少女，有 300 英亩土地，24 栋建筑，1 个教堂，1 个监狱，1 个学校和 1 个法庭。

为了避免乔治共和国的居民不完全失去与外部世界的联系，同时也为了对在未来生活中可能遇到的社会紧急事件（social exigency）做准备，就像一个微型小镇那样将这里的居民组织起来。儿童、少年、少女都被分成许多家庭，每个家庭包括 10 到 12 个人，由两名成年人进行管理，他们代行父母职权，照料这个家庭。大部分从事农业，耕种属于共和国的土地，但是，一些人从事每个社区所需要的艺术和手艺工作，包括木工、书籍装订、印刷、制鞋或者管理商店。这个感化农场制作自己的钱币，拥有一个孩子们自己管理的银行，居民可以在银行中储蓄。所有的劳动和产品都要单独结算。这个感化农场有通过自己的议会制定的法律，有自己的审判庭，其成员都是从居民中选择的，他们的职责是执行法律。议会的成员不区分男女性别，他们决定假日，组织游戏和娱乐，决定公共开支、收入和税收等。

这种制度的结果似乎是很优异的，大部分居民出去后都变好了。根据这一事实，在美国的多个地方建立了类似的共和国。这个共和国只接受 12 岁以上的儿童，他们可以在这个感化农场居留 3 年左右。

第三节　贫穷成人的预防性机构

除了仔细训练青少年的机构之外，预防犯罪的方法也包括各种帮助那些在生活中遇到危机，例如，缺乏朋友、失去工作的青年人或者成年人的尝试。严格地说，这些人最有可能受到不良诱惑。

为移民或异乡人建立的旅馆、庇护所、阅览室，价格低廉但对身心有益的娱乐场所，为体力劳动者创办的夜校、劳动局（labour bureau）、移民救助组织等，都是最有效的预防在危机情况下犯罪的机构。在这方面，我必须提到救世军（Salvation Army）所做的工作。根据我在美国的观察，救世军似乎是现有的慈善组织中组织得最好的团体，因为通过 1000 个分部，它可以接触到各种贫穷和痛苦，而且让所有的机构都实行自给自足。它通过演讲、娱乐室和戒酒旅馆（temperance hotel),与酗酒作斗争。它通过调查每个赤贫者、参观穷人家庭、提供慰问和帮助、以低廉的价格提供夜晚住宿的场所、为无业的人建立工作之家(industrial home)等,同贫穷作斗争。有时候,这些房间变成醉汉的娱乐场所,或者变成贫穷母亲不得不外出工作后其女孩的习艺学校(industrial school),或者变成临时医院,供那些由于官僚手续而无法立即住院的紧急病人使用,或者变成不断变换装饰图画的、在节假日进行各种友好聚会的场所,从而能够进行不同的慈善活动,以最小的代价获取最好的结果。

那本题目为《庇护所延伸到哪里》(Where the Shadows Lengthen)的有趣的书,描述了救世军在美国建立的不同机构。其中有65个工作之家,雇用各种失业人员。在这些机构中,对那些在不同城镇的私人家庭中收集来的废物和已经用旧的物品,进行消毒和改造,把它们变成有用的物品,然后以低廉的价格出售给周围的穷人,从而使购买者、劳动者及一般社会都能够获益。在一年期间,这些机构雇用了8696名男子从事工作,分发了1318044份饭菜(暂时在这些机构中工作的人,有权获得食宿),向463550人提供了夜间住宿。

此外,救世军有77家旅馆,工人阶级的成员可以用低廉的价格(仅仅能够维持庇护所运行的价格)在夜间住宿,在一年中,7990个房间向2114037人提供了夜间住宿。此外,救世军有3个感化农场,其中有420个居民;有2个寄宿住所,为仆人和失业的女店员提供寄宿,在这里,他们可以用很低的价格获得床位,烹调自己的饭菜,洗涤和熨烫自己的衣服,这里还帮助他们寻找工作。

救世军还有22个娼妓救济所(Rescue Home)。在这里,那些被少年法庭判刑的年轻女孩得到一定改善和感化,一般而言,她们更多的是一些被忽视的人,而不是堕落的人。在一年间,为1701名这样的女孩提供了3599人次的食宿。

为了确保对所有贫穷地区的监督,救世军将它们分为20个贫民区(slum),每个贫民区都建立了自己的总部,派出自己的士兵进行调查,帮助贫穷者和各种不幸的人。向每个贫民区总部提供会议室、办公用房、一个幼儿园以及集体宿舍,用来充当庇护所或者医院,向遇到紧急情况的人提供帮助。在一年间,救世军访问了26290个家庭,对38290个家庭提供了帮助,为66621人提供了永久性的和暂时性的就业。

所有的穷人,不管他们是什么情况,也不管他们的民族、宗教、犯罪与否,只要向最近的总部提出申请,就肯定能够得到安慰和帮助。

救世军已经为流浪儿童和其母亲必须外出工作的儿童,建立了5个家庭,其中有 225 个房间,儿童可以在这里找到临时性的或者永久性的住所。

近来,有一支特别的救世军士兵在犯人中开展工作,获得了很大的成功。在两个月中,他们探视了 43 个监狱,向犯人书写了 1732 封书信,分发了 10000 本小册子,有 19882 名犯人参加了在监狱中举行的会议,分发了 194 件衣服,向 128 名释放人员提供了工作,向 300 名释放人员提供了食宿。

在南美洲,救世军已经建立了类似的机构。这些机构根据每个地方的需要,包括像医院一类的其他机构。

在我看来,似乎值得称道的其他慈善组织还有拉比·戈特海尔(Rabbi Gottheil)①在 20 年前建立的姐妹会(Sisterhoods)。这些姐妹会就像其名称所表明的那样,完全是针对妇女的。这些姐妹会有房屋设施,有时候就在犹太教会堂附近,有时候单独建立,它们构成了一种在附近地区从事慈善工作的总部。姐妹会昼夜为所有贫穷的妇女提供各种帮助。姐妹会有一个驻会女主任(resident Directress),她指挥一些女性轮流帮助申请者。姐妹会是根据这样的原则建立的,即当人们按照自己的特殊倾向,尝试利用自己的个人才能去满足穷人的智力、道德或者娱乐需要时,他们能够从事很多的善行。一些女性致力于解决简单的法律问题,查找离家出走的丈夫或妻子,登记出生的婴儿,将难以管教的儿童带到少年法庭或者照管他们,等等。另一些女性从事医疗事务,帮助儿童或者成年人住院治病等。还有一些女性组织娱乐活动,教唱歌曲、绘画、缝纫和烹调。房屋设施又被工作的女孩用来学习缝纫,或者被其他人用来排练剧目、合唱等。几乎所有的姐妹会都拥有为那些外出工作的妇女的孩子提供的幼儿园,也有一个职业介绍所(employment bureau)。除了女主任之外,所有女性都是无偿提供服务的。姐妹会提供的所有帮助,都需要交纳少量的费用,只有那些非常贫穷的人才可以免交费用。这使得姐妹会可以自给自足,对私人捐助和捐献的依赖较小,并且能够不费力地扩展和增加其工作。

纽约的"教育联盟"(The Educational Alliance),是专门建立来帮助那些从世界各地移民到这个城市的犹太人的,这是另一个值得关注的机构。这个机构在码头附近的犹太人聚居区有一栋很大的建筑,在这里,移民可以在指导下学习健身、烹调、家庭理财、英语、缝纫等。这里也有娱乐室、澡堂、图书馆和学龄儿童准

---

① 关于拉比·戈特海尔(Rabbi Gottheil),书中没有提供更多的信息。Rabbi 也可以是指一种宗教头衔"拉比",即犹太教中负责执行教规、律法并主持宗教仪式的人员或者犹太教教徒的领袖;如果是这样,那么,Rabbi Gottheil 就应当翻译为"戈特海尔拉比"。——译注

备功课的房间。这里帮助男人和女人寻找工作,获得医疗和法律帮助。这里也有一个法庭(tribunal),在当事人不愿意诉诸普通法庭时用来解决轻微纠纷。当我参观它时,这里显得拥挤,我知道这是因为它向移民提供大量服务的缘故。在公休假日,教育联盟组织音乐会、短途游览和演讲;在暑假期间,它在乡间开办一些寄宿住处。

在美国的各个宗教社会中建立的所有这些慈善机构、学校、娼妓救济所、孤儿院和庇护所,都有很大的预防犯罪功能,不管它们的成本如何,都已经产生了很好的效果。唐·鲍斯高、赖斯(Rice)和我的父亲已经用统计数字证实,像马萨诸塞这样一些移民不多、有色人种也不多的州,犯罪数量下降得很快,杀人的百分比与英格兰类似,也就是说,要低于大部分欧洲国家。

必须承认,美国人民是令人尊敬的,因为他们乐于承认自己的不足,一直对自己的国家中有大量犯罪人而感到歉意。但是,当他们想到源源不断进来的移民中有很多不法之徒,想到在不同国家施行的不同法律使得很多案件轻易地规避司法,想到建造房屋必须包括与公共大道相连的安全出口,以便提供容易使用的出入口,想到城市中的密集人群来自世界各地,有各自不同的道德规范时,他们就会骄傲地认识到,美国的犯罪百分比肯定要低于任何具有类似情况的欧洲大陆国家。

第3章 矫治和镇压犯罪的方法

第一节 概 述[①]

预防性方法、对儿童的仔细训练和对生活发生危机的成年人提供的帮助,都可以降低犯罪,但是,不可能完全消除犯罪。应当用监禁机构补充这些方法。监禁机构在矫治(care)犯罪人的同时,保护社会免受犯罪人的侵害,并且通过其他方法,隔离不可矫治的犯罪人;应当尽可能使不可矫治的犯罪人成为有用的人,以便用各种方法减少他们对社会造成的损害。

尽管改革刑罚机构的愿望受到了不公平的指责,但是,犯罪人类学家们从一开始就认识到,在社会舆论没有发生某种相应的变化之前,法律是不可能改变的。他们也认识到,即使对法律进行公正的修改,但是,如果修改进行得太突然的话,这类修改也总是充满了危险后果的。因此,他们的目的不是彻底修改刑法典,而是对刑罚的等级(graduation)进行一些轻微的改变,使其与年龄、性别、罪行的严重程度相适应。他们也倡导在法律的适用方面进行一些修改,根据有关监狱、精神病院、流放地(penal colony)和各种刑罚机构的现代理念,根据拯救犯罪人的理念进行修改;广泛使用过去发展起来作为监禁替代措施的那些刑罚,这些刑罚措施具有遏制犯人严重堕落、降低社会花费的优点。

第二节 少年犯罪人[②]

应当用特别的法律方法将年轻人,尤其是儿童分开加以处理。

最近,在威斯敏斯特(Westminster)[③]建立了一个未成年人法庭(children's

① 这一节的标题是译者增加的。——译注

② 这一节的标题是译者增加的,原文 juvenile offender 仅用斜体字排版。——译注

③ 威斯敏斯特(Westminster)是英格兰地区伦敦市的一个行政区,英国议会所在地。——译注

court)。除了英格兰之外,在欧洲其他地区还未听说建立了审理年轻人的特别法庭。不过,在现代社会中,几乎每个欧洲国家的刑法典都对犯罪人的年龄作出了特别规定,即使在法律上没有特别规定的国家,治安法官也会使用其自由裁决权,在许多案件中拒绝对少年犯罪人进行定罪,甚至在他们犯有严重罪行时也会如此。

处理年轻人的这些传统方法有很多缺点:

1. 由于没有特别法庭,那些只是进行了反抗行为或者轻微犯罪(偷窃水果、在电车轨道上骑车或者乘车逃票)的儿童不得不在法庭上或者监狱中与成年犯罪人接触,这对他们的道德发展是很有害的,而他们的轻微犯罪行为只不过是普通的孩子式的恶作剧行为。如果他们具有进行不诚实行为的倾向,那么,他们就有可能发展成为偶然犯罪人(occasional offender),就会失去所有羞耻感:或者如果他们真的诚实的话,那么,与坏人的接触就可能使他们感到震惊,会使他们感到不安,即使他们在监狱中被监禁的时间很短也会如此。

2. 治安法官既没有监督少年犯罪人的法律权力,也没有在少年犯罪人的行为发生严重堕落时,将他们隔离起来进行矫治,以防他们变成犯罪人的权力。事实已经表明,生来犯罪人从很早就开始其犯罪生涯。在前面的章节中引述的一个案例中,一个12岁的悖德狂儿童因为琐事而杀死了他的一个同伴——他们仅仅因为一个鸡蛋而发生了争执。在另一起案例中,一名10岁的儿童通过虚假指控而使其父亲被逮捕,他以前曾经试图将他的一个兄弟掐死。这类儿童尽管年龄很小,但是,他们是社会危险分子(social danger),他们所患的道德疾病(moral disease)会突然发作。在任何情况下,都应当将他们仔细隔离开来,直到进行了有效的矫治。

未成年人(minor)需要特别的法典,这种法典应当考虑这样的事实,即一些犯罪是在童年时期偶然发生的,进行这些犯罪行为的儿童仍然有可能发展成为一个诚实的人。这种法典也应当包括如何处理年龄很小的生来犯罪人、癫痫病人的规定,包括将他们隔离在特别的教养院中,在那里,他们不可能带坏那些非犯罪型的少年犯罪人,并且可以进行多种努力来矫治他们。

对这类人的有效改造在美国的许多地方都在进行,方法包括使用缓刑制度(probation system)和少年法庭(juvenile court),它们可以保护儿童免受监狱生活的影响,可以避免与习惯犯罪人接触。少年法庭是专门为未成年人建立的法庭,它在美国的许多地方已经有了很好的发展。在一些地方,修建了特别的建筑,用来审理儿童案件，通过这种方式可以避免与成年犯罪人的接触。在其他地方，如果没有建立独立的少年法庭的话，那么就将普通法院的一个部分划分出来，审理少年案件，这个部分有单独的出入口。

少年犯罪人不依照普通法(common law)[①]进行审判。他们的犯罪由专门的法官进行审理，这些法官像父亲一样处理他们，而不是按照严格的司法精神处理他们，所适用的刑罚是很轻微的、多样化的，与他们各自的情况相适应。法官由一些官员(officer)协助，这些官员从教师、父母、邻居那里获得有关少年犯罪人的性格、行为、过错和良好品行方面的信息，这些信息使得法官能够进行矫正方面的尝试，而不管他们的犯罪是否属于法官的管辖范围，但是，有生理缺陷的儿童除外。法官适用的刑罚不包括监禁，这些刑罚来源于实践经验和常识，而不是来源于刑法典的规定。

我参加了对一个少年的审理，她被指控在乘坐地铁时没有付钱。这个少年被判处抄写 20 遍地方法规，背诵这些地方法规，一个月之后在这个法庭重复这些地方法规。在比较严重的犯罪案件中，可能根据犯罪人父母的情况，将他们送到一些公立或者私立教养院。不过，这些刑罚中没有一种是声名狼藉的，当父母自己不能控制自己的孩子时，他们就求助于少年法庭。

少年法庭用一种非常有效的方式——缓刑制度作为补充。根据这种制度，当少年法庭决定儿童需要监督时，就由一些男女进行监督。这些监督人员使用各种可以使用的方法，预防他们的监督对象走上邪路，尽可能帮助他们矫正自己的缺点。

这种制度已经证明是很有效的，同时，也避免了很多弊端，因此，所有欧洲和美洲的国家无条件地采用这种制度，是有很大的社会益处的。

第三节　女性犯罪人监禁机构[②]

为少年犯罪人建立单独的法庭和教养院的重要理由，对于女性违法者来讲，也是同样适用的，对于她们而言，也应当有特别法庭和立法。

妇女犯罪的百分数远远低于男性。几乎所有的女性犯罪人都属于倾向犯

---

① 普通法(common law)又称为“习惯法”、“判例法”、“不成文法”、“英美法”等，是指以习惯、惯例和法院判决为基础发展起来的一种法律，主要在英美国家使用。——译注

② 原文是 institutions for female offenders。——译注

罪人。

我父亲的著作《女性犯罪人》(The Female Offender)证实,卖淫是犯罪的同义词。当我们排除这类不幸者的时候,女性犯罪人就剩下癔症型女性犯罪人和偶然型女性犯罪人,她们一般进行轻微的盗窃犯罪(特别是在家庭内进行的轻微盗窃),或者窝藏犯罪人,她们或多或少充当消极被动的同谋者;还有激情犯罪人,她们实施杀婴犯罪或杀害不忠实的丈夫和情人的犯罪。对于这些女性犯罪人,都不应当使用监禁措施。实际上,可以用治安法官训诫(magisterial reprimand)或者准许附条件自由(conditional liberty)的方式来处理更多的女性犯罪人。也可以考虑用服装、装饰物等在女性看来对其虚荣心有很重要影响的方式,例如,剪掉头发、强迫穿某种样式的衣服等,代替监禁,这样做更有益处。

由于女性犯罪在性质上比较温和,妇女在家庭中发挥很大作用,将妻子和母亲隔离的话(哪怕是短期隔离)一般都会对家庭和社会产生严重伤害,因此,有理由提倡用特别法庭处理妇女犯罪,提倡制定特别立法,在这样的法律中应当考虑妇女在家庭中的地位和她们很少有对社会进行暴力行为的危险的事实。

目前,至少在欧洲,还没有这样的区别对待。减轻刑罚完全依赖法官的自由裁决权和仁慈。在许多案件中,法官的确本能地对妇女更加宽容,更有可能考虑这些条件。但是,如果在立法中考虑这类情形的话,事情就会更加令人满意,就像在意大利招募义务兵时所做的那样,考虑社会和家庭关系,寡母和残疾人等的独生儿子可以不服兵役。

尽管妇女犯罪的百分比较低,一般而言,妇女实施的犯罪也不太严重,但是,有一小部分犯罪少女(female delinquent)极端堕落,似乎其他人所没有的所有反常特征都集中到这少数人身上。她们是真正的生来犯罪人、癫痫病人和悖德狂者。

应当在小型教养院中将这些严重的反社会分子、杀人犯、投毒犯和诈骗犯隔离起来,并且实行强制性劳动(compulsory labour)和沉默制(silence),以此作为附加的惩罚。但是,没有必要单独监禁。所有的妇女教养院都应当提供托儿所,以便由母亲抚养那些在监狱中出生的婴儿,由此减轻由于母亲坐牢而产生的社会危害后果,培育在犯罪人中往往缺乏的那种崇高而神圣的母性情操(maternal sentiment)。

在美国波士顿附近的南弗雷明汉(South Framingham)修建的妇女教养监狱(The Reformatory Prison for Women),由莫顿夫人(Mrs. Morton)管理,这是根据犯罪学家们的思路运作的一个样板监狱。这个教养院位于从波士顿乘火车有一个小时左右旅程的地方，监狱坐落在田野中，周围的田野由一部分犯人耕种。建筑物周围没有高大的围墙，也没有看守人员进行监视。一条宽阔的马路通向出入口。在出入口，当我按了门铃之后，一位身着整洁的白色衣服的值班人员欢迎我，将我带进一个迷人的房间中，房间窗户外面是一个可爱的花园。我穿过走廊，从这个房间走向餐厅、宿舍、娱乐室和工作室时，一路很顺利，没有钥匙敲打锁具的响声。

犯人一进入这个教养院，就由聪明而和蔼的女医生对她们进行仔细检查。这位女医生负责医务室，在医务室中进行人类学检查。如果认为该犯体格健全，就将其安置在工作室中，在医务官员的指导下，学习和练习最适合她体质和能力倾向的手艺。在晚上，将她安置在一个二等监舍中，这个监舍位于一个宽大而光线良好的走廊中，监舍内部有餐桌、床、椅子、衣服架、挂历、图片和一两本书。

女犯的工作是强制性的，并且按件计算。当每个女犯完成定额后，就可以自由安排其活动，或者阅读图书馆提供的书籍。如果技术不熟练，就会得到一些手工工作方面的指导。女犯劳动获得的报酬储存起来，在释放的时候交给她。在释放的时候，她还可以得到一小套在监禁期间准备和缝纫的衣服。

有不满一岁婴儿的妇女，或者那些在教养院中生小孩的妇女，允许在夜间和白天的一部分时间中与自己的孩子在一起。当她们每天早上去劳动时，小孩留在托儿所中，托儿所附设在医务室中，由医生直接管理。托儿所是一间较大的、光线很好的房间，干净整洁，装饰了鲜花，是小孩们真正的乐园。

到中午时，允许犯人来接小孩，在午餐期间喂小孩吃饭和进行清洁工作。下午 2 时开始劳动直到 5 点钟。然后女犯再次来接小孩，直到次日早晨。在女犯的监舍中，安置了一个供婴儿使用的摇篮，还为女犯准备了一个小的浴室。

对女犯给予一系列的小额奖赏，以鼓励她们的道德进步。那些在头两个月中行为表现良好的女犯，可以转移到头等监舍中，并且享受相应的优惠待遇。头等监舍是一种条件更好、更加宽敞的监舍，有漂亮的色彩，其中的女犯有权与朋友通信，可以更多次地接受探视，有一小时和其他表现良好的女犯进行娱乐的时间，可以在一个小的起居室而不是在普通会见室中接待亲属。

对表现一直良好、劳动一直勤勉的女犯的最后奖赏，就是最终释放（ultimate release）。由于刑期是不确定的，只要女主任认为该女犯有能力过诚实的生活，女犯就可以得到释放。但是，被释放的女犯不得在诱惑之下为所欲为。在释放每个犯人、向她们提供适合的职业之前,教养院要向一个女士委员会(commission of ladies)咨询,这个委员会的成员都是对教养院感兴趣的人,其中的一位是拉塞尔夫人(Mrs. Russell),她是我参观时候的向导。在释放后的头几个月中,要提供指导和监督,以便释放人员在遇到困难时能够得到指点和帮助。

第四节　未成年犯罪人监禁机构[①]

刑罚应当根据犯罪人类型的不同而有区别;应当区分激情犯罪人、倾向犯罪人和生来犯罪人。

一、激情犯罪人

对于真正的激情犯罪人(criminal of passion)来说,懊悔自责造成的痛苦比任何法律惩罚都要大。其他的刑罚还应当包括将犯罪人从出生地或者居住地流放(exile)、用金钱赔偿损害、如果犯罪人不能赔偿就进行强制性劳动等。决不能用监禁来追索赔偿,因为即使对不太恶劣的违法者来讲,监禁都是有害的。激情犯罪人并不是社会的一种威胁。相反,他们往往比一般人更加优秀,他们仅仅是在一种过分的利他主义的鼓动下才犯罪的,如果给予矫治,这种利他主义可以转化为良好的行为。

这一点对于政治犯罪人(political offender)而言也是同样的。对于政治犯罪人来说,流放是最古老、最致命、最有效的惩罚,废除流放似乎是不合理的,因为流放有不同的等级,它是暂时性的,可以有效地阻止任何造反起义的尝试。

二、倾向犯罪人

当倾向犯罪人实施了违反治安管理规定、偷漏税款等轻微犯罪时,如果他们不是累犯,也没有共谋的话,应当避免对他们反复使用在监狱中短期拘留的处罚和其他刑罚。短期监禁会使这类犯罪人与习惯犯罪人接触,它不仅不能成为一种威慑因素,而且往往还会产生有害结果,因为可能会降低对法律的尊重,如果是对累犯使用的话,还会使刑罚失去所有惩罚性。倾向犯罪人一旦被打上监狱的烙印并且受到更坏的犯罪人的不良影响后,他们有可能实施更加严重的犯罪。

对所有的轻微犯罪人来说,罚金都要比监禁有效;如果犯罪人是穷人,法官在裁判时应当用强制性劳动来代替。也可以要求这类犯罪人具结赔偿损害,或者对他们实行体罚、将他们拘禁在家中、由法官予以训诫和警告。马格诺(Mag-

① 这个标题的原文是 institutions for minor offenders。

naud)在法国实行的宽恕初次犯罪的制度，也获得了很大的成功。根据这种制度，只有在犯罪人是累犯的情况下，才对犯罪人判处某种适当的刑罚。

处理倾向犯罪人的一种有效的，同时也是更加严厉的方法，就是使用缓刑和不定期刑(indeterminate sentence)。犯罪人被判处与其特定犯罪相适应的最高刑罚，但是，如果犯罪人表现出改善的行为，那么，一定时间之后刑罚可以降低。在这个间隔期间，犯罪人处于缓刑之中，接受监督，监督的很多方面与少年犯罪人是相同的。

缓刑制度在美国广泛采用，而且十分成功，有时候缓刑制度单独使用，有时候与其他刑罚结合使用，就像上文论述的那样。

第五节　缓刑制度

一、概述①

缓刑制度是处理不太严重的犯罪人、未成年犯罪人和倾向犯罪人的一种理想的方式。这是因为，在这些人犯罪之后，不是要惩罚他们，而是应当努力鼓励他们养成诚实的习惯，通过亲切而严格的监督阻止他们在错误的道路上继续发展。让犯罪人接受一个受尊敬的人的指导，这个人设法促使犯罪人顺利改造；如果犯罪人没有职业的话，这个人会向犯罪人提供职业；如果犯罪人缺乏技能，这个人会向犯罪人提供学习手艺的机会；这个人会阻止犯罪人进行不良交往，会奖赏犯罪人取得的任何进步，会将犯罪人的进步报告给中心办公室，中心办公室决定缓刑期间是否已经足够。如果缓刑没有效果的话，就会采取更加严厉的措施。

缓刑制度的唯一缺陷是应用方面的困难，因为不可能在任何城镇都可以找到品德高尚、有能力也愿意监督犯罪人的人。不过，令美国人感到骄傲的是，在许多州中，这类监督的组织工作都是值得称赞的。在波士顿，我参观了由玛丽·杜森小姐(Miss Mary Dewson)组织和管理的缓刑办公室，这个缓刑办公室从事对女性犯罪人的监督工作，无论是它的一般性管理，还是最细小的细节，都是值得模仿的榜样。

缓刑官与其监督对象之间的关系，在大多数案例中都是很友善的。小女孩们写了感人至深的信件，在信中，她们描述了自己的欢乐与悲哀，表达了对自己过失行为的忏悔，寻求监督者的指导和帮助。反过来，缓刑官也像有感情的保护

① 这个标题是译者增加的，原文中没有这个标题。——译注

者那样行事,他们小心谨慎地向中心内办公室履行自己的义务。100多位监督员接受了我的询问,我可以检查每个儿童的档案材料,了解他们以前的情况、是否获得改善或者更加恶化,检查的方法是查看我访问前几天的登记。

这种制度在各地获得的良好结果,导致美国几乎所有的州、澳大利亚和英格兰的许多地区都逐渐采用这种制度,用来处理年轻人、成年人和所有初次因为轻微违法行为、酗酒、扰乱治安、妨害秩序而犯罪的人,还用来处理根据释放证(ticket-of-leave)而被释放的犯人。缓刑犯必须每两星期报告一次,或者根据缓刑官(probation officer)的要求随时报告。缓刑官有权监督缓刑犯在家庭和工作场所中的行为,有权在缓刑犯的行为不能令人满意时依法对其提出要求。

可以猜测到的是,对于成年人的监督要比对儿童的监督更加棘手、更加复杂,不过,缓刑官会谨慎地加以处理,以免让邻居和雇主察觉此事,因为这种身份对于成年人来说有很大的羞辱作用,以至于许多人宁愿被监禁,也不愿被监督。我听说已经在波士顿建立了特别的教养院,以便拘留那些宁愿被监禁也不愿被监视的人。

也许,美国的成年犯罪人对于缓刑制度的这种讨厌心理,是由于这样的事实造成的,即缓刑官有权处理应该由治安法官处理的几乎所有事务。如果缓刑官认为合适,他可以差不多是随意地延长监督期限,也可以将缓刑转变为监禁。而且,监视一切行动的做法尽管是无害的,但是对于一个成年人来说,却是感到非常难堪的。毫无疑问,这些缺点应当加以改正。

在英格兰,用犯罪人或者保证人(surety)作出的良好行为保证(pledge of good behavior)来取代监督,保证人必须进行监督,否则,如果发生重犯行为,他就会丧失储存的那笔保证金。治安法官根据英国法律确定缓刑期限,如果不作出另一个判决,缓刑期限是不能延长的。在法国、比利时和奥地利,缓刑制度似乎已经产生了很好的结果。

二、肉刑①

尽管和文明观念不吻合,但是,各种形式的体罚(corporal punishment),②包括禁食(fasting)、洗冷水澡(cold shower-bath)甚至鞭打(rod),仍然是在儿童进行

① 这个标题是译者增加的,原文中仅用斜体字排版。本节中其余的同类标题均为这种情况。——译注

② corporal punishment也译为“肉刑”。不过,从这里的含义来看,翻译为“体罚”似乎更为恰当。——译注

了轻微犯罪的情况下替代监禁的恰当方式,因为这些惩罚不仅成本很低,能够引起深刻而直接的印象,而且不会引起未成年犯罪人堕落,不中断他们的正常工作或者学习。应当对轻微的违法行为,对未成年人实施的轻微盗窃、诈骗和伪造,多使用罚金。罚金应当与犯罪人的情况和犯罪行为的严重性相适应;在拒绝缴纳罚金时,可以用强制性劳动代替。

三、赔款[①]

对所造成的损害进行适当补偿,应当是一种理想的刑罚。但是,实行赔偿却是极其困难的。不过,治安法官应该尽最大努力恰当适用这种刑罚,被害人应当依法有权获得犯罪人在拘留期间的一部分劳动收入。

第六节 教养院

对于第一次实施严重犯罪,仅仅监督不足以预防他们重新犯罪的未成年人,应当将他们转到教养院(reformatory)或者其他的惩罚犯罪、隔离和矫正犯罪人的机构中。

在北美洲和南美洲实行的这种转入监禁机构的做法,确实有很重要的价值,应当予以特别关注。

这些教养院中最古老并且最有名的,是由布罗克韦(Brockway)[②]在埃尔迈拉(Elmira)建立的,这个教养院的建立受到我父亲的《犯罪人论》一书的启发,是根据类似原理创办的第一个教养院。

进入埃尔迈拉教养院的犯人,都是16岁至30岁、第一次被判刑的年轻男性,但是,那些罪行极端严重的除外。管理委员会(the Administrative Council)有决定拘留期限的很大权力,它可以在犯人刑期届满之前释放他们。

每一个新来的犯人都要洗澡,换上教养院的制服,进行拍照、登记注册、接受医学检查,最后,要关进一个监舍中思考自己的犯罪。在此期间,教养院主任获得关于该犯人的性格、环境以及犯罪的可能原因方面的详细信息,这类信息构成

---

① 原文为 indemnity。——译注

② 布罗克韦(Brockway)是指著名的美国刑罚改革家泽布伦·里德·布罗克韦(Zebulon Reed Brockway, 1827 - 1920),他与富兰克林·本杰明·桑伯恩(Franklin Benjamin Sanborn, 1831 - 1917)和伊诺克·科布·瓦因斯(Enoch Cobb Wines, 1806 - 1879)一起被称为"刑罚学三巨人"(the "big three" of penology)。——译注

了矫治的基础。根据犯人的能力倾向和文化,将其安置到技术或者技工培训班,在这类培训班中,犯人能够学习在释放后依靠合法手段自谋生路的手艺。犯人会很快熟悉自己的义务和权利,知道自己如何重获自由的条件。

埃尔迈拉教养院的教育包括一般知识的教育和一些技能的培训。每周出版一期的评论——《摘要》(Summary),会鼓励犯人在道德和文化方面取得的进步,这个评论也报道政治方面的事务和教养院的新闻。

犯人被分为好、中、差三类。从第二等级转到第一等级的,可以获得一些优惠待遇,特别是与外面社会交往有关的优惠待遇、会见探视者的权利、看书的权利、在普通餐桌而不是在监舍中进餐的权利。那些由于良好行为表现而获得最高分数的犯人,可以自由地在教养院中散步,会被授权从事一些秘密工作,例如,监督其他犯人。不良行为分数会使犯人受到降级处罚,在降到最低级别时,犯人必须从事最艰苦的劳动。

教养院有意识地让第一级犯人经受各种诱惑,当他们成功地通过这类严酷考验之后,他们就可以被附条件释放。不过,只有在犯人通过自己的努力、通过朋友或者教养院主任的帮助而获得了一定的正常职业之后,他们才能被附条件释放。

在附条件释放后的6个月中,释放人员必须用教养院主任指定的方式定期讲述自己的情况。一年之后,他会获得完全的自由。

为了尽可能降低教养院的日常开支,所有岗位,甚至包括技术培训学校的主任或者教师的岗位,都由犯人来充任。

第七节　感化院①

尽管应当仔细地将生来犯罪人、习惯犯罪人和累犯与未成年犯罪人隔离开来,但是,也需要用差不多类似的原理来管理这类监禁机构。一所承担惩罚、同时又进行矫正和拯救使命的监狱,需要有严格的纪律,这是因为,尽管增加惩罚的残忍性弊大于利,但是,比较温和的惩罚是几乎没有效果的,反复进行比较温和的惩罚是有害的。严厉性可以威慑犯罪人,但是并不能改善犯罪人。相反,严厉的惩罚只能激怒犯罪人,只能将他们转变成为伪君子。即使对于成年犯罪人,

① 感化院的原文是 penitentiary,这个英语术语过去也译为“惩治监”。——译注

也要把他们当做儿童或者道德缺陷者(moral invalid)来看待,必须对他们软硬兼施,但是应当以软的手段为主,因为从本质上讲,犯罪人是容易进行报复的,他们很有可能把哪怕是很轻微的惩罚也会看成是不公平的酷刑。即使十分严格地遵守沉默规则,也可能对犯罪人的性格产生有害的效果。一名老年犯人曾经对德斯皮纳(Despine)[1]说过:“过去,当你装作没有看见轻微违反沉默规则的行为时,我们往往能够谈很多,但是我们所谈的内容都没有危害性。现在,我们谈得很少,但是,当我们谈话时,我们诅咒辱骂,密谋策划邪恶活动。”

在实行严格纪律的丹麦监狱中,过去违反监狱规则的百分比为30%;近来,实行了比较温和的规则之后,这类违规行为仅为6%。

我们所说的正义感在犯罪人中几乎没有得到发展,如果这种正义感没有被低级的激情完全窒息的话,那么,为了增强犯人的正义感,借助于犯人的虚荣心和自尊感,通过让他们自己评判各自的行为来帮助维持纪律和增进勤勉,往往是很明智的。奥伯迈耶(Obermayer)过去往往将犯人分为多个小组,要求他们选出自己的主任和教师,从而建立起一种团队精神,发展起一种细致的个别化的教育制度,这被证明是真正有效的。底特律[2]的385名犯人显示了最高的效率,因为他们被分为21个班级,有28名教师,这些教师中除了一个人之外,其余都是犯人。人们已经注意到,最坏的犯人是最好的教师,[3]这证明,即使最坏的人也可以被用来改善其他人。

同样有效的是德斯皮纳使用的方法:在进行惩罚之前间隔一定时间,以免惩罚激起犯人的极大愤怒。一旦发现违规行为,就让犯人反省自己的行为,一个小时之后,教师和主任根据规定对其进行惩罚。人们已经发现,对犯人所在的整个小组进行谴责和惩罚,往往是很有效的。奥伯迈耶认为,这种方法是有利的。

为了刺激逐渐衰弱的精神活力,使犯人习惯于在释放后进行有益的活动,强化监狱的纪律,补偿国家所遭受的损失,所有这类机构都应当把工作作为推动力量、目标和消遣。不过,补偿国家损失的目标,总是应当让位于其他目标,而且,有时候也要避免从事能够赚钱的行业(lucrative trades)。有一些职业可能会为其他犯罪铺平道路,例如,制造锁具、制作赝品珠宝(brasswork)、雕刻、照相和书

---

① 德斯皮纳(Despine)可能是指法国精神病学家、犯罪心理学家普罗斯佩·德斯皮纳(Prosper Despine, 1812-1892),旧译“台斯宾”。——译注

② 底特律(Detroit)是美国中北部的一个城市,是著名的汽车制造中心。——译注

③ 参见皮尔斯(Pears)的《监狱和改造》(Prisons and Reform,1872)。——原注

法;监狱内不应当从事这些工作,但是可以选择从事农业,农业是死亡率最低但是又急需的行业。制作草编制品、制作绳子、印刷、缝纫、制陶、建筑等,都是适宜从事的行业。但是,那些需要危险工具的行业,例如,制鞋、家具制作、木工,只能是最后的选择。那托(Noto)[①]的犯人们制作的灯芯草篮子,还获得了几枚奖章。

分配给犯人的任务,应当总是与其力量和兴趣相适应。技术不熟练或者体力较差的人只要认真尽力去做,就应当得到一定奖赏,如果得不到金钱奖赏,至少也应当缩短其刑期。这样,工作就会变得有利可图,犯人中的合作精神和友好竞争就会得到发展。

第八节　习惯犯罪人监禁机构[②]

为了保护社会免受习惯犯罪人和生来犯罪人的重复型犯罪行为的侵害,将他们隔离是很有必要的。不过,为了收押这些犯罪人而修建的监禁机构,仍然应当把拯救(redemption)犯罪人看成是其首要目的,只有在各种尝试都证明是无效的情况下,才应当将他们几乎是永久性地隔离到流放地中。

布宜诺斯艾利斯[③]的国家感化院(*The Penitenciario Nacional*),是一个为了拯救成年犯罪人以及惩罚其犯罪行为而建立的监禁机构的极好例子。这个感化院收押各种类型的犯罪人,包括倾向犯罪人、习惯犯罪人和生来犯罪人,他们都属于布宜诺斯艾利斯省。它是在埃尔迈拉教养院建成几年后修建的,模仿了埃尔迈拉教养院的基本原理,但是进行了明智的修改,以便适应不同的情况。

从外观上来看,它与阴沉的欧洲监狱毫无共同之处。这是一座巨大的白色建筑,宽大的楼梯通向街道,没有任何武力、士兵和岗亭一类的东西。

穿过宽阔的门廊之后,我到达一个面积很大、绿茵遮蔽的庭院,庭院的低矮围墙几乎隐藏在许多鲜花和树叶下面。在建筑物的每一边,都有走廊从一排开放式的白色监舍中通向庭院,每个监舍都有很大的窗户,白天光线充足,夜间电灯明亮。每个监舍中都有书架、桌子和椅子,桌子上有纸笔和墨水瓶。每个走廊都有鲜艳的植物,它们通向一个中间的玻璃房间,从这个玻璃房间中,可以监视呈放射状的所有走廊。每个走廊尽头都是车间,在那里可以从事印刷、平版印

---

① 那托(Noto)是意大利西西里岛的一个地方。——译注

② 原文是 institutions for habitual criminals。——译注

③ 布宜诺斯艾利斯(Buenos Ayres)是南美洲国家阿根廷的一个省。——译注

刷、制鞋、五金加工一类的工作；在走廊之间是花园，花园里种植有水果、蔬菜和鲜花。车间属于该国最好的车间之列。印刷室印制许多周报、插图杂志以及科学和文学书籍。在制鞋厂，制作质量上乘的鞋袜。铸造厂和车间生产车床、锅炉、工农业机械与工具。这个感化院的所有烹饪工作都是通过蒸汽进行的，工厂位于一个由犯人们自己修建的巨大建筑内。

在感化院中，工作是强制性的。当犯人进来时，每个人都要接受一定的手工指导，所学习的手工由犯人自己选择，也可能由领班选择。当然，由于很容易理解的原因，不允许诈骗犯和伪造犯学习平版印刷一类的手艺。

犯人根据其能力的不同而获得正常的报酬，数额大体上等于每个行业的标准薪水。所有的报酬都储存起来，在犯人被释放后，并且有了适当的职业时发给他们。

工作在下午 5 点钟结束。在吃过丰盛的晚餐之后，犯人们被分为 9 个年级，在 6 个小学和 3 个中学里学习。这是根据他们的文化和智力进行划分的。如果是文盲，就教他们阅读和写字，然后，教他们学习算术、地理、历史、语言和绘画，绘画是根据每个人所学的手艺安排的。在学校的学习结束时，允许犯人到图书馆归还他们已经阅读的书籍和借阅将要阅读的书籍。

这里不像埃尔迈拉教养院那样用出版周报的方法鼓励犯人的智力发展，而是通过每周由犯人或者教师发表演讲，由教养院主任、副主任和所有犯人参加的方法予以鼓励。

除了由主任塞诺·鲍尔维(Señor Ballvé)在工作中进行矫治、对犯人进行教育之外，他还通过奖励良好行为的方式，不遗余力地鼓励道德进步。当每个犯人进入感化院时，每个犯人的姓名、审判情况、刑期、以前的情况以及照片、对他的身心特征的描述等材料，都被记到一个本子中；如果可能的话，用有关他的品行和良好行为的情况补充这些材料，以便在他释放时，能够对他在监狱中获得的道德进步有一个清晰的看法。

第九节 流放地①

当对犯罪人进行了大力的拯救之后,如果他们重新犯罪和被判刑,从而证明他们是毫无希望的累犯的话,那么,社会就不应当允许犯罪人在监狱中或者在其他地方以损害自己为代价发展其反社会能力(anti-social ability),而是应当将他们永久性的隔离,除非有改善的希望或者情况对他们没有害处。不过,在监狱中永久性的监禁,哪怕是在经过改良的监狱中永久性的监禁,都是残忍而昂贵的,但是,在流放地中,可以发现一种很好的替代物。在流放地中,首要目的不是教育、教化或者拯救犯罪人,而是尽可能地利用犯罪人,以便使犯罪人不致成为社会的一种很大负担。

流放地应当位于海岛上,或者位于偏远地方,也就是说,应当位于和人口稠密地区完全隔离的地方。由比利时政府在梅塞普拉斯(Meseplas)建立的农业流放地(agricultural colony),是一个值得仿效的样板。

在这个流放地,犯罪人被分为4类:

1. 狂暴危险者(turbulent and dangerous individual)。他们对教养院和监狱中的其他犯人施加有害的影响。

2. 累犯(recidivist)、假释犯(ticket-of-leave men)、逃跑犯和抗改犯(mutinous convict)。

3. 臭名昭著者(persons of bad reputation)。他们迄今为止还没有被定罪。

4. 较好的类型(the better types)。他们仅仅被定罪判刑三四次,尽管并不堕落,但是缺乏道德坚持力(moral stamina),经常屈服于诱惑。

所有的日常生活必需品都是由流放人员自己提供的,开始时的住处就是由他们就地取材修建的。按照这种方式,大量的房屋建筑以该国非常低廉的成本修建。一些犯罪人在土地上养殖家畜和种植农作物,其他犯罪人制作在附近市场上容易销售的物品,为此他们拥有适当的工具。

任何拒绝工作的犯罪人都会被监禁起来,仅提供粗劣的食物。所有工作的报酬,都是使用只能在流放地流通的特殊货币支付的,但是,在释放犯罪人时,这些特殊货币可以被兑换成这个国家的货币。

---

① 原文是penal colony,旧译为"刑罚殖民地"或者"刑罚移殖"。——译注

按照类似方式运行的一个机构——“开放之门”(Open Door),是由凯布雷德(Cabred)教授为布宜诺斯艾利斯省的精神病人修建的。根据我在短暂参观期间观察到的情况判断,这个机构很好的实现了它的目的。这个机构由一个大的村庄构成,居住着1万到1.2万精神病人。除了土地的价格和建造最初的建筑的成本之外,这个聚居区(colony)没有花费社会的任何其他资源。相反,聚居者能够有很大的赢利。

这个村庄在街道和大型建筑方面的最终计划已经完成,精神病人们继续建造新的建筑。这里有一个砖窑、一个木工车间和一个铁匠铺,它们生产在修建和装饰住房中使用的所有材料。只有那些不太危险的病人才被用来从事这些工作,那些智力低下的人则制作刷子和柳条编制品。

这个聚居区位于布宜诺斯艾利斯省的一大片土地中间,一些病人们在这片土地上种植水果和蔬菜。其他病人养殖家禽和猪,向聚居区提供鸡蛋和肉食;当向外销售时,能够产生很大的利润。

凯布雷德教授偏爱这种农业,而不是种植大量的小麦和玉米,这是很明智的,因为它更便于进行监督,这是聚居区所必需的;而且,它向这些必须从事工作的聚居者提供了一种连续不断的正常进行而且几乎没有变化的职业。(这种情况同样适合于流放地)工人、工头、工程师、施工人员、机械师和园丁,所有这些人都是病人,只有主任、医生和大约100名看守(warder)不是病人,看守快速地巡视各个地方,能够干预突发性自杀和杀人事件。

这样运作的聚居区,也适合于大量习惯犯罪人。尽管习惯犯罪人无法抗拒日常生活中的诱惑,但是他们能够在监督之下从事有用的工作,这样的一种状态被证明既有益于他们自己,也有益于社会。

第十节　生来犯罪人和悖德狂者监禁机构①

犯罪精神病院(asylums for criminal insane)。我们要继续考察生来犯罪人、癫痫病人和悖德狂者,他们的犯罪行为源于遗传型邪恶本能(inherited perverse instinct)。不能把这些不幸者送到普通监狱,这是因为,由于他们的精神错乱(mental alienation)状态,他们甚至没有那些品行不端者(the vicious)的那种谦

① 标题的原文是“institutions for born criminals and the morally insane”。——译注

虚——伪善(hypocrisy),他们肯定会将那些与他们接触的倾向犯罪人带坏。他们是天生的怨恨者(malcontent),不相信任何人和任何事,当他们在看守和官员中看到一个敌人时,他们就会带头进行反抗。

将他们收容在普通精神病院(common asylum)可能会更加危险,因为他们会鼓吹鸡奸、逃跑和造反,会教唆其他人进行抢劫。他们的下流而原始的行为方式,以及他们过去往往具有的可怕声誉,会使他们成为那些安静的病人及其亲属们害怕和排斥的对象,亲属们会担心自己的亲人在这样的机构中。

普通精神病院同样不适合那些精神错乱者(victim of mental derangement)。尽管这些人没有悖德狂者所具有的那些堕落本能,在犯罪之前也没有不光彩的生涯——他们的犯罪是由一些孤立的邪恶冲动引起的,但是,他们对其他病人①有不良影响。和其他的精神病人不同,他们并不回避其他同伴,他们用暴力行为折磨其他病人,用坐卧不宁和不守安分的情绪败坏其他病人的心情,这种情绪甚至在他们变为精神病人或者犯罪人之前就已经很明显。他们坚信,他们总是受到虐待和凌辱,并且向自己的同伴灌输这样的观念,暗示逃跑和造反的思想,普通的精神病人决不会进行这类行为,普通的精神病人沉溺于自己的幻想世界。这样,就会加重病人的状况,所有现代精神病学家们倡导的那些宽松措施,都不适合他们。

将这些精神病人留在社会上也是很危险的。在完全平静和神志清醒的外表之下,隐藏着病态冲动(morbid impulse),这些病态冲动会在意想不到的时候产生可怕的后果。

精神病犯罪人和悖德狂者等所有这些犯罪人所具有的不可抗拒的倾向,是对社会有害的,应当将他们都收容在特别机构中进行矫治,或者至少终身隔离起来。他们不属于声名狼藉的人,因为他们的无责任能力状态是清楚可见的,社会不会受到他们的袭击。

英格兰是向精神病犯罪人建立精神病院的第一个国家。1840 年,将贝德拉姆(Bedlam)的一部分建成这样的精神病院。费希尔顿机构(Fisherton House)是这样的一个特别私营精神病院,1844 年建成使用,后来,建成了其他的一些精神病院:1850 年在爱尔兰的邓拉姆(Dundrum)建成一所,1863 年在布洛德穆尔(Broadmoore)建成一所,1858 年在苏格兰的珀斯(Perth)建成一所,它们都接受

① 病人的原文是“inmate”,这个词也可以翻译为“犯人”。——原注

在精神错乱状态下进行了犯罪行为或者在受审期间变成精神病人的犯罪人。由于精神失常或者低能，这些犯人都不能遵守监狱中的纪律。当然，在这些精神病院中，血腥的、暴力的场景是经常出现的。这类精神病人对普通精神病院或者监狱中的其他人产生的有害影响，往往很严重，甚至严重上百倍。在普通精神病院中，几乎没有听说发生共谋活动的现象，在这里，共谋活动和杀死看守与官员的行为非常普遍。由于不可能得到释放，也知道自己没有责任能力，这些可怜的人就袭击看守，破坏监禁他们的墙壁，杀死和伤害其他人，或者自伤自杀。但是，无论如何，这类伤害都限制在很小的范围中，不会波及无害的精神病人和普通犯罪人。而且，即使在犯罪精神病院(criminal asylum)，长期管理这些奇特的精神病人的经验，以及采纳最近由奥林奇(Orange)介绍到布洛德穆尔精神病院的那类详细分类的做法，已经大大改善了一般条件，消除了很多弊病。根据这种分类，精神错乱犯罪人(insane criminal)被分为两类：一类是未决犯(unconvicted)；另一类是已决犯(convicted)。未决犯又进一步被分为两小类，即未审犯(untried)和已审犯(tried)。未审犯罪人(untried offender)是那些被认为在实施犯罪之前就已经有精神病的人，他们会被送到一个普通的郡精神病院(county asylum)，这类精神病院也监禁被判处犯有轻罪的人、被宣告精神错乱的犯罪人(这类犯罪人的百分比是较大的)以及其他被怀疑伪装精神错乱的犯罪人。根据这种方法，减少了那些情况较好的人，使犯罪精神病院的病人数量大为降低，只收容那些最危险的人。

第十一节　死　　刑

尽管有监狱、流放和犯罪精神病院，但是，那些反社会本能根深蒂固的人，会反复地试图杀死他人，不管这些人是诚实的人还是一起作恶的帮凶。在这时候，唯一的补救方法就是使用极刑——死刑。

对于野蛮人而言，监狱只能产生很小的效果，或者说，在没有犯罪精神病院、感化院和其他社会防卫与拯救手段的原始社会中，死刑往往被看成是最肯定的、同时也是最经济的常用防卫方法。但是，犯罪人类学家们认识到，在文明社会中经常表达出来的废除死刑的愿望，来源于一种高尚的情操，一种不想进行破坏的愿望。

根据我父亲的看法，死刑只能在极端性案件中适用，但是，对于死刑的恐惧，就像悬在达摩克里斯(Damocles)[1]头上的剑一样,可以起一种阻止那些被判处终身监禁的犯罪人的杀人倾向的作用。

的确,如果我们不承认自卫的合法性的话,我们就无权剥夺他人的生命,流放和监禁也是同样不合理的。

当我们认识到,有一些犯罪人,即生来犯罪人,他们具有作恶的生理特征,会重复在原始野蛮人中常见的那些本能,甚至重复凶残的食肉动物们具有的那些本能,他们生来注定就要伤害他人的时候,我们的愤恨就会减轻。尽管我们有怜悯感,但是,当我们发现他们确实危险而且绝对无可救药的时候,要求剥夺他们的生命就是合理的。

现代学派提出的刑罚方法。下列表格是由现代学派的一位著名法学家加罗法洛参议员(Senator Garofalo)[2]编制的,收录在《犯罪人论》一书第三卷。在这个表格中,系统论述了各种刑罚措施的适用。

1. 生来犯罪人,他们完全没有怜悯情操		
犯罪人	犯罪	刑罚
被判刑的无道德责任感、极端残忍的杀人犯	为了钱财或者其他的自私目的而进行谋杀;无缘无故地杀死被害人的谋杀;用残忍手段杀人	监狱;流放地;犯罪精神病院;如果是累犯的话,使用死刑
2. 暴力犯罪人、冲动犯罪人、倾向犯罪人和那些由于缺乏怜悯、正直、抑制力和出于偏颇的名誉观念而犯罪的人		
犯罪人	犯罪	刑罚
被判刑的成年犯罪人	虐待配偶、伤害和殴打、强奸、劫持人质	为癫痫病人修建的犯罪精神病院,或者与个人生命的自然分界线相等的不定期隔离,包括监督

① 达摩克里斯(Damocles)是古代锡拉库扎(Syracuse,意大利西西里岛东部一港市)国王狄俄尼索斯(Dionysius)的廷臣,传说国王请达摩克里斯赴宴时,命他坐在以一丝头发悬挂的剑下,以此表示帝王处在很多的危险之下。——译注

② 加罗法洛参议员(Senator Garofalo)应当是指意大利法学家、犯罪学家巴伦·拉斐尔·加罗法洛(Baron Raffaele Garofalo, 1852 - 1934),他是刑事人类学派或者实证主义学派的三位主要成员之一。——译注

（续表）

被判刑的未成年人	谋杀、无故虐待他人和类似犯罪、侵害正直的犯罪	如果有先天性犯罪倾向的话，送进特别教养院、犯罪精神病院；如果是累犯的话，送入流放地和驱逐出境
被判刑的成年人	由于遭受到伤害或者真正的冤情而杀人	从出生地和被害人家庭生活地放逐（exile）
被判刑的成年人	自卫杀人；报复杀人	放逐；在偏远地区或者新拓居地（settlement）隔离
被判刑的成年人	争执中伤害或者灌醉后虐待、殴打、羞辱或者诽谤	损害赔偿；罚金；训诫；治安保卫措施（security）；附条件释放（conditional liberty）
被判刑的成年人	叛乱（mutiny）和造反	训诫；治安保卫措施；不定期监禁
3. 缺乏诚实感（sense of honesty）的犯罪人		
犯罪人	犯罪	刑罚
被判刑的成年人（习惯犯罪人）	盗窃、诈骗、伪造、敲诈、纵火	如果精神错乱或者患有癫痫的话，送入犯罪精神病院；如果精神正常的话，驱逐出境
被判刑的成年人（偶然犯罪人）	盗窃、诈骗、伪造、敲诈、纵火	教养院；附条件释放；禁止从事特定职业
被判刑的成年人	侵吞公款、胁迫（concussion）	开除公职；禁止从事所有公职；罚金；赔偿损害
被判刑的成年人	纵火、恶意损坏财产	补偿或者用监禁替代；如果精神错乱的话，送入犯罪精神病院；如果是累犯的话，送入流放地
被判刑的成年人	欺诈性破产	赔偿损害；禁止从事商业和担任公职
被判刑的成年人	伪造货币、伪造支票、伪造产权证书等	教养院；罚金；赔偿损失；禁止担任公职
被判刑的成年人	重婚、替换或者隐瞒儿童（substitution or suppression of child）	不定期隔离
被判刑的成年人	盗窃、诈骗和扒窃	治安法官训诫；缓刑；教养院或者送入感化农场
4. 不勤劳的犯罪人（offenders lacking in industry）		

（续表）

犯罪人	犯罪	刑罚
乞丐、懒汉(vagabond)、流浪汉(loafer)		将农村犯罪人送入感化农场,将城市犯罪人送入工厂
5. 具有厌新症(misoneism,憎恨变化)的犯罪人		
犯罪人	犯罪	刑罚
政治型、社会型、宗教型造反者		临时流放

第十二节　共生现象①

惩罚犯罪人和保护社会免受精神病人的损害,是刑法学(criminal jurisprudence)的两个主要目标,但是,犯罪人类学瞄准更高的目标——对反社会分子的利用。因此,要彻底改善他们,把他们的存在看成是人类社会和大自然中的正常现象。

实际上,我们已经在自然界发现了敌人之间、属于不同物种和具有不同特性的植物之间互利合作的例子。苔藓就是藻类和真菌的活的共生体;寄居蟹允许海葵落在它的住处上面,它们一起吸引被捕食的动物,反过来将被捕食的动物覆盖住,并且从一个地方带到另一个地方。

根据这种原理,犯罪人类学家试图通过仔细分析犯罪人的特性和心理,发现一种让犯罪人对文明有用的方式,使犯罪人适合社会体制的适宜状态,在这种状态中,犯罪人不仅可以对自己有用,而且也可以对他人有用。由于堕落的本能,犯罪人往往具有一些非常宝贵的秉性:异常的智力、极其大胆(great audacity)、喜欢革新。英国犯人在直布罗陀海峡和马耳他的岩石上修建的杰出的地下坑道和防御工事,对撒丁岛(Sardinia)②的一些部分的全面改造,已经使犯罪学家们得出了这样的结论:古老的苦役刑罚是很有逻辑性、很有用处的,对于犯罪人和社会的用处要多于所有现代刑罚。美国的摩门教徒(Mormons)、在俄罗斯受到

① 标题原文为“symbiosis”。——译注

② 撒丁岛(Sardinia)是意大利在地中海上的一大岛。——译注

无处不在的官僚机构迫害的宗教教派，已经凭借自己的力量，将那些不宜居住的地区改造成为特别肥沃的土地。如果将一些人的异常秉性转变为可用因素，而不是加以禁止以至使其用反社会行为加以证明的话，就可以得到更好的结果，这种仁慈而崇高的任务，应当交给教师和那些对早年就显露出身体和心理异常的年轻人进行保护的人们来完成。

开垦荒僻之地和所有的行业，包括驾驶车辆、骑自行车、耍杂技和演马戏，都需要大胆、敏捷、喜欢冒险和长期坚持，这些工作都非常适合犯罪人。档案中的一些案例表明，年轻人为了获得足够的金钱以便成为喜剧演员和职业骑车人(professional cyclist)，实际上却变成了小偷，甚至变成了杀人犯。有理由假定，如果这些年轻人能够以诚实的方法获得金钱的话，他们决不会实施犯罪。另一方面，那些有不良性格、已经准备好要犯罪的人，在他们找到一些施展自己的才智和能力的渠道时，他们就会发生巨大的转变，会成为开垦处女地的先驱者或士兵。战争是我们的祖先们最初的、持久性的和很常见的职业，这种职业极其适合犯罪人的特性。犯罪人的所有特征，包括冲动性、愤世嫉俗、身体迟钝、缺乏道德感、不易遭受伤害等，都是战争时期士兵中宝贵的品质，特别是在雇用来对野蛮而残暴的国家作战时，如果用狡猾和才能对付那些嘲弄文明战争规则的原始种族的话，就更显得宝贵。

在土匪中，我们发现了一些使用很差的武器创造出英勇奇迹的人，他们的头目尽管缺少文化，但是表现出令训练有素的军队感到羞愧的聪明和战术才能。不能利用犯罪人的特性为国家谋利吗？原始种族在连续不断地与自然界进行斗争中发展起来的那些品质，也是犯罪人所具有的特征。有些人命中注定会在文明时代和工业社会中表现其冲动和残忍的本能，可以让这些人利用原始的勇猛反对外部和内部的敌人，对付那些限制文明发展的野蛮人，或者对付那些阻止文明进步的反动分子，从而保卫文明。

伟大的救世主耶稣基督(The Great Redeemer)在宽恕那个奸妇时说过："他没有你们中的罪过，让他先向她投掷石头吧"。先知预见到了狼和羊应当居住到一起、狮子应当像牛一样吃草的那一天，应当"既不伤害也不破坏"，这或许就是预言这种崇高的目标吧。如果犯罪人类学注定要引导人类实现这个目标的话，就应当放弃所有的严厉措施，以便实现最高目标——社会安全。

第三部分　犯罪人的特征和类型

第1章　对犯罪人的检查

犯罪人类学家们一致认为,对犯罪人进行仔细的身体和心理检查,从中获得有关结果,是很重要的,因为这种结果可以确定犯罪人的责任范围、犯罪人重新犯罪的可能性、对犯罪人进行的矫治或者惩罚。不过,除了向治安法官提供在其进行裁决时加以参考的资料之外,事实已经证明,人类学检查对于缓刑官、孤儿院院长、娼妓救济所所长以及所有那些有权决定实际犯罪人或者犯罪后备者(candidate for crime)命运的人,都是很有帮助的。因此,我决定在这一部分中详细描述进行这些检查的方法,一方面以科学的精确性对疾病作出临床诊断;另一方面根据犯罪学家们的长期经验,归纳出处理犯罪人和精神病人的规则,因为在犯罪人和精神病人之间有很密切的关系。

第一节　既往经历和心理特征①

如果有可能的话,应当在对犯罪人或者有犯罪倾向者的既往经历进行仔细调查之前,对他们进行检查。向亲戚和朋友们提出的问题,往往要用于查明像犯罪人以前的生活、犯罪人成长的环境、犯罪人在童年期患过的疾病(脑膜炎、斑疹伤寒症、抽搐、偏头痛、头晕眼花、夜惊、外伤)等方面的情况。应当关注家族(父母、祖父母、堂兄弟姐妹、表兄弟姐妹等)中的发病率,不仅要注意神经系统疾病,也要关注关节炎、结核病、糙皮病(pellagrous)和酗酒者,包括吗啡中毒倾向。甚至要关注甲状腺肿,因为它有可能是呆小病(cretinism)或者任何其他退化形式的外在表现。家族中存在的犯罪行为往往更为重要,但是,获得这方面的信息是极其困难的,无论是从犯罪人自己还是从其亲戚那里,都很难获得这方面的信息。必须使用一些策略获取这方面的资料,例如,突然询问:某个从精神病院或监狱中释放,或者还在精神病院或监狱中的姓氏相同的人,是否与犯罪人有

① 标题原文为"antecedents and psychic individuality"。——译注

亲戚关系?

然后,要查明犯罪人是单身汉还是已经结婚,如果已经结婚,是否和妻子在一起生活?犯罪人正在从事或者从事过什么职业?通过这方面的情况,可以发现,尽管犯罪人一般能够成功地从事任何事情,但是,他们不能够持久地从事某一件事情。

许多像厨师、酒馆老板、糕点商等人们从事的职业,是一些对神经中枢有害的职业,也是一种鼓励酗酒的职业。其他像面包师一类的人,要从事夜间工作,这类职业同样是有害的。一些密切接触财富的职业,例如,帮助穷人、担任仆人、秘书、出纳等,往往是不诚实行为的原因,因为那些不接触诱惑的人,仍然会是诚实的。其他职业向倾向犯罪人提供犯罪机会或者提供如何进行犯罪的方法,例如,锁匠、铁匠、士兵、医生、律师等。

应当了解犯罪发生的那一年和犯罪发生的其他情况,而且应当记住,在南欧一些国家的葡萄收获期以及太热和过冷的季节,特别有可能引发癫痫。

当接受检查的人是累犯的时候,应当查明初次犯罪发生的年龄和具体情况。很早就开始犯罪,是生来犯罪人的一种特征;青春期的人和老年人有他们特有的犯罪,就像穷人和富翁有其特定犯罪一样。

一、智力[①]

我们不能像对付普通患者那样对付犯罪人,因为他们已经准备好诉说自己的问题。而是应当通过不断地盘问来消除犯罪人的防范心理,首先用一系列关于出生地或者其生活的家乡方面的问题,减轻犯罪人的疑心。例如,“你为什么离开自己的家乡?你为什么不回家乡?已经结婚了吗?你有几个孩子?”然后,通过询问一些容易的问题,了解犯罪人的智力情况,例如,“一磅是几先令?一天有多少个小时?你哪一年结婚?”

二、感情

应当通过间接的方式检查感情(affection)。“你父亲是一个坏人吗?”或者“你的邻居是一些无用的人吗?他们是否尊重你?有什么人刁难你吗?你喜欢你的父母吗?你知道你的弟弟(或者母亲)生了重病吗?”那些与犯罪人的亲戚和朋友有关的问题,是特别重要的,因为通过这些问题,可以使检查者了解到,询问这些问题对犯罪人的情绪有什么影响,犯罪人是否对所依恋的人有真正的感

① 标题的编码是译者增加的,以便阅读。原文 intelligence 仅用斜体字排版。本节中同类的其他标题也是如此。——译注

情。但是,生来犯罪人和精神病人一般并不会表现出关爱。在缺乏仪器的情况下,我们必须通过犯罪人的回答、他们的情绪引起的面部变化等,判断他们的感情。但是,法医学专家自然更喜欢使用精确的仪器进行科学的检查,通过使用仪器,可以记录情绪的准确程度。这些仪器就是体积描记器(plethysmopgraph)和水柱式脉搏描记器(hydrosphygmograph)。

众所周知,任何情绪都会加快或者放缓心脏跳动,任何情绪也会使人脸色变红或者发白,这些血管舒缩现象是人们根本无法控制的。如果我们把一只手放进弗朗西斯·弗兰克(Francis Frank)发明的体积测定箱(volumetric tank),那么,箱中的液体就会随着脉搏的跳动而升降,液体升降的变化是可以观察的,其变化与感情的变化相对应。帕特里奇(Patrizi)发明的体积测定手套(volumetric glove),对弗朗西斯·弗兰克发明的体积测定箱做了改进,这种体积测定手套至今仍然是一种很实用、很便利的工具。这种体积测定手套由一个较大的橡胶手套组成,在测定时,把手放进这种手套后,在手腕处用胶泥和凡士林的混合物加以密封。在手套中充入空气,就像在体积测定箱中充入水那样。手上血管中血压的升降,会引起一个橡胶软管中气柱的相应变化。在玛丽(Marey)的盒子(tympanum)中也会发生这样的变化。玛丽的盒子是一种用金属和橡胶混合制成的一个小盒子。这种小盒子有一个杠杆作为指示器,它会随着手上的血流的大小而轻微升降。这个杠杆记录用染黑的纸张覆盖的圆柱体的振动。在和犯罪人谈论了不同的话题之后,检查者如果突然提到犯罪人感兴趣并且会引起犯罪人情绪波动的一些人、朋友或者亲属,那么,在旋转的圆柱体上记录的曲线就会快速升降,这证明,犯罪人有自然的感情。另一方面,如果在检查者提到犯罪人的亲属和他们的疾病或者喜讯,而圆柱体上没有相应的变化的话,那么就可以认为,犯罪人缺乏自然的感情。

因此,当比安奇(Bianchi)和帕特里奇对臭名昭著的土匪穆索里诺(Musolino)谈到他在家乡森林中的生活和他的情人时,他的脉搏立刻发生变化,体积描记器记录的线条突然发生改变,直到过了一段时间,这个线条才回到以前的水平。

我的父亲经常成功地使用体积描记器发现某个被告人是否犯有所指控的犯罪,他使用的方法就是,在被告人把手放进体积描记器或者在被告人面前突然出示被害人的照片时,观察体积描记器是否有突然的变化。

三、病态现象

在检查犯罪人甚至犯罪嫌疑人时,由于他们总是有一些异常,因此,调查他们可能具有的常见的病态现象(morbid phenomenon),是比较明智的。因为犯罪人或者犯罪嫌疑人不可能主动提供这方面的信息,他们不知道这方面信息的重要性。应当询问睡眠情况,了解是否做梦等。心理有问题的人,总是睡眠不好,经常失眠和产生幻觉。酒鬼会产生自己被令人厌恶的、奇形怪状的生灵追踪,根本无法摆脱的幻想。癫痫病人以及癔症患者往往会有特别的强迫观念。他们想象自己如果不事先说一些话和进行一些动作,就不能从事某些行动。

也应当检查犯罪人的暗示感受性,以便确定其暗示感受性的强弱。癔症患者和全身麻痹症患者就像儿童一样,有高度的暗示感受性,但是并不必然具有催眠性质。如果告诉一名癔症患者,他身体的某一部分有疼痛感时,这个癔症患者就会发烧、面色苍白或者出现某种现象,几分钟之后,这个癔症患者就会自动诉说,他感到疼痛、发烧等。一些不出名的人实施了某种令人吃惊的犯罪之后,往往会出现这样的情形:有的癔症患者,一般是年轻人,就想象自己会被邻居或者熟人指控实施了这种犯罪,以致相信自己就是那个真正的犯罪人,并且会向警察自首。

四、言语

在进行检查时,应当特别注意犯罪人回答问题的方式和发音模式。他们的发音可能会有异常,可能有口吃现象,会有精神错乱的特征,或者表现出一些神经异常,还可能声音颤抖而不自然,就像早发性痴呆和慢性酒精中毒者一样。在其他情况下,词句混乱,在说较长的句子和较难的句子时,尤其如此。在进行性麻痹①的早期阶段,不能发出 r 这个字母的音。检查这些异常,对于诊断具有重要价值,应当要求犯罪人说出一些发音较难的词语,例如,corroborate(确证)、re-read(重读)、rewrite(重写)等。

为了不遗漏重要的迹象,如果不能进行直接检查时,也可以对犯罪人与其他人进行交谈的照片进行观察。

在进行这样的检查时,有可能发现更严重的观念、智力和精神状态方面的异常。犯罪人的回答可能是符合情理的,但是在回答之后往往有可能说出没有意义的话。在其他情况下,特别是在患有精神忧郁症(melancholia)的情况下,讲话是很勉强的,似乎是在别人的强迫下才讲话似的。白痴、呆小病患者(cretin)和精神错乱者(demented person)往往不能表达自己的意思。一些中风患者往往用

① 进行性麻痹(progressive paralysis)又译为“麻痹性痴呆”。——译注

一个词语代替另一个词语,例如,用“面包”代替“红酒”等,或者省略句子的一部分,而仅仅重复句子最后面的那个词。

五、记忆

为了了解犯罪人的记忆(memory),应当询问他最近和以前在他身上发生的事情、他或者他的孩子出生的年代、他前一天晚上吃的晚饭等。

六、视觉记忆

可以通过向犯罪人提供一张纸,让他在纸上画常见的不同物品、写一些字母或者容易写的词语的方式,检查其视觉记忆(visual memory)。可以在犯罪人看这些纸张5到10秒钟并拿走纸张后,要求犯罪人讲纸上的内容。为了检查声音记忆(memory of sound),检查者应当说出五六个简单的词语,然后要求犯罪人立即重复这些词语。

为了检查颜色感觉(sense of colour),可以在犯罪人面前呈现绘有不同颜色的图画,同时出示有同样颜色的一束羊毛,要求犯罪人指出图画中相同的颜色。

七、笔迹

笔迹(handwriting)在区分生来犯罪人与精神病人、区分不同类型的精神错乱者方面,具有特别重要的意义。

最容易给警察部门带来麻烦的偏狂者(monomaniac)和精神病边缘者(mattoids),不但会用神志完全正常的方式讲话,也会用检查不出精神紊乱的文字在纸上书写出自己的精神错乱症状。他们可以迅速地、很长时间地书写。在他们的口袋、手提袋中,往往装满了写着小字的纸片,字迹往往很潦草,内容一般很荒谬,或者很荒唐,而且有大量的重复。

处于麻痹症第一阶段的人,会犯拼写错误,常在书写时将结构相近的字混淆,例如,将Garigaldi与Garibaldi混淆。必须仔细地彻底检查这种缺陷。如果犯罪人受过很好的教育,那么,仅仅检查他的签名是不够的,因为签名是最后才发生变化的;仅仅检查几行字也是不够的,因为他会集中注意力写这几行字。应当要求犯罪人写一到两页字,并且要求他快速书写。

酒精中毒者和麻痹症患者一般用不稳定的笔画颤抖着写字,就像老年人写字那样。癫痫和癔症发作后的人笔迹发抖。如果使用爱迪生电笔(Edison's electric pen)的话,可以发现哪怕是最轻微的抖动。

在进行性全身麻痹症患者和痴呆患者中,抖动是很明显的,抖动会造成书写困难,变得用弯弯曲曲的字母书写。中风患者的字迹,往往是工整的手写体。在偏执狂者的书写作品中充满了图画和象征符号,他们的笔迹极力模仿印刷体,精神病边缘者、癔症患者和夸大狂患者(megalomaniac)也是如此,他们使用很多惊叹词和大写字母。他们的书写作品中有很多拼写错误、弯曲和装饰。

实施了血腥犯罪的犯罪人的笔迹一般笨拙臃肿,但是却刚劲有力,并且会用夸张的笔形书写表示所有格的那一点(t's)。盗窃犯的笔迹几乎很难与普通人相区别,但是,诈骗犯的笔迹很容易识别,因为他们的笔迹尽管始终如一,但是却不太清楚。签名通常很难辨认,并且充满了很多阿拉伯式的装饰花纹。

八、衣服

犯罪人的服装式样往往是个人特征的一种准确象征。那不勒斯和西西里的秘密组织卡莫拉(Camorra)和黑手党的成员们,喜欢穿缀满珠宝饰物的颜色鲜艳的衣服。杀人犯、癫痫病人和悖德狂者过着与世隔离的生活,他们不在乎穿着,因此,他们的衣服往往肮脏破烂。诈骗犯的衣服总是完美无缺。好色者喜欢女式服装,偏执狂者喜欢用丝带、装饰品和奖章打扮自己:他们的衣服一般都是奇形怪状的款式。呆小病患者和白痴总是撕裂他们的衣服,使衣服凌乱不堪,并且经常使衣服发出刺鼻的臭味。

第二节　身体检查

在仔细调查犯罪人以前的历史和认真研究犯罪人的异常心理现象之后,专家应当继续检查犯罪人的身体特征。

第一部分的第1章对犯罪人的主要生理异常做了详细描述,那些生理异常是肉眼可以辨别的。现在简要加以论述。

一、皮肤

皮肤往往有疤痕,(在经常癫痫发作者的)肘部和鬓角往往有损伤。习惯犯罪人的皮肤上往往有在争吵和试图自杀中留下的受伤标记。酒鬼的额头和鼻子上往往有痤疮的痕迹,手背上有红斑,有糙皮病特征。鱼鳞癣、牛皮癣或其他皮肤病在精神病人中很常见。坏血病往往是长期在监狱中隔离的标志。

二、文身

要仔细注意被检查者是否有文身,如果有文身的话,在身体的什么部位有文身。文身往往表现了个人的淫秽、报复、贪婪和其他特征。文身除了有自己的名字或者出生城镇或村庄的大写首字母之外,还有不愿意暴露的行业的象征性字母(这样的字母往往被涂抹掉)。

证明罗杰·泰克鲍尼(Roger Tichborne)的论述不可信任的主要证据之一,就是这样的事实,即身体上没有文身,不过,人们已经广泛了解到的是,罗杰·泰克鲍尼是有文身的。

文身往往表现了个人的心理、习惯和邪恶。鸡奸者的文身图案往往是与其有变态性关系的人的头像,或者是向对方表达深厚感情的词语。费力比教授(Professor Filippi)检查了一个鸡奸者和一个伪造者,他们在自己的前臂上文身,其内容是关于他们的变态欲望的。一名强奸犯的文身图案描绘的是他的淫秽冒险行为。由此可见,这些人的文身图案,是证实隐藏的邪恶和犯罪的极有价值的证据。

三、皱纹

我们已经谈到,生来犯罪人有大量的、过早产生的皱纹。精神病人也有同样的特征。

下列情况是特别重要的:前额上的垂直皱纹和横向皱纹,斜的和三角形的眉毛,鼻根部的横线或者曲线,颈部的垂线和横线。(一名25岁的凶残的犯罪匪帮头目、一名不到30岁的野蛮杀人犯,具有这些特征)

四、毛发[①]

生来犯罪人的胡须稀疏,而癫痫病人往往也缺少胡须。另外,这种现象在女性精神病人和绝经后的正常妇女中也很常见。男性和女性的退化症状,往往在体毛的分布上,呈现出异性的特征。骶腰部位(sacro-lumbar region)体毛浓密,容易使人联想起农牧之神[②]的尾巴,往往会在癫痫病人和白痴者身上发现这些特征。在一些案例中,犯罪人的背部和胸部覆盖着浓密的绒毛,这使得人像动物一样。

头发往往浓密而乌黑,头发的生长往往是异常的,从脑后部呈现出正方形或者三角形生长,或者像在鸡毛掸子中插入的鸡毛那样,浓密丛生。在更多的情况下,我们会发现头发漩涡(vortex)的位置有异常,或者头发按照圆形分开生长的那个点有异常。在正常人中,头发漩涡总是在头顶。在退化者中,头发漩涡往往在头的侧面;在呆小病患者(cretin)中,头发漩涡往往在前额(forehead)上。在精

① 毛发的英语原文是beard,意思是“胡须”。但是,从所论述的内容来看,除了面部胡须之外,还涉及到身体其他部位的体毛,因此,改译为“毛发”。——译注

② 农牧之神(faun)是古罗马传说中半人半羊的、主宰农业和牧业的神。——译注

神病人和呆小病患者中,早发性头发灰白和头发稀疏现象很常见;相反,这些人中出现老态龙钟的最初症状的时间,往往要比正常人晚。

五、牙齿

犯罪人牙齿的异常在门齿(incisor)上表现得最多,其次是前臼齿(premolar)、臼齿(molar),最少异常表现的是犬齿(canine)。在犯罪人中,特别是如果犯罪人是癫痫病人的话,他们上颚中间的门齿往往缺少,并且用两边门齿的过度发展补偿这种前门齿缺失的现象。在其他案例中,两边的门齿和中间的门齿同样大,有时候牙齿几乎是同样的,很难区分门齿、犬齿和臼齿,这种现象会使人们想起低等脊椎动物的同型牙齿(homodontism)现象。除了门齿之外,前臼齿也有很多的异常特征。在正常人中,前臼齿往往要比臼齿小;而在退化者中,前臼齿往往和臼齿一样大甚至比臼齿还要大。牙齿数目过多,有时候相当于双排牙的数目的情况,也比较常见。在其他案例中,犯罪人的犬齿发育过度。父母酗酒、患有梅毒或者肺结核的犯罪人,具有遗传性退化,并通过佝偻性牙齿(rickety teeth)表现出来,牙齿上有纵向和横向的纹线,或者牙齿有锯齿状的边缘,这是由于牙齿的釉质形成的不规则而发生的。在白痴者和癫痫病人中,牙齿的生长往往迟缓并且发育不良;奶牙往往不能被其他牙齿所替代,或者长成杏仁状和其他异常形状。

六、耳朵

犯罪人和癫痫病人的耳朵有许多异常表现。他们的耳朵大小有异常或者两耳竖立。当耳轮折叠时,像一个点似的达尔文结(Darwin's tubercle)向前翻;当耳轮平展时,达尔文结向后翻;而且,达尔文结往往在退化者的耳朵中可以发现。耳垂有很多异常,有时候耳垂并不在一起;有时候,耳垂紧贴着脸颊,或者很大并且呈方形。有时候耳垂很长,以至于分为两个外耳。白痴者往往表现出对耳轮(anti-helix)过度发育的特征,而且耳轮本身缩减为一个偏平的条状。

七、眼睛

杀人犯和女性犯罪人的眉毛一般浓密。上眼睑下垂(ptosis)是上眼睑麻痹的一种,它使眼睛处在一种半开状态,这种现象在所有犯罪人中都很多。但是,我们发现得更为常见的是斜视(strabismus),即视轴缺乏对称性,两眼虹膜的颜色不一样,眼睛瞳孔僵化。

八、鼻子

在盗窃犯中,鼻子根部往往倾斜向上,这种特征在意大利的流氓中很常见,以至于已经产生了一些谚语。癫痫病人的鼻子往往是歪曲的，呆小病患者的鼻子往往是偏平而呈三叶虫形状的。

九、颌部[1]

上颌骨(maxillary)发育巨大，是犯罪人最常见的异常特征之一，并且与颧骨和牙齿有很大关系。

十、下巴[2]

欧洲人的颏的部分一般比较突出，呈圆形，和脸的大小相适应。在退化者中，下巴像猿一样，往往向后倾斜、偏平，不是太长，就是太短。

这些异常特征用肉眼就可以迅速发现，但是，身高、体重、身体不同部位的比例、颅骨的形状等，应当在特别工具的帮助下进行测量。

十一、身高

犯罪人往往身材矮小。就像所有退化者那样，犯罪人的身材低于平均身高。痴愚者(imbecile)和白痴者的身材明显较小。正常人的手臂伸开后的长度与身高大体相当，而犯罪人的手臂伸开后的长度要长于身高。他们的双手或者很大，或者很小。

应当将犯罪人的身高与其同胞们的平均身高进行比较。或者更确切地讲，与其所在省份或者地区的人们中那些年龄与社会环境相同的人们的平均身高进行比较。20岁的意大利男性的平均身高是5英尺4英寸(1.625米)，20岁的意大利女性的平均身高是5英尺(1.524米)。如果身高为100的话，那么，从脚底到肚脐、从肚脐到头顶的比率为60比40。

如果使用安佛希(Anfossi)发明的快速人体测量仪(tachyanthropometer)，就可以很快地进行这些方面的测量。这个快速人体测量仪包括一个被测量者倚靠的立柱，一个放置被测量者手臂的横杆，横杆可以在立柱上上下调整，直到让手臂搁在横杆上。这个快速人体测量仪可以同时用来测量手臂和中指的长度；在快速测量身体的其他部分时，逐渐滑动立柱的刻度尺；在底部有两个刻度尺，用来测量双脚。

十二、体重

与犯罪人的身高相对应，犯罪人的体重一般比正常人轻，他们的体重可以用十进制的公斤数字表示。

---

① 原文是 jaw。——译注

② 原文是 chin。——译注

十三、头部

头部,或者更确切地讲,是颅骨,其形状受它所包含的大脑体积(cerebral mass)的影响。(犯罪人的)颅骨往往有异常,因此,仔细检查犯罪人的颅骨是极端重要的。我们没有办法研究活人的头盖骨的变化,但是,我们可以研究活人的颅骨形状和容积。使用安佛希发明的一种很方便的头盖骨曲线图(craniograph),可以快捷地进行这种测量。这个仪器可以在一块特制的纸板上画出头盖骨的轮廓。

在缺乏头盖骨测量仪(craniometer)的情况下,可以使用测径规(caliper)①进行测量。测径规的两个臂是弯曲的,就像妇产科中使用的常见的骨盆测量器(pelvimeter)那样,测径规还有一个标有刻度的钢卷尺。

下面是主要的测量:

1. 最大前后直径(maximum antero-posterior diameter)。可以用下列方法进行这种测量:将测径规的一个臂放在鼻根上部的两个眉毛之间,在颅骨顶部滑动测径规的另一支臂,直到这支臂到达枕骨部位。测径规的两支臂之间的距离,就是最长直径。

2. 最大横向直径(maximum transverse diameter)或者颅骨宽度。可以用下列方法进行这种测量:将测径规的两支臂放在头部侧面的最突出部位。

3. 前后曲线(antero-posterior curve)。可以用下列方法进行这种测量:将卷尺的一端固定在鼻子底部(鼻子前面的骨缝处),让卷尺经过前额中部、头顶和枕骨部位,到达枕骨部位最突出的部分。

4. 横向曲线(transverse curve)或者双耳曲线(biauricular curve)。可以用下列方法进行这种测量:将钢卷尺的一端放在耳朵上面的一个点上,让钢卷尺垂直经过头部,直到钢卷尺达到另一侧耳朵的同样位置。

5. 最大圆周(maximum circumference)。可以用下列方法进行这种测量:将钢卷尺环绕头部一周,轻触眉毛上部的前额、最突出的枕骨部位和处在水平线上的头部侧面,也就是耳朵与头部的连接处,枕骨隆起的位置或多或少要高一些。

6. 头盖骨容积(cranial capacity)。可以用下列 5 种测量结果相加的方法进行这种测量:前后直径、最大横向直径、前后曲线、横向曲线和最大圆周。对于一个正常男性而言,头盖骨的容积一般为 92 立方英寸(1500 立方厘米)。

---

① 从原著所附的有关图来看,测径规(caliper)是一个像圆规一样的两脚测量仪器,可以用两脚的开合幅度测量头盖骨的直径。——译注

7. 头部指数(cephalic index)。可以用最大宽度(W)乘以 100 再除以最大长度(L)的方法获得,其公式为:

$$X = \frac{W \times 100}{L}$$

如果纵向直径(longitudinal diameter)是 200,横向直径是 100,那么,头部指数就等于 50,即 10000 除以 200 的结果。

退化者的头部指数就像他们的身高一样,仅仅具有一种相对的重要性,也就是说,要将他们的头部指数与他们生长地区的平均头部指数进行比较。意大利人的头部指数从 77.5(撒丁岛人)到 85.9(皮埃蒙特人)不等。

可以按照下列方式,以头部指数为标准,对颅骨进行分类:

超长头型(hyperdolichocephalic)	头部指数在 66 以下
长头型(dolichocephalic)	头部指数为 66 ~ 75
次长头型(subdolichocephalic)	头部指数为 75 ~ 77
中长头型(mesaticephalic)	头部指数为 77 ~ 80
较短头型(subbrachycephalic)	头部指数为 80 ~ 83
短头型(brachycephalic)	头部指数为 83 ~ 90
超短头型(hyperbrachycephalic)	头部指数为 90 以上

我们会在犯罪人中经常发现小头畸形(microcephaly)、巨头畸形(macrocephaly)和头部不对称(asymmetry),即头部的一边大一边小现象。有时候,会发现前囟区域是尖形的,即尖头畸形(hypsicephaly)。有时候,与太阳穴肌肉的附着(insertion)和颧弓的过度发育相联系的前额部位比较狭窄,即颞部狭窄(stenocrotaphy),或者前囟区域凹陷,即舟状头畸形(cymbocephaly)。

十四、面部

我们已经谈到,与头部相比,(犯罪人的)脸部过大,这主要是由于颧骨过高造成的,这是犯罪人最突出的特征之一,也是由于下巴发育过度造成的,这使得犯罪人的面部像凶残的动物。这些异常使得犯罪人的整个嘴巴凸出出来,并且下颚超出了上颚,这是一种仅仅在 10% 的正常人中可以发现的特征,就像已经提到的猿那样前额后退,像狐猴那样有骨突(apophysis)。

十五、手和臂

除了与躯干相比手臂过长外,臂部的其他异常是比较少见的,但是,手部显示出一些引人注目的特征,这些特征在第一部分的第 1 章中已经加以论述,其中包括手指数量增加或者减少、并指现象(syndactylism)[1]或者掌状手指(palmate fingers)。手掌中的纹路和指纹不同于正常人,而类似于猿的特征。

十六、脚

退化者特别是癫痫病人经常是扁平脚或者善于抓握的脚,脚的大拇趾过长,就像日本人那样,脚趾能抓住物品。

根据被检查者是生来犯罪人或是倾向犯罪人的不同,也根据他们擅长进行的犯罪类型的不同,所有这些异常在数量和程度方面是有所不同的。盗窃犯的面部和手往往表现出更大的灵活性。他们的眼睛小而变化灵活,往往斜视,而且眼睛关注的对象迅速变化。眉毛浓密而紧蹙,鼻子扭曲或者扁平,胡须稀少,头发尤其稀少,前额小而后退,耳朵直立。耳朵突出的现象在性犯罪人中也很常见,他们的眼睛闪闪发光,面相精致,但是腭部除外,因为他们的腭部发育过度,嘴唇厚大,眼睑肿胀,头发浓密,声音嘶哑。他们往往体格较小,脊背弯曲,往往身体有点虚弱,精神有点不正常,还伴随着鼻子和生殖器官的畸形。他们往往患有疝气(hernia)和甲状腺肿(goiter),往往在年纪很大的时候才初次犯罪。

好色者(cinaedus)可以通过其女性化的毛发区分出来。他们的头发很长,编成辫子,甚至在监狱中的时候,他们的衣服也保持了某些女性的特征。他们的生殖器往往阳痿不举,皮肤无毛,男子长着女性型乳房的也很常见。

杀人犯的眼睛冷酷而缺乏神采,呆滞而充满血丝。长着鹰钩鼻子,而且鼻子较大。头发卷曲、浓密、漆黑。暗杀者(assassin)的颌部强壮,耳朵较长,颧骨宽大,胡须稀少,犬齿发达,嘴唇很薄,眼球经常震颤并且向脸的一边集中,当进行威胁性的露齿微笑时,犬齿露出来。

伪造犯和诈骗犯的脸色苍白,往往在脸上露出一种奇特的、和蔼可亲的刻板表情,他们的脸似乎不可能出现红色,在任何压力之下似乎都只能出现更多的苍白的色彩。他们的眼睛小,鼻子扭曲而大,在年龄很小的时候就头发稀疏而灰白,往往有女性那样的脸颊。

① 并指现象(syndactylism)是指两个或者更多个手指或者脚趾长在一起的现象。——译注

第三节　感受性

在对犯罪人进行外部检查之后,应当对其感觉(sense)和感受性(sensibility)进行详细的检查。

一、一般感觉及触觉和痛觉①

触觉(tactile sensibility)可以使用韦伯(Weber)发明的触觉测量仪(esthesiometer)进行测量。这种仪器由两个有刻度的腿组成,其中的一条腿固定在有毫米刻度的尺子的一端,另一条腿可以在这个尺子上滑动。当把触觉测量仪的两腿分开三四毫米后,将其放在被测量者的手指上,让被测量者闭上眼睛,询问其感受到两点还是仅仅感受到一点。对于正常人而言,他们能感受到的两点之间的最小距离是2毫米或者2.5毫米。不过,当触觉感受性迟钝的时候,能够感受到的两点之间的最小距离是3到4.5毫米甚至更长的距离;大多数犯罪人都是如此。感觉迟钝的程度因为犯罪人经常实施的犯罪类型的不同而有差异:在夜盗犯(burglar)、诈骗犯和伤害犯中,能够感受到的两点之间的最小距离是大约2毫米;而在暴力犯、杀人犯和纵火犯中,能够感受到的两点之间的最小距离是正常人的5倍。

在没有触觉测量仪的情况下,可以使用普通的画图圆规,甚至利用一个发夹进行粗略的计算:将其两点分开,用眼睛测量他们能够感受到的两点之间的最小距离。

二、一般感觉和痛觉②

龙勃罗梭用杜布瓦－莱蒙(Du Bois-Reymond)发明的一种常见的电子仪器作为痛觉测量仪(algometer),用来测量一般感觉(general sensibility)和痛觉(sensibility to pain)。这个痛觉测量仪由一个电子感应器组成,用一个重铬酸盐电池作为动力。感应线圈的两个电极与被检查者手背的肌肉接触,缓慢地让电极到达食指的前面,逐渐增加感应电流的强度,直到被检查者感到皮肤上有一种刺痛感(prickling sensation,一般感觉),随后感到一种锐痛感(sharp pain,疼痛感觉)。正常人的一般感觉是40,疼痛感觉是10～25;犯罪人的感觉不如正常人那样敏感,有时候甚至没有疼痛感觉。

---

① 原文是 general sensibility and sensibility to touch and pain。——译注

② 原文是 general sensibility and sensibility to pain。——译注

三、压觉[①]

将大小相同但是重量不等的金属块,每次两个紧挨着放到手背的不同部位。然后询问被检查者说出哪两个更轻或者更重。犯罪人的这种感觉是很敏锐的。

四、温度觉[②]

将盛满不同温度水的容器放到犯罪人的皮肤上进行实验。如果需要进行很精确的测量的话,应该使用诺斯内戈尔(Nothnagel)发明的温度觉测量仪(thermo-esthesiometer)。这是一个和韦伯发明的触觉测量仪很相似的仪器,它是用盛满不同温度水的容器代替触觉测量点,并且带有温度计。被测量者要说出哪一个容器凉一点,哪一个容器烫一点。犯罪人的温度觉不如正常人敏锐。

五、感觉定位

在要求犯罪人闭上眼睛之后,用手指碰触其身体的不同部位,要求他指出被碰触的确切位置。如果犯罪人的手指不能达到所碰触的部位,可以在犯罪人面前放一尊小雕像,让犯罪人用铅笔标出所碰触的部位。正常人总能够准确地确定所碰触的部位,如果不能这样做的话,就表明大脑有疾病或者有某种异常。

六、对金属的感觉[③]

对金属的感觉可以通过将不同金属的圆盘,例如铜、锌、铅、金,或者磁铁条放在被检查者的额头和脑壳上进行检查。有时候他会感到发热,有时候又会感到眩晕、困倦或身体舒适感。一般而言,犯罪人对金属都很敏感,而癔症患者的这种感觉达到了极端敏锐的程度。通过将一块磁铁放到颈背部的方法,可以发现犯罪人的金属感变得具有两极性,即以前感觉是黑的东西,现在感觉到似乎是白的;以前感觉到甜的东西,现在感觉到似乎是苦的,或者相反。这是区分真正的癔症和伪装的癔症的一种极好方式。我的父亲曾经通过一块在形状和颜色方面都与磁铁相似的木块,识别出一个自称的癔症患者的伪装。在使用磁铁进行检查的时候,不管是使用真的磁铁,还是使用假的磁铁,自称的被检查者的感觉都是一样的,而癔症患者会体验到不同的感觉,他不仅能够敏锐地区分木块和金属块的碰触,而且能够区分出不同金属块的碰触,对于磁铁的感受性尤其敏锐。

---

① 原文是 sensibility to pressure。——译注

② 原文是 sensibility to heat,可以直译为“对高温的感受性”。——译注

③ 原文是 sensibility to metals。——译注

七、视力、视敏度、色觉和视野[1]

可以通过在一定距离展示一定规格的字母的方式,测量视敏度。犯罪人的视力通常比普通人更敏锐,但犯罪人的色觉并不是这样。可以通过给犯罪人一束包含不同颜色的丝绸,并要求犯罪人将它们按照顺序排列的方式,测量犯罪人的色觉。有色觉障碍的犯罪人无法区分不同的颜色和同样颜色的不同深浅。色盲的人不能辨别黑色与红色。

检查视野是很重要的,这是现代学派发现的最重要的异常特征之一,往往在癫痫病人和生来犯罪人中发现边缘盲点(peripheral scotoma)。为了检查这种异常,应当使用兰道(Landolt)发明的仪器。[2] 这个仪器包括一个半圆形条状物,它可以在一个柱子上旋转。被检查者将其下巴放在半圆形条状物前面的支撑物上,接受检查的眼睛放在中间,直视半圆形条状物的中间点,并对其作出相应的反应:测量物体是一个小圆球,沿着半圆形条状物或者向前,或者向后移动。安装在半圆形条状物上的一个带有刻度的比例尺,可以记录表明视野边界的点,检查结果可以记录在一个图表上。正常视野的平均边界距离是,在太阳穴一边为90毫米,在鼻子一边是55毫米,55毫米以上,60毫米以下。如果没有适当的仪器,可以让被检查者追踪观看一块木板上的同心圆圈,检查的时候让被检查者站在一定距离处,将一只眼睛覆盖住。然后,检查者用手接近圆圈上的不同点,询问被检查者是否看得到,这时候被检查者的眼睛是被固定在中心点上的。通过这种方法,可以发现视野的不同边界距离的点,将这些点连起来就构成一个边界线。

八、听觉[3]

犯罪人的听觉一般不如正常人灵敏,但是并没有表现出特别的异常。可以通过在一定距离的地方向被检查者低声讲话的方式,或者在一定距离处向被检查者的耳朵举一只普通钟表的方式,检查听觉。

九、嗅觉[4]

可以通过包含有不同浓度香精的溶液,测量嗅觉灵敏度(olfactory acute-

---

① “视力”的原文是 sight,“视敏度”的原文是 acuteness of vision 和 visual acuteness,“色觉”的原文是 chromatic sensibility,“视野”的原文是 field of vision。——译注

② 在心理学界,这个仪器被称为“兰道环视标”(E. Landolt ring)。——译注

③ 原文是 hearing。——译注

④ 原文是 smell。——译注

ness)。在检查时,询问被检查者按顺序排列最先发现的气味。奥托兰奇(Ottolenghi)已经发明了一种带有刻度的嗅觉计(osmometer),这种仪器很容易使用。犯罪人的嗅觉一般比较灵敏。

十、味觉①

可以使用和测量嗅觉时类似的方法测量味觉,即使用一种特别的医用滴管,将包含糖精或者土的宁(strychnine)②的不同溶液滴到被检查者的舌头上。每次都要将口漱干净。正常人可以品尝出1:600000的土的宁溶液中的硫酸盐、1:100000的糖精溶液中的甜味。犯罪人的味觉不如正常人敏锐,生来犯罪人的味觉尤其迟钝,33%的生来犯罪人完全缺乏味觉。

十一、运动③

处于睡眠状态中的正常人,几乎总是静止不动的,他们总是保持一种适当的姿势。精神病人和痴愚者有一种不停地讲话和用手势表达自己意思的习惯,即使没有人询问的时候也是如此。他们的神经系统的疾病,会通过面部的扭曲或者轻度痉挛收缩表现出来。在患有精神忧郁症和各种抑郁症的人中,患者不会用手势表达自己的意思,但是会保持身体不动,就像眼睛沮丧的雕塑那样。退化者会进行很不相同的各种不随意运动,例如,肌肉颤抖抽搐,就像患有舞蹈病(chorea)一样,还会表现出强直阵挛性痉挛和震颤。在年老体衰(senility)或者患有舞蹈病、帕金森病(Parkinson's disease)的人中,会不停地震颤,甚至在身体处在静止状态时,也会不停地震颤。在患有硬化症(sclerosis)、甲状腺肿和慢性醉酒(chronic inebriety)的人中,伴随着随意运动,在这种情况下,很容易通过让被检查者将手指尖举到鼻子前面、将装满水的玻璃杯子举到嘴唇前面等方法,发现这些疾病。手越接近其目标,就颤动得越厉害。最重要的是,检查者必须要求被检查者伸出舌头。如果舌头只能向一边伸出,那么,这就是神经发生严重疾病的一种迹象,这几乎总是意味着瘫痪或者局部中风发作的开始或者残留。

十二、肌肉力量④

可以用一种常见的测力计(dynamometer)测量肌肉力量。在用它测量时,要求被检查者用最大的力量抓握它。可以通过压缩这个仪器的椭圆形而测量其压

---

① 原文是 taste。——译注

② 土的宁(strychnine)又称为“马钱子碱”,是一种中枢兴奋药。——译注

③ 原文是 movements。——译注

④ 原文是 muscular strength。——译注

缩力度。为了测量其拉力，可以用钉子将测力计的一边固定起来，让被检查者用力拉仪器的另一边。这种测量活动可以用刻度盘加以记录，这对识别左撇子和在一些激动状态下表现出来的异常力量，都是很重要的。

十三、反射动作①

反射动作包括由于按压皮肤神经或者腱②产生的运动和收缩，其中，按压皮肤神经产生的变化称为皮肤反射（cutaneous reflex），按压腱产生的变化称为腱反射（tendinous reflex）。

十四、皮肤反射动作③

可以通过让被检查者斜躺着，有系统地敲打其身体的不同部位的方法，检查皮肤反射动作。敲打脚掌可以检查脚底反射（plantar reflex）；敲打膝关节的下面可以检查腿弯反射（popliteal reflex）；敲打肤壁可以检查腹部反射（abdominal reflex）。一些反射运动特别重要，例如，睾提肌反射（cremasteric reflex），这在大腿内侧，老年人和经常交媾中断（onanism）④的人，这种反射迟钝。又如，覆盖眼角膜的粘膜的反射动作，在木僵（stupor）、昏迷（coma）和癫痫痉挛时，这种反射动作暂时停止。再如，沿着咽峡（isthmus of fauces）部位的咽反射（pharyngeal reflex），癔症患者没有这种反射动作。

与所看到的物体距离的远近相适应的瞳孔扩张和收缩，或者与对光线刺激的反应相适应的瞳孔扩张和收缩，毫无疑问是最重要的皮肤反射动作。可以用下列办法测量这种皮肤反射动作：要求被检查者看一个远处的物体，然后，要求被检查者立即看检查者的手指，将手指靠近被检查者的眼睛，或者突然将被检查者从半黑暗状态中突然带到灯光下。如果对光线的反应很轻微，就叫做迟钝（torpid）；如果瞳孔对光线没有任何反应，就叫做僵化（rigid）。瞳孔僵化总是预示着某种严重的神经障碍。在一些疾病中，特别是在患有脊髓痨（tabes）的情况下，瞳孔对光线刺激没有反应，但是，对物体有反应。

十五、腱反射动作⑤

腱反射动作可以通过身体的各个部分测量出来，但是，髌⑥反射运动（rotular

---

① 原文是 reflex action。——译注

② 腱（tendons）也叫做“肌腱”，是指连接肌肉与骨骼的结缔组织，白色，质地坚韧。——译注

③ 原文是 cutaneous reflex action。——译注

④ 交媾中断（onanism）是指为防止受精在即将射精前有意中断性交的做法。——译注

⑤ 原文是 tendinous reflex action。——译注

⑥ 髌就是俗话所说的“膝盖骨”。——译注

reflex movement)一般是充足的。在检查时,让被检查者坐在床边上,或者坐在椅子上双腿交叉。如果被检查者身体健康,反射运动就很有力,但是,在患有某些疾病时,就可能诱发其痉挛运动,并且这种痉挛运动会扩展到腹部(夸大性反射动作)。在患有其他一些疾病的情况下,不会出现反射动作。这是脊髓痨的初期症状之一。

十六、尿与粪便

在身体机能异常的情况下,由于身体器官之间的相互作用,一些化学变化也会发生异常。在生来犯罪人中,氮的排泄降到最低限度,而氯化物的排泄是正常的。磷酸的排泄增加,特别是在与氮的排泄相比较时,更是如此。在瘫痪病人的排泄物中,有时候会发现蛋白胨(peptone),①其中磷酸盐和碳酸钙的排泄往往会增多。

体温一般比正常人高一些,更为重要的是,在发热性疾病中,体温的变化很小。

* * *

为了方便读者,我草拟了一个在进行仔细检查时应当注意的各个要点的清单,即用人类学方法检查精神病人和犯罪人的检查表。②

A. 既往经历(anamnesis)

(1)名字——国籍——籍贯——职业——年龄——教育。

(2)故乡的经济与卫生条件。

(3)家庭状况——产前情况——婴儿期情况——青春期表现。

(4)父母死亡产生的影响。

(5)精神病情况——神经症——低能——性倒错——自杀——犯罪——或者家庭中的怪癖(eccentricity)。

(6)进行性疾病或外伤。

(7)犯罪及其原因。

① 蛋白胨(peptone)是一种有机化合物,医学上用做细菌的培养基,又可治疗消化道的病。——译注

② 坦伯里尼(Tamburini)、斯特拉斯曼(Strassmann)、贝尼里(Benelli)和克拉拉(Mario Carrara)起草。——原注

B. 体格

骨骼发育——身高——手臂长度。

C. 生理检查

(1)肌肉发育。

(2)毛发和眼睛的颜色。

(3)毛发的数量和分布。

(4)文身。

(5)颅骨测定。前后直径——横向直径——前后曲线——头部指数——颅骨类型和异常——圆周——可能的容积——半圆周(前半部、后半部)——额部——面部——脸型——脸部指数——颅骨、面部、耳朵、牙齿和其他部分的形状与发育异常。

D. 身体机能

E. 动物性特征(animal life)

(1)感觉:气候感——触觉——温度觉——疼痛觉和肌肉感觉——视觉——听觉——其他感觉。

(2)运动:感觉左侧敏锐现象——运动左侧灵活现象——自主与不自主运动——反射动作。

F. 生长性特征(vegetative life)

(1)肌肉力量。

(2)循环系统。

(3)呼吸系统。

(4)产热作用(thermo - genesis)。

(5)消化力:反应——食欲过盛——呕吐——消化不良——便秘——腹泻。

(6)分泌系统:乳状液——唾液——汗液——尿液——月经。

(7)体液不调:中毒。

G. 心理检查

(1)语言——笔迹——隐语。

(2)注意力——知觉。

(3)(文字)记忆——推理。

(4)梦——刺激反应性——激情。

(5)情操:感情——道德性——宗教。

(6)本能与倾向。

(7)道德品质——勤劳。

(8)相貌特征。

(9)教育——能力倾向。

H. 病态现象。错觉——幻觉——妄想——易受暗示性。

I. 犯罪

(1)初次犯罪的原因:环境——场合——冲动性的或预谋性的——醉酒。

(2)犯罪后的行为:懊悔——重犯。

第2章　对于区分犯罪人、精神病人以及在识别伪装精神错乱中有帮助的主要犯罪类型的概述

第一节　概　　述[①]

在这一章中描述的案例表明，犯罪人或者正常人能否正确估计对精神错乱者的指控，是很有必要的。而且，由于犯罪人为了逃避惩罚很容易伪装成精神错乱者，我概述了可以识别不同类型犯罪人的那些特征。对于精神错乱犯罪人而言，必须记住的是，每种精神疾病都会表现出某种特定的犯罪。

白痴者(the idiot)很容易勃然大怒，很容易进行野蛮的伤害和杀人行为。他们不加控制的性欲望，会促使其进行强奸犯罪。白痴者有时候会进行纵火犯罪，以便在看到火光时获得孩子式的快乐。

痴愚者(the imbicile)或者低能的利己者(weak-minded egotist)由于容易受到暗示，并且由于不能理解其行为的严重性，几乎在进行任何犯罪时，都往往会充当没有什么必要的共谋者。

精神忧郁症(melancholia)往往是自杀或者杀人(作为间接自杀的一种形式)的原因。患者往往会向警察供认和投降。认为自己被毒药毒害或者使自己受到羞辱的种种妄想，往往是这类精神病人进行杀人犯罪的原因。

躁狂者(maniacs)进行抢劫、强奸、杀人和纵火行为，并且当众进行下流行为。

全身麻痹症(general paralysis)患者经常进行偷窃行为，他们相信，自己看到的任何物品都属于自己，或者不能理解财产权的意义。

痴呆(dementia)会引起普遍性的大脑兴奋躁动，这种症状往往导致杀人和

① 这个标题是译者增加的。——译注

暴力行为。

癔症患者(hysterical person)会进行诽谤行为,特别是会进行具有色情性质的诽谤行为。他们的性欲异常,很喜欢进行诈骗行为和使自己出名的夸张行为。

诉讼狂(mania for litigation)者会攻击政治家和其他人。

生来犯罪人和悖德狂者的癫痫症状,是最具危险性的症状,各种类型的犯罪中都可能有癫痫症状。他们最有可能进行的犯罪是伤害和殴打、强奸、盗窃和伪造。伤害和殴打犯罪是在激起大脑皮层兴奋后立即实施的,而盗窃和伪造往往是由于持续的兴奋状态而实施的。

为了区分真正的精神病人和伪装,必须记住,夸大症状往往是伪装精神病的主要特征之一。伪装者夸大病态现象,表现出比真正的精神病人更大的观念不协调,真正的精神病人对简单的问题是有感觉的,而伪装者则会讲无意义的话。例如,在询问伪装者的姓名时,他会作出与此无关的回答。或许,他会说,"你给我带来支票了吗?"或者如果询问他年龄的时候,他会回答说:"我不饿。"

最重要的是,为了区分痴呆(dementia)、白痴(idiocy)、呆小病(cretinism)以及对这些疾病的模仿,很有必要进行仔细的身体检查。应当注意的是,在白痴者、痴愚者和呆小病患者中,一般都会发现结缔组织肥大、泥土一样的肤色(earthen hue)、稀疏的胡须、颞部狭窄以及颅骨、耳朵、牙齿、面部特别是颚部畸形。在视野方面总是有异常,对于碰触和疼痛不敏感(这是不可能模仿的,因为疼痛总是会引起瞳孔扩张),短暂型感觉过敏,偏头痛发作,神经痛(neuralgia),幻觉,甚至有惊厥、癫痫发作、容易引起前冲步态行为(propulsive form)[①]的震颤。在心理方面,表现为缺乏自然感情,有性施虐癖,不能适应正常的职业。

在处理伪装的癫痫症状时,必须记住,癫痫病人总是表现出突出的退化特征,特别是面部、颅骨和喉咙不对称。仔细的调查会发现其家庭中有某种神经症,在儿童时代受过创伤或者患过严重疾病。在发作期间,瞳孔没有反应(这种症状不可能模仿),或者出现过度的瞳孔散大。在癫痫发作之后突然面色苍白和精疲力竭,这些都是伪装者所缺乏的;癫痫病人也不会咬自己的舌头,不会用其他的方式进行自伤行为。而且,癫痫病人会对氨水产生反应;当癫痫病人如果没有在发作期间躺倒在地并处于昏厥状态时,紧闭的嘴巴和鼻孔会以其他的方式作出反应。

① 前冲步态行为(propulsive form)是震颤麻痹或者帕金森综合症中常见的一种症状。——译注

癔症。查明伪装的癔症是很困难的，因为欺诈行为是这种疾病的一种特征。在用金属进行检验时，癔症患者对金属极端敏感；也可以使用暗示和催眠术进行检验。特别应当注意考虑犯罪的特征，因为正如我们已经谈到的，癔症的基础是一种色情性疾病，癔症患者实施的犯罪行为几乎总是具有色情性质，或者所使用的手段具有色情性质，或者犯罪行为的结果具有色情性质。

建议在所有案例中都用适当的工具检查感觉和反射动作。

第二节　犯罪人类学的实际应用

对犯罪人的仔细检查，允许大量使用犯罪人类学。犯罪人类学一般用于确定哪一类犯罪是某个犯罪人所特有的？犯罪人是不是生来犯罪人？犯罪人是不是悖德狂者？犯罪人是不是偶然犯罪人？或者犯罪人是不是倾向犯罪人？但是，在一些案例中，犯罪人类学检查在确定被告人是不是无辜者，或者在识别被告人是不是精神病人，对被告人的指控是不是与妄想有关，被告人是不是了解所指控的事实方面，可能都是有价值的。

第三节　通过人类学检查证明被告人无罪

1902 年 1 月 12 日，一个生活在意大利都灵的 6 岁女孩失踪。两个月之后，人们发现女孩的尸体被藏在被害人居住房屋的地窖内的一个箱子中。尸体显示出进行犯罪暴力的痕迹，被害人的衣服凌乱。警察逮捕了不同的人，其中有一个马车夫叫做托赛迪（Tosetti），人们曾看见他几次和被害人讲笑话和玩耍。

托赛迪出生于一个诚实的家庭，他的祖父母和父母在高龄时去世（60 岁到 90 岁之间），既没有神经异常，也没有恶行和犯罪。托赛迪自己尽管喜欢饮酒，但是很少有喝醉的时候，他是一个安静、平和的人，脸上总是挂着善意的微笑，眼神和面部表情都很平静。他的头发在早年就已经变成灰色，他没有任何退化的特征，只是上颌骨发育过大。

他身高 5 英尺 7 英寸（1.70 米）；体重 158 磅（72 公斤）；头盖骨容积 93 英寸（1531 立方厘米）；头部指数 84（短头型，这是皮埃蒙特人的特征）；触觉感受性，左侧为 3 毫米，右侧为 2.5 毫米；一般感受性，右侧为 83，左侧为 78；痛觉，右侧为 55，左侧为 45。因此，除了有左撇子的一些迹象之外,感觉几乎是正常的。对尿的分析发现,缺乏泥土磷酸盐(earthy phosphate),这在生来犯罪人中是常见的。腱反射动作微弱无力,很少皮肤反射,没有震颤。视野并不是很小,但是表现出几种异常,毫无疑问,这是酗酒造成的。①

从心理方面来看,托赛迪似乎是一个正常人,或许在智力方面稍微低于正常人的水平。他很安静,很有礼貌,毕恭毕敬,完全不会有冲动行为,不愿意和人争吵,并且因此而受到同伴的轻视。他的自然感情正常,是一个好儿子、好父亲。他很害羞,老板的哪怕是很轻微的责备都会使他惊慌不安。他特别喜欢葡萄酒,但是不喜欢烈性酒。他很早就失去了性本能,这使得他备受同伴们的嘲弄。他的小气近乎贪婪,他从未改变自己的职业。

在审判期间,他没有对任何人表现出怨恨,甚至没有对警察和看守表现出怨恨。有一次,他谈到警察和看守时说:"他们像一个儿子那样对待我。"

检查明确地证实,托赛迪不是一个生来犯罪人,他有能力进行所指控的犯罪行为——纯粹为了野兽般的享乐而杀害一名儿童。

为了获得更有力的证据,我的父亲采用体积描记器(plethysmopgraph),发现在让他做算术题时,他的脉搏会减弱。不过,当把布满伤口的儿童颅骨和肖像展示在他面前时,所记录的线条没有发生突然的变化,甚至在看见被害人的照片时,也没有发生突然的变化。

上述检查结果明确证实,托赛迪没有实施犯罪,这种犯罪可能是由性施虐癖者、白痴者和大多数退化型精神病人实施的,就像瓦谢(Vacher)和沃齐尼(Verzeni)以及其他兽性犯罪人(bestial criminal)那样的犯罪人实施的,他们会实施最残忍的犯罪行为,身上有很多的病态生理和心理特征。

我父亲对这个案例进行诊断后几个月,发生了另一起类似的伤害居住在同一个房屋中的小女孩的案件。不过,在这起案件中,被害人幸存了下来,能够指认犯罪人——一个痴愚者,这个人患有甲状腺肿、讲话结巴、有斜视症状、患有脑积水、圆头畸形(trochocephaly)、斜头畸形(plagiocephaly),胳膊过长,父亲和祖父都是酒鬼。这个人承认实施了这两次犯罪,并且恳求赦免这些"无关紧要的犯罪行为"(trifling offence),因为他一直在履行自己的义务,甚至在犯罪的那天

① 在原文中,这一段是用方括号括起来的。——译注

也在擦洗楼梯。

还可以引用其他的这类案件,但是,有一个案例就足够了。不过,我可以提到一起案例。在这个案例中,我父亲证实了一个不幸的人是无辜的。这个人被判处 10 年惩役(penal servitude),①在刑期届满时获得释放。通过仔细的检查,发现这个人完全没有犯罪人的特征,因此,我父亲断定这个人没有实施他被监禁的那种犯罪。后来的调查导致他被平反昭雪,真正的犯罪人被发现。

第四节 人类学检查证实虚假的指控

一个名叫费雷里(Ferreri)的人突然失踪,10 天之后,在一个井中发现了他的尸体。一个人的证言导致该井的主人,一个名叫朱赛佩·费萨利(Giuseppe Fissore)的人被逮捕。费萨利的名声很糟糕,有人在费雷里失踪的那天曾看见费萨利和他在一起。

在被逮捕时,费萨利承认实施了这起犯罪,但是并非独自实施了这起犯罪,还有 3 个其他帮凶,名字分别叫做马丁尼格(Martinengo)、布兰(Boulan)和埃达(Ada),埃达是一个妓女。所有这三个人都极力否认犯了罪。他们似乎是完全正常的。

但是,马丁尼格是一个 35 岁的酒鬼和看门人,他的父亲和祖父都是酒鬼,在进行调查一个月后,马丁尼格首先提出了不在犯罪现场的证明。在与费萨利对质几次之后,马丁尼格承认他是同谋,并且在费萨利不在时,讲述了费萨利没有谈到的一些细节。

对这四个被告人进行人类学检查的结果如下:

布兰有一个诚实的乡村公证人的相貌,前额很宽,头发过早灰白并且稀少,颚部较小,嘴巴的形状很好。他是一个安静的人,只进行过一次违法行为,但是,那次行为在人类学家看来并不是犯罪(打了一个虐待他父亲的卡宾枪手)。他工作努力,是一个技术熟练的面包师,善意地替代生病的工友工作。他很依赖所有的同伴、亲属和家人,也受到大家的喜爱。简言之,他是一个诚实而工作努力的人。他不在犯罪现场的证词,是由几个在犯罪发生的那天晚上一起玩牌的人提供的。

---

① 惩役(penal servitude)是包括监禁和艰苦劳动的刑罚。——译注

第二个犯人是埃达,尽管她是一个妓女,但是,没有表现出任何别的犯罪倾向。她从事自己的职业是为了养活自己的父亲和儿子,她很喜爱他们。

马丁尼格承认自己是帮凶,但是以前没有被判过刑。不过,他是一个粗俗的人,有过早产生的皱纹,身高5英尺2英寸(1.60米),手臂伸开后的长度为5英尺7英寸(1.70米)。头小而扁平,尿正常(磷酸盐3.1),但是反射动作和感觉异常。瞳孔僵硬而不平,舌头和嘴唇偏向右边,手颤动,不能站立,有失语症,髌反射强烈,字迹难以辨认——这是一种长期存在的缺陷,因为在被逮捕前的9个月写的文字中,就发现了这种书写特征;发音不确定并且有错误(言语过慢和构音困难),对触摸和电流安全没有感觉,也没有痛觉。另一方面,他身体的不同部位有无法忍受的疼痛。

他经常连续不停地发笑,甚至在受到责备时,也笑个不停,还会在提到悲伤的事情时发笑。尽管腹上部在剧烈疼痛,但是,他似乎处在一种奇怪的欣快状态或者病态的身体舒适状态,这种状态使他无法认识到他是在监狱中。当把他从监舍中带来的时候,他表现出悔恨。他说,他过得十分快活,用阅读来打发时间。偶尔也会有关于鬼怪、蜥蜴、老鼠等的幻觉。

在夜晚,他的精神似乎极度混乱,这使他会从床上跳起来。有时候,他会产生舞蹈病发作,之后就会陷入深睡中。

这些现象使我父亲得出了这样的结论:马丁尼格是一名处在麻痹痴呆(paralytical dementia)第一阶段的酒鬼。

这个精神错乱的麻痹者和痴患者,就像儿童那样,很容易受到别人的暗示或者自己的幻想的暗示。仅仅阅读一些文字就能够产生强烈的暗示,就像那个指控格拉茨(Gratz)[①]的市长殴打自己的小女孩那样,因为这个女孩曾经听到过类似的案例。在马丁尼格的案子中,所产生的印象十分强烈,这种印象在被逮捕、在监舍中隔离、在治安法官和看守询问之前就已经形成。

为了检查马丁尼格的暗示感受性,我父亲告诉他,他的监舍是"奥尔博格·德·索"(Albergo del Sole)中的一个房间,"奥尔博格·德·索"是他家乡的一个旅馆的名字。最初,这个说法令他感到很高兴,但是,几天之后,他开始向其他人提到此事,至少他自己深信就住在那个旅馆中。几个月后,它在一种瘫痪状态中被转到精神病院,在那里,他喜欢吹嘘自己几个月前曾经呆过的那个"奥尔博

① 格拉茨(Gratz)是奥地利东南部的一个城市。——译注

格·德·索”,并且吹嘘自己在那里受到过的款待等。

现在我们回到费萨利身上,他是其他三个人的原告。在调查他的出身时发现,他的一个堂兄死于躁狂症(raving mad),一个堂姐死在精神病院,一个叔外祖父在变疯之后自杀,另一个堂兄是低能者,并且患有癫痫,还有一个堂兄是聋哑人,死在精神病院,另外一个祖父是酒鬼和流浪者,一个姐姐是白痴者,另一个姐姐离家出走,一个哥哥被判刑几次。

费萨利在童年时患有梦游症(somnambulism)和夜惊症(pavor nocturnus,即害怕黑暗)。在小的时候,他经常在夜晚起床,四处走动,试图从窗户跳下。在上学时,他独来独往,并且在别人喊他名字时,感到很愤怒。在10岁时,他被一条疯狗咬伤,当他在都灵被一个小旅馆的老板娘照料时,发作过一次癫痫。13岁时,他又一次癫痫发作,摔坏了手臂。他的坐立不安和反复无常的性格,使得他多次改变自己的职业,依次做过面包师、木匠、护林人和农场工人。他对自己的母亲几乎没有感情,对自己的父亲感情更少,有一次,他还殴打他们。到20岁时,在和一些同伴的争吵中,其中的一个同伴用镰刀打他,砍破了他的颅骨。他几次被判犯有盗窃、伤害等罪。

他只表现出了几种身体异常,包括面部极不对称,这是由于左边的颅骨发育过度造成的;手掌中有克拉拉线(Carrara's lines),颅骨破裂留下了一个伤疤。但是,惊厥和夜惊这两种发作性疾病和其他的特征表明,他是一个癫痫病人,是一个异常的人,这些特征也可以用来解释他怎样独自一人进行了杀人活动,而且,由于被害人喝了很多酒,使得他杀人更加容易。这起犯罪并不是无动机犯罪,因为被杀死的人抢了一大笔钱。费萨利完全缺乏道德感的事实,可以解释他之所以牵连3个从未伤害过他的人,是为了以伤害他人和使他人痛苦而取乐。实际上,在审判期间,他仅仅为了说谎,就诬告过几个警察,而说谎是退化者的特征。

无可辩驳的不在犯罪现场的证词和有利于3个其他人的大量证据,进一步证实了人类学诊断,并且导致其余3人被无罪释放,而费萨利被判决犯有罪行。

第五节　悖德狂者伪装痴呆和失语症

1899年8月,一个名叫E. M.的人从监狱转入精神病院。尽管只有18岁,但是,他已经几次被判决犯有盗窃罪和抢劫罪。作为一个孩子,他总是表现出对学校的极端厌恶,并且撒过稀奇古怪的谎。有一次,他坚称他杀死并且抢劫了一个男子,不过,人们都知道当时他并未离开房间。

在监狱6个月后,他开始表现出精神错乱的迹象,包括失眠、失语和食秽症(coprophagy)。当打开监舍时,他疯狂地试图爬上门窗的栅栏逃跑。他经常惊厥发作。

1899年8月30日,对他进行医学检查,发现了下列结果:

身高5英尺1英尺(1.55米),体重130磅(59公斤)。没有获得其他测量结果,因为这个人顽固执拗,拒绝检查。他的骨骼似乎正常,他的身体滋润健壮。他的颅骨短小,额窦(frontal sinuses)发育过度,棕黑色的头发又好又长。在顶枕部位(parieto-occipital region),有一处疤痕和骨头损伤,这些伤痕是他在进行不正当行为期间留下的。他的面部正常,模拟肌肉(mimic muscles)经常收缩;就他的年龄而言,他面部的体毛显得稀少。极端灵活的眼睛传递着活泼的表情,眼睛有点斜视。对嘴巴的检查表明,他的上颚有点歪斜,粘膜十分苍白。皮肤接近于菜色。

对身体机能的检查表明,他的皮肤知觉和痛觉达到了完全丧失的程度。在冬季和夏天,他仅仅穿着一条裤子和一个薄运动衫,胳膊裸露着;他喜欢用丝带和纪念章作装饰。他有一个把冰块塞入衣服和皮肤之间的习惯,也有一个用针刺下巴,以便把头发插进针孔的习惯。有一次,一名医生悄悄走到他背后,突然把一根针深深地插入他的颈背,而他显然没有产生任何感觉。在他睡觉时,利用针刺的办法对他进行了不同的检查,但是,针刺没有在他身上引起任何反射运动。

心理特征。[①] 他会产生稀奇古怪的冲动,这些冲动似乎是不可抗拒的。有一次,他因为割断一只猫的头而被抓起来,他有时吞吃老鼠、蜘蛛、钉子和其他病人的粪便。他公开进行自虐行为,而且露出明显的猥亵色彩。他习惯于抢夺鲜艳的物品,经常撕烂自己的衣服。他的难以改变的缄默症,使他获得了"哑巴"的绰号,但是,他在睡眠状态中谈话,并且用身体姿势对所提出的问题作出回应。

最初,医生认为他处在痴呆的第一阶段,但是,症状的进程和在检查中获得的生物和心理方面的资料表明,这些症状是悖德狂者伪装出来的。

首先,这个人的神态表现出一种混乱和持续的不信任。而且,人们注意到,他所进行的那些秽污、下流和残忍的行为,只有在他知道别人正在观察的时候,

① 原文是psychology,有"心理学"、"心理"等含义。——译注

才会进行。看守经常看到他在一个安静的场所睡觉，吐出所有当着别人的面吞食的那些污物。一旦他相信自己没有受到别人的关注时，他脸上的那种无动于衷的常见神态，就被活泼和理智的神态所取代。

在1899年11月，尽管他没有摆脱低能的外表，但是，有许多证据表明他是有理智的。他帮助精神病院的理发师，在给其他病人洗脸时，技术熟练，干净整洁，但是，如果有医生出现的话，他就会在病人们的眼睛和嘴巴上笨拙地涂抹香皂。在打牌时，他没有表现出缺乏技巧的特征，也没有错过任何能够打赢的机会。

所有这些事实都证明他在伪装，11月26日他的逃跑，充分证明了医生的猜测。他准备和实施逃跑计划的方式表明，他是很机敏的。不久以前，他完全改变了自己的衣服，用很雅致的方式穿衣服。他留了一个便条，充满感情地和每个人告别。后来，他向一个一起关押的犯人承认，他在逃跑之前做好了一切准备，一旦有了足够的钱就可以逃跑。他也明确地表明，当用针刺他时，他感到疼痛。

这个案例中表现出来的一些异常，例如，失语、感觉迟钝和食秽症，已经在其他伪装者中发现。很容易看到，为什么本来就感觉迟钝和有秽污习惯的悖德狂者，会表现出这些他们的精神错乱所具有的异常特征。这些人顽固地拒绝接受所有诊断仪器的应用，仅仅接受那些测量感觉迟钝的仪器的检查，其原因可能是害怕伪装被识破。

精神错乱伪装者一般在心理方面、生理方面，并且往往还会在解剖方面有退化症状，他们的自卑低劣，使得他们必须借助于暴力行为和欺骗行为，才能克服他们与生俱来的缺陷，而暴力行为和欺骗行为则是原始人的特征。伪装精神病的动机，类似于一些进行伪装行为的昆虫，即通过伪装成其他昆虫和害虫来保护自己。低劣的人本能地模仿具有恐怖性质的特征（在本案例中，表现出的心理症状即是如此），借以保护自己，使自己能够与那些在生存竞争中更具有优势的其他人进行竞争。

第六节　人类学检查发现的精神错乱和犯罪型单狂①

1895 年 6 月,30 岁的迈克尔·巴尔米(Michele Balmi)因为刺伤玛丽亚·巴尔米(Maria Balmi)的脖子和手而被逮捕。这种伤害行为是在大白天进行的,并且显然是没有动机的,但是,被告人声称,这样做是为了报复,因为这个女孩总是嘲笑他。

从所获得的证据来看,这个村庄的女孩子不但没有羞辱巴尔米,她们还有尽可能回避巴尔米的习惯,因为巴尔米很狡猾。其他证人的证词,包括当地市长的证词都表明,巴尔米平常看起来就像个准疯子一样,因为在很短的时间中,他就将遗产挥霍一空,并且停止了工作。

一、身体检查②

身体非常滋润强健,身高 5 英尺 3 英寸(1.60 米),体重 150 磅(68 公斤)。颅骨的形状似乎是正常的,但是头型比皮埃蒙特人的平均头部指数更短,为 85;颅脑的可能容量为 90 立方英寸(1475 立方厘米),比正常男性稍少一些,但是与其低身材是相称的。

左侧的一般感觉、痛觉和触觉比较迟钝,右手的一般感觉是 68,左手的一般感觉是 81。右侧的痛觉是 35,左侧的痛觉是 41;右侧的触觉是 1.5,左侧的触觉是 3.5。使用测力计对力量进行测量的结果是,右边为 47,左边为 54,这说明该人是一个左撇子。

视野极端异常,右眼内侧有严重的盲点,左边的眼睛有轻微的盲点,但是内侧有近视。

二、心理检查③

这个人的行为稀奇古怪。从他被监禁的第一天起,他似乎极端安静镇定,似乎什么事情也没有发生一样。当询问他对监狱生活的感受时,他只是说:“我确实感到伙食较好。”

① 原文是 mental derangement and criminal monomania demonstrated by the anthropological examination。Monominia(单狂)是一个早期经常使用的名称,指单一的以妄想为主的精神病,例如,偏执性精神病。后来,更多地使用“妄想性精神病”的名称。——译注

② 这个标题是译者增加的,原文是 somatic examination,仅用斜体字排版。本节中其余的同类标题均属于这种情况。——译注

③ 原文是 psychic examination。——译注

当询问他为什么犯罪时,他回答说:

“确实犯了罪！我仅仅是在尽自己的义务。那些妇女总是骚扰我。甚至在夜晚,她们也会来拍打我的枕头,喊我[幻听],她们羞辱我,因为想让我与她们结婚。”

“当你不在意大利的时候,她们羞辱你吗?”

“是的,我在美国的时候,她们一直在折磨我。我改变自己的职业是没有用处的。我尝试过各种职业。最初,我是一名音乐家,接着,我成为一名面包师,然后,我成为一名编织工,但是,她们继续用同样的方式折磨我,直到我因为她们而失去工作,不得不离开这个国家。”

“你的精神一直健康吗？头痛过吗?”

“在美国芝加哥,一个医生突然叫我,但是,我没有精神错乱,只要这些妇女离开我的话,我就会一切正常。我仅仅是想给她们一个教训。”

他对自己的看法深信不疑,毫不动摇,这种情况在精神错乱伪装者、在精神忧郁症患者中是少见的,但是,却是单狂者们所特有的,特别是在伴有妄想症状并且坚信自己成为迫害对象的时候,更是如此。

对犯罪的仔细调查表明,这起犯罪完全是一种无动机犯罪,它是当众进行的,没有任何逃跑的企图,也没有提出不在犯罪现场的证据。这起犯罪不同于普通犯罪,显然是一个伴随幻觉的单狂案例。这种诊断得到如下事实的证实,即这个人存在视野、感觉方面的异常,还存在幻听,从心理方面来看,他的感情和道德感有异常。

不能假定所有这些异常都是伪装的,因为犯罪人是一个无知的人,不可能知道幻觉以及感觉、感情改变的重要性。而且,他的所有行为举止都具有男性的特征,会使人深信他是在尽义务,他没有试图逃避惩罚的动机,因为他显然不相信自己有被监禁的危险。这个人被送进精神病院。

附录Ⅰ:

切萨雷·龙勃罗梭的著作简介

一、《天才的人》

(英语 The Man of Genius;意大利语 *L'Uomo di Genio*)

1863年,我父亲应邀在帕维亚大学(University of Pavia)进行一系列精神病学方面的演讲。他在以《天才与精神错乱》(genius and insanity)为题进行的导论性演讲中认为,天才与精神错乱之间有密切的联系。后来的事实证明,他对这个主题怀有极大的兴趣,以至于他将全副身心投入到对这个问题的研究之中。

那些从未接触过智力缺陷者(mentally deranged person)的人们可能会认为,把天才与精神错乱相提并论是荒谬可笑的,试图证实精神病人中有灵感闪现更是荒谬可笑。在大多数人的心目中,从童年早期开始,精神病人(lunatic)这个词就会使他们想起语无伦次、愚蠢或者疯狂的那样一些人的景象,这些人披头散发,躁狂发作时勃然大怒,或者陷入痴呆冷漠中;他们决不是能够进行逻辑推理的聪明人。但是,即使对于一个普通精神病院的最短暂的参观,也会使任何观察者明白,这种极端类型的精神病人仅仅是很少的一部分。大多数精神病人只要摆脱了妄想的小圈子,他们往往会进行比正常人更加聪明的推理。他们的观念不受隐藏在思想自由背后的陈腐偏见的影响,具有明显的独创性。我的父亲收集并在《天才的人》这本专著中,发表了精神病院的精神病人们创作的美好的散文、诗歌片段和优美的旋律片段。他在都灵的博物馆中,收藏了图案和制作俱佳的刺绣样品、极端精美的雕刻品。

不过,那些除了特殊才能之外在其他方面完全低能的数学、音乐、艺术奇才和有预言天资的梦游症患者的著名例子,是疯狂转化为天才的有趣例证。对于正常人来说,解决四次、五次方程或者进行大数乘除的心算,都是很难运算的。然而,那些刚刚能够读写并且往往患有精神错乱或者痴愚(imbecility)的人,却可能具有杰出的数学才能。伊姆阿蒂(Imualdi)是一个呆小病患者(cretin),[①]戴思(Dase)、朱勒(Juller)、巴克斯顿(Buxton)、蒙迪(Mondeur)、普罗朗基(Prolongeau)都是一些智力低下的人。在精神病院的患者中,我们可以发现一些能够用口哨吹奏他们听到的曲调的呆小病患者和白痴者。挪威一名呆小病患者制作的猫的图画,被认为是值得作为珍宝收藏在艺术画廊和博物馆。这样的例子说明,一个人的某一项能力高度发展,并不意味着其别的能力也能得到相应的发展。缺乏才智、神智失常甚至有心理缺陷的妇女,当处在梦游或者催眠状态时,能够预测未来事件,而正常人则没有这样的能力;她们也能够发现被藏在远处的物品的下落,这是一种奇妙的现象,只能用假定存在千里眼(far-seeing vision)来解释,它是像天才灵感那样的强大的综合过程发挥作用的结果。

尽管要证明精神病人中存在天才特质并不是一件困难的事情,但是,发现天才中的精神错乱的例子,却是一件更加简单的事情。

加以仔细分类的这些例子,是《天才的人》这部书中篇幅最长、最为重要的内容。不过,这里不必论述这些例子。通过对一些天才以及作为比较的精神错乱者进行身体检查而获得的资料,对影响这两类人形成的种族、社会和地理原因的仔细调查所获得的资料,都增加了证实天才与精神错乱之间存在联系的证据。已获得的所有事实都证明,这两类人是完全相似的。

但是,在发现这些相似之后,或者说在发现了不同的天才来源之后,我父亲的研究并没有停止。发现不同的天才来源,或者说为了澄清历史中的模糊之处和阐明伟人的生活而应用这种新的学说,或许是本书最令人感兴趣的部分。他继续进行他的调查,直到他找到了以精神错乱和天才建立的大厦的基石——癫痫。

众所周知的一个事实是,许多天才人物都遭受癫痫发作之苦,也具有很多与我们已知的癫痫发作类似的症状。尤利乌斯·恺撒(Julius Caesar)、[②]圣保罗

① cretin 又译为"克汀病患者",其典型症状是身材矮小和精神发育迟缓。——译注

② 尤利乌斯·恺撒(Julius Caesar,公元前100-公元前44)是罗马将军和政治家。——译注

(St. Paul)、[1]穆罕默德(Mahomet)、[2]彼特拉克(Petrarca)、[3]斯威夫特(Swift)、[4]彼得大帝(Peter the Great)、[5]黎塞留(Richelieu)、[6]拿破仑(Napoleon)、[7]福楼拜(Flaubert)、[8]格拉齐(Guerrazzi)、[9]缪塞(De Musset)、[10]和陀思妥耶夫斯基(Dostoyevsky),[11]都有病态暴怒(morbid rage)发作的症状;斯威夫特、马尔伯勒(Marlborough)、[12]法拉第(Faraday)、[13]狄更斯(Dickens)[14]都患有眩晕症(vertigo)。

但是,我们发现,天才人物对于他们的工作和创作方法的文字描述,与癫痫极为相似,本书中对此有详尽的描述,也详细描述了癫痫与犯罪之间的联系。塔索(Tasso)[15]在写诗的时候,似乎处在精神错乱状态;阿尔菲耶里(Alfieri)[16]在写作时,感到周围都陷入黑暗之中;拉格朗日(Lagrange)[17]在工作时脉搏跳动变得不规则;弥尔顿(Milton)、[18]莱布尼茨(Leibnitz)、[19]居亚斯(Cujas)[20]、罗西尼

---

① 圣保罗(St. Paul,约230-约341)是宗教人士,被称为基督教第一位隐士。——译注

② 穆罕默德(Mahomet,约570-632)是伊斯兰教创始人。——译注

③ 彼特拉克(Petrarca)是文艺复兴时期意大利著名诗人弗朗西丝科·彼特拉克(Francesco Petrarca,1304-1374),他诗文并茂,热心提倡古典学术的研究,被称为“人文主义之父”。——译注

④ 斯威夫特(Swift)是英国作家乔纳森·斯威夫特(Jonathan Swift,1667-1745),其最著名的作品是寓言小说《格利佛游记》(1726)。——译注

⑤ 彼得大帝(Peter the Great)可能是指俄国彼得大帝一世(1672-1725),俄国最伟大的政治家、组织家和改革家之一。——译注

⑥ 黎塞留(Armand-Jean du Plessis, duc de Richelieu,1585-1642)是法国宰相(1624-642)、枢机主教和政治家。——译注

⑦ 拿破仑(Napoleon I 拿破仑一世, 全称 Napoleon Bonaparte, 1769-1821)是法国最著名的政治家之一,曾任法国皇帝(1804-1815在位)。——译注

⑧ 福楼拜(Gustave Flaubert,1821-1880)是法国著名小说家。——译注

⑨ 格拉齐(Francesco Domenico Guerrazzi,1804-1873)是意大利作家、民主主义者。——译注

⑩ 缪塞(Alfred De Musset,1810-1857)是法国诗人。——译注

⑪ 陀思妥耶夫斯基(Dostoyevsky,1821-1881)是俄国著名作家。——译注

⑫ 马尔伯勒(Marlborough)可能是指英国将军马尔伯勒公爵(John Churchill Marlborough,1650-1722),他曾率领英国及盟国军队战胜法王路易十四。——译注

⑬ 法拉第(Michael Faraday,1791-1867)是英国物理学家、化学家,电磁感应现象的发现者。——译注

⑭ 狄更斯(Charles Dickens,1812-1870)是英国著名现实主义小说家。——译注

⑮ 塔索(Torquato Tasso,1544-1595)是意大利诗人。——译注

⑯ 阿尔菲耶里(Vittorio Alfieri,1749-1803)是意大利剧作家。——译注

⑰ 拉格朗日(Joseph-Louis Lagrange,1736-1813)是法国-意大利数学家。——译注

⑱ 弥尔顿(John Milton,1608-1674)是英国诗人。——译注

⑲ 莱布尼茨(Gottfried Wilhelm von Leibnitz, 1646-1716)是德国哲学家、数学家。——译注

⑳ 居亚斯(Cujas)可能是指法国法学家雅克·居亚斯(Jacques Cujas,1522-1590),以研究罗马法闻名。——译注

(Rossini)①和托马斯(Thomas)②只能在特别的条件下工作。其他人使用那些会引起癫痫发作的刺激物来激发灵感。波德莱尔(Baudelaire)③使用大麻;格鲁克(Gluck)、④杰拉尔德·德·奈瓦尔(Gerard de Nerval)、⑤魏尔兰(Verlaine)、⑥缪塞、霍夫曼(Hoffmann)、⑦彭斯(Burns)、⑧柯尔律治(Coleridge)、⑨坡(Poe)、⑩拜伦(Byron)、⑪普拉格(Praga)⑫和卡尔杜齐(Carducci)⑬用葡萄酒激发创作活力。格鲁克经常声称,他之所以看重金钱,是因为金钱能够使他获得葡萄酒,而他之所以喜爱葡萄酒,是因为葡萄酒能够激发他的灵感,将他送入天堂。席勒(Schiller)⑭喜爱苹果酒;歌德(Goethe)⑮如果不能使头部在阳光照射下感到温暖,就不能工作。许多人断言,他们的写作、发明和解决难题的方法,都是在无意识状态下进行和找到的。莫扎特(Mozart)承认,他是在梦境中作曲的;拉马丁(Lamartine)⑯和阿尔菲耶里都有过类似的论述。《亨利亚德》(Henriade)⑰是伏尔泰(Voltaire)⑱在梦境中受到暗示的;牛顿(Newton)⑲和卡尔达诺(Cardano)⑳都以类似的方式解决了他们最艰难的问题。斯托夫人(Mrs. Beecher Stowe)、㉑艾

---

① 罗西尼(Gioacchino Rossini,1972－1868)是意大利歌剧作曲家。——译注

② 托马斯(Thomas)可能是指意大利基督教哲学家、神学家托马斯·阿奎那(Saint Thomas Aquinas,1224－1274)。——译注

③ 波德莱尔(Charles Baudelaire,1821－1867)是法国诗人。——译注

④ 格鲁克(Christoph Gluck,1714－1787)是德国作曲家。——译注

⑤ 杰拉尔德·德·奈瓦尔(Gerard de Nerval,1808－1885)是法国诗人、散文家。——译注

⑥ 魏尔兰(Paul Verlaine,1844－1896)是法国诗人。——译注

⑦ 霍夫曼(Hoffmann)可能是指德国作家霍夫曼(Ernst Theodor Amadeus Hoffmann,1776－1822)。——译注

⑧ 彭斯(Robert Burns,1759－1796)是苏格兰诗人。——译注

⑨ 柯尔律治(Samuel Taylor Coleridge,1772－1834)是英国诗人、评论家。——译注

⑩ 坡(Edgar Allan Poe,1809－1849)是美国诗人、小说家、批评家。——译注

⑪ 拜伦(George Gordon Byron,1788－1824)是英国诗人。——译注

⑫ 普拉格(Emilio Praga,1839－1875)是意大利诗人。——译注

⑬ 卡尔杜齐(Giosue Carducci, 1835－1907)是意大利诗人,曾获1906年诺贝尔文学奖。——译注

⑭ 席勒(Johann Christoph Friedrich Schiller,1759－1805)是德国诗人、剧作家。——译注

⑮ 歌德(Johann Wolfgang von Goethe,1749－1832)是德国诗人。——译注

⑯ 拉马丁(Alphonse de Lamartine,1790－1869)是法国诗人。——译注

⑰ 《亨利亚德》(Henriade,1728)是以法国16世纪宗教战争为题材的史诗。——译注

⑱ 伏尔泰(Voltaire,1694－1778)是法国哲学家、史学家、文学家。——译注

⑲ 牛顿(Isaac Newton,1642－1727)是英国物理学家、天文学家、数学家。——译注

⑳ 卡尔达诺(Gerolamo Cardano,1501－1576)是意大利医生、数学家。——译注

㉑ 斯托夫人(Mrs. Beecher Stowe,1811－1896)是美国女作家,著名小说《汤姆叔叔的小屋》的作者。——译注

略特(George Eliot)[①]和乔治·桑(George Sand)[②]声称,她们的小说是在睡梦状态中写成的,她们自己并不知道她们小说中人物的最后命运。斯托夫人甚至在她的一本小说的序言中,极力否认自己的作者身份。苏格拉底(Socrates)[③]和托尔斯泰(Tolstoi)[④]宣称,他们的作品是在半无意识(semi-unconsciousness)状态下写成的;莱奥帕尔迪(Leopardi)[⑤]认为自己是根据灵感写作的;但丁(Dante)[⑥]用那样优美的诗句描绘自己的天才的来源:

当爱激发灵感时,我便写作,

就像我的思想命令我写作。

"我召唤灵感,"贝多芬(Beethoven)[⑦]说:"在那种神秘状态中,整个世界似乎构成了一种巨大的和声,大自然的各种力量似乎都变成了乐器,当每种情感和思想在我心中回响时,我浑身颤栗发抖,头上的每根头发都竖了起来。"

这些话语表明,当天才得到充分发展并且最大限度地偏离常规时,他们或多或少就处在一种无意识状态之中,这种状态的特征就是精神性癫痫(psychic epilepsy),其代表性症状是一系列无意识的精神活动。

我父亲已经证实,天才中经常有精神错乱的特征,而精神错乱者中也经常闪现天才。我父亲进一步证实,天才属于一种特殊的精神错乱形式。我父亲并非一个纯粹的理论家,而是一个事实的追求者,他渴望解释事实,并且考虑了将这些发现加以应用的可能性。这样做对他来说是没有困难的。

天才人物中精神错乱的流行,可以解释他们生活和工作中的无数矛盾现象和疯狂特质(mad trait)。迄今为止的传记作者们忽略了这种事实的真正意义,他们或者将其完全忽视,或者在大量的文字中徒劳地试图将它们描绘成灵感或者任何理性行动。这也可以解释伟人们所犯的一些特殊错误,例如,里恩佐的科拉(Cola di Rienzi)[⑧]的一些荒谬的、相互矛盾的行为。当他成为罗马的主人之

---

① 艾略特(George Eliot,1819 - 1880)是英国女小说家。——译注

② 乔治·桑(George Sand,1804 - 1876)是法国女小说家。——译注

③ 苏格拉底(Socrates,公元前 470 - 公元前 399)是古希腊哲学家。——译注

④ 托尔斯泰(Tolstoi,1828 - 1910)是俄国作家。——译注

⑤ 莱奥帕尔迪(Giacomo Leopardi ,1798 - 1837)是意大利诗人。——译注

⑥ 但丁(Dante Alighieri,1265 - 1321)是意大利诗人、作家、思想家、文艺复兴运动的先驱。——译注

⑦ 贝多芬(Ludwig van Beethoven,1770 - 1827)是德国作曲家。——译注

⑧ 里恩佐的科拉(Cola di Rienzi,1313 - 1354)通常写作 Cola di Rienzo,试图恢复古罗马伟大光荣的意大利民众领袖。——译注

后,这座城市正处于混乱状态中,他恢复了和平和秩序、重新组织了军队和考虑了统一意大利的宏大理想,但是,他的爱国使命最后以修建一座精神病院的一系列奢侈浪费活动而告终。

天才特质经常会在精神不正常的人中发现,或者相反。这种事实可以使我们产生这样的猜测:精神病人往往将国家的命运掌握在他们手中,并且通过革命运动促进进步;由于他们的本能倾向和明显的创造力,他们往往成为这样的促进者。

将那些对文明发生过重大影响的伟人进行分类,也对那些没有什么重要成就的不幸者进行分类,评价他们的疯狂想法,似乎是一种简单的想法。不过,在以前任何人都没有这样做过。

天才人物的二三流著作中存在着大量荒谬的东西,但是,一般公众对其知之甚少,他们仅仅熟悉天才人物的杰作。批评家们或者忽略了这些著作中包含着的荒唐谬论和异端邪说,或者被天才人物所吸引,对他们进行了无数的研究,确信他们不过是需要解释的典故或者象征。伟人们的所有缺点、伟人们写的或者讲的所有过分的观念,都被他们荣誉的魔罩所遮盖。就像安徒生的迷人故事中所讲的那样,没有一个天真的小孩讲一讲天才们的裸体情况。

所以,白痴(idiocy)、癫痫和天才、犯罪和高尚行为都可以被溶入一个单一链条中,其中的一些环节光芒四射,而另一些环节则光线灰暗,但是,他们都可以还原为分子的运动,就像把碳转化为灿烂的钻石或者灰暗的石墨那样。

二、《犯罪人:人类学、法理学和精神病学的思考》

(英语 Criminal Man: Considered in relation to Anthropology, Jurisprudence, and Psychiatry;意大利语 *L'Uomo delinquente*)

尽管我父亲关于男性犯罪人的理论已经在现在呈现给读者的这本书中进行了阐述,但是我感到,通过简要介绍原著而更多描述他的其他重要研究,也应该是恰当的,因为原著是供那些希望更加深入地研究这个问题的读者们使用的。

第一卷专门论述了对植物、动物、原始人和儿童的隔代遗传根源的调查。接着详尽研究了生来犯罪人和癫痫病人的生理性质、现代颅骨学(modern craniology)和与不同类型的犯罪、脊柱(spine)、骨盆、肢体和观相术(physiognomy)相联系的异常现象。所提供的数据,是以对大约7000名犯罪人的检查中获得的结果为基础的。

在对大脑的研究中,特别检查了犯罪人和癫痫病人大脑皮层的脑回(convolution)和组织结构中肉眼可见的异常现象,因为这些异常现象可以解决犯罪行为的根源问题。

进一步描述了另外的一些退化特征、适于抓握的脚(prehensile foot)、皱纹、指尖上的纹路、筛骨——泪腺的接缝(ethmoid-lachrymal suture)、牙齿异常、手掌中的单一横线(single horizontal line)等;仔细检查了视觉、嗅觉和听觉。

对犯罪人的心理学检查包括心理测量,包括发现的一些新特征,例如,求新癖(neophily)、缺乏精确性、往往有天才特质、使用图画记载事情、使用象形文字、使用姿势、犯罪人所特有的艺术品和工艺品。

最后,分别描述了不同类型的犯罪人,包括癫痫犯罪人、悖德型精神错乱犯罪人(morally insane criminal)、政治犯罪人、激情犯罪人(passionate offender)、酗酒犯罪人(inebriate offender)、歇斯底里犯罪人(hysterical offender)、精神紊乱犯罪人(mentally unbalanced criminal)或者精神病边缘犯罪人(mattoid criminal),并且进行了相互比较,凸显了他们的多样性和相似性。除了根据犯罪的司法数据对这些类型进行分组外,还利用精神病学方法对他们进行了分组。之后考察了偶然犯罪人或者虚假犯罪人、倾向犯罪人、潜在犯罪人和天才。

第二卷论述了癫痫病人,讨论了他们的体力特征(ergography)、心理特征、笔迹特征(graphology)和肉眼可见的异常现象。利用对自杀犯罪人和政治犯罪人的观察资料,对精神错乱者的年龄、心理、性别、文身、遗传,以及精神错乱者与普通犯罪人在犯罪动机、犯罪方式方面的差异进行调查的资料,补充了有关激情犯罪人的研究,从而发展了一种新的性精神病态(sexual psychopathy)理论。

第5版的第三卷论述了犯罪的原因和矫治。

在犯罪原因论部分,利用统计方法和批判性的眼光,考察了决定或者影响犯罪的地理、种族、政治和经济因素,也考察了其他原因,例如,人口密度、食物、酒精中毒、性、遗传、教育(instruction)、宗教等。第一次阐明了犯罪和财富对于移居国外现象的增减所产生的影响。

我父亲通过数据证实,贫穷在犯罪原因中的重要性被大大夸大了,一些社会主义学派更是如此。这些数据大部分是由鲍迪奥(Bodio)和考格乃迪(Cognetti)提供的。同时,财富和教育都会引起特定犯罪的事实,也被这些学派忽视了。

在论述群集犯罪行为(collective criminality)时,我父亲仅仅重复了关于这个问题的最初理论,这些理论是他在1872年发表并且在此后不断加以证实的。这些理论被许多作者使用和引用,包括菲利、西盖尔(Sighele)、[①]费雷罗(Ferrero)、[②]勒邦(Le Bon)[③]和塔尔德(Tarde)。[④]

在犯罪的预防和矫治方面,不满足于仅仅对目前的方法的批评,新的学说提出了抑制犯罪的实用而有效的方法。

鉴于犯罪已经有了新的表现形式,适应了现代生活和文明的条件,应当利用进步所提供的方式与其作斗争,这类方式包括电报、报纸、与酒精中毒作斗争的各种手段、大众娱乐场所等。

为了预防犯罪,除了这些旨在减少自然和经济因素影响的措施,例如,浴室、卫生法规、清扫森林、预防过度拥挤、社会立法、限制财富、累进税制度、集体服务(collective services)、征用(expropriation)等,我父亲还提出了减少一些特殊类型犯罪的措施,例如,通过离婚减少性犯罪,通过私生子父亲认定令(affiliation order)减少杀婴犯罪和管理真正自由的人,利用新闻自由和舆论同政治犯罪作斗争。他也重视有远见的、慈善性的机构,特别是为孤儿和贫穷儿童建立的此类机构,以便消除犯罪萌芽。鉴于英格兰的平民免费学校(ragged school)和类似机构减少了犯罪,强调这个方面肯定是正确的。

最后,对于直接镇压犯罪的问题,贝蒂荣(Bertillon)[⑤]和阿方索(Anfosso)发明的识别新方法、所有有助于侦查和逮捕犯罪人的现代方法,例如,快速通信和宣传,都应当在各国使用,各国的警察都渴望考虑所使用的方法的科学性。

还提出,仔细而明智的刑罚个别化,要比监禁在监狱中的统一而有害的惩罚更加有效果。因此,尽管社会为自己辩护,但是,他倾向于改善犯罪人的不正当本领,或者如果不可能改善的话,就在自然状态下利用它们,可以仿效的例子是把有害的寄生关系转化为和平互利的共生关系。

---

① 西盖尔(Sighele)应当是指意大利社会学家、犯罪学研究者斯皮罗·西盖尔(Scipio Sighele,1868-1913,又译为"西盖勒")。——译注

② 费雷罗(Ferrero)应当是指龙勃罗梭的女婿、吉娜的丈夫、意大利历史学家古格列莫·费雷罗(Guglielmo Ferrero, 1871-1943)。——译注

③ 指古斯塔夫·勒邦(Gustave Le Bon, 1841-1931),是法国社会心理学家。——译注

④ 指加布里埃尔·塔尔德(Gabriel Tarde, 1843-1904),是法国社会学家、哲学家、犯罪学家。——译注

⑤ 阿尔方斯·贝蒂荣(Alphonse Bertillon,1853-1914,又译"贝蒂隆"、"柏帝云")是法国警察官员、人体测量专家,发明通过人体测量识别犯罪人的方法。

三、《女性犯罪人:卖淫者及普通妇女》

(英语 The Female Offender;The prostitute and the Normal Woman;
意大利语 *La Donna Delinquente*)
(与古格列莫·费雷罗[Guglielmo Ferrero]合作)

该书的第一部分论述了对正常妇女的研究,更确切地说,是对各类雌性的研究,从研究动物界的最低层动物开始,然后研究较高级的哺乳动物和原始人,最后研究文明人。

这项研究的结果表明,尽管在低等动物中,雌性在智力、体力、寿命方面更加优异,但是在较高级的哺乳动物中,雄性在体力、智力和美貌方面优于雌性,雄性通过为拥有雌性而进行的争斗,发展和完善了自己。另一方面,由于雌性的母性功能,她们的生理和心理特征往往是永远存在的,这又阻止了变异和进化。

在人类中有同样的现象。在仔细考察了正常妇女(包括身高、体重、头部、神经系统、头发、感觉、相貌、智力和道德表现)后,作者得出了这样的结论:女性的身体、解剖、生理、功能和感觉特征表现出低于男性的变异性(variability)。

同样,人类的女性中较少出现畸形、退化、癫痫和精神错乱的症状;天才和犯罪的百分比也显然较低。对感觉的检查显示,正常的人类女性在触觉、嗅觉、听觉和视觉的敏感性方面,要比男性差;与迄今为止大家公认的情况相反,女性的道德感和痛觉也比男性差。在原始人中,女性的敏感性更差,也就是说,她们比男性更加残忍,更有可能进行报复。

但是,当我们从女性的母性功能的角度思考妇女时,她们的生理、心理和智力性质就呈现出完全不同的特征。因为母性是女性的一种天然功能,是一种与生俱来的功能。当她们成为母亲时,高尚情操、完全利他和远见智力(far-sighted intelligence)就会突然得到发展。母性淡化了她们的道德低劣和身体低劣,怜悯淡化了残忍,母爱抵消了性冷淡。母性刺激了她们的智力发展,使她们的感觉更加敏锐,解释和提升了她们那些迄今为止被看成低劣的特征;当从人类繁殖的角度思考时,它们就变成优越的象征。

感觉较为迟钝可以使妇女更容易忍受分娩时固有的疼痛;她们对各种变异的抵抗,也包括对退化性质的变异的抵抗,有利于矫正病态遗传和恢复人种,人类的延续和正常状态都应当归功于女性。

妇女实施的犯罪少于男性。一般而言,女性犯罪人较少表现出退化特征。这在一定程度上是由女性坚守常态的坚韧性决定的,不过,也是由她们通过卖淫而使犯罪行为发生的变异(deviation)造成的。卖淫这种社会现象的历史,对表明犯罪行为变异的各类行为的解剖特征和功能的考察都表明,卖淫者所表现出的退化特征和犯罪特征,一般要比普通女性犯罪人多得多。

因此,卖淫是女性中发生的与男性的犯罪行为对等的现象,因为卖淫满足了放纵、懒惰和下流的欲望,这些都是具有犯罪性质的特征。

除了在女性犯罪中占大部分的卖淫者和普通犯罪人之外,还有少数女性生来犯罪人,她们甚至比同样的男性犯罪人更加凶恶和可怕。这类妇女的犯罪行为的发展,具有同样的癫痫和悖德狂基础。她们具有男性生来犯罪人所特有的那些身体特征,例如,突出的耳朵、斜视、牙齿异常、颅骨和头部畸形等,此外,还缺乏女性特征。在声音、骨盆结构和毛发分布等方面,她们往往也类似于男性,丧失了各种她们所特有的本能。

通过以上简要描述可以看出,关于女性犯罪人的这部著作,很大的篇幅是论述正常妇女的。它对女权主义的许多观点表示怀疑,但是,另一方面,它强调和赞扬了女性所具有的许多宝贵的特征。

这本书的序言用下列论述进行了总结:

> 从历史和对妇女的考察中得出的结论中,没有一条结论可以证明妇女一直遭受并且继续遭受专制压迫是正当的,这些专制压迫包括:根据原始人的法律,禁止妇女吃肉和坚果果实;在现代社会中,禁止妇女接受高等教育,阻止妇女从事一些她们胜任的职业。这些荒谬、残酷和专横的限制,在很大程度上是维持、甚至更为恶劣地强化女性的低劣现状、允许男性剥削她们的工具。之所以给温顺的女性以很多并不总是真诚的赞扬,往往是为了让她们作出比她们获得的荣誉或者奖赏更大的牺牲。

四、《政治犯罪》

(英语 Political Crime;意大利语 *Delitto Politico*)

(与鲁道夫·拉司奇[Rodolfo Laschi]合作)

惯性法则(law of inertia)支配大自然。每种有机体往往都长期地恪守同样的生活模式,如果不遇到强迫是不会改变的。

在海洋深处,生活是比较一致和平静的,我们仍然会发现与史前时代的物种类似的有机体。其他世界中的星星和太阳,永远在开始时为它们设计的轨道上旋转。

大自然中的任何进步,都是在那种通过厌新倾向(misoneism)或者憎恨新异表现出来的稳定倾向,与试图征服这种倾向的外来力量之间进行斗争的结果。

就像在自然界中那样,厌新倾向支配着所有人类社会。在儿童、神经病患者和精神错乱者中,这种倾向是十分顽强的。在野蛮人中,这种倾向非常强大。在文明国家中,这种倾向多少被掩盖了。但是,世界在进步,新的条件和新的兴趣每天都在产生,它们同惯性法则作斗争,使得人们极端渴望的不变性不可能实现;进步尽管不受欢迎,但是不可避免,而且必将获胜。

通过政治犯罪,我们理解那些攻击一个国家的法律、历史、经济、政治和社会传统,或者说是现行社会结构的任何部分的各种行动,这些行动也是与惯性法则相冲突的。

强行使现行制度发生某种改变的尝试,例如,使用暴力强行要求实行贸易保护的国家实行自由贸易、使一个国家陷入战争、煽动工人罢工,所有这类行动都是政治犯罪的初级形态,它们会在造反和起义中达到顶点,只有胜利后才能使许多应受谴责的卑劣行动受到赞扬,才能得到光荣的桂冠。

革命就是社会中固有的稳定倾向与渴望变化的力量之间的斗争。革命就是进化的历史表达,它总是有伟大而崇高的目标。这样的革命目标就是与阻碍国家进步的体制或者制度作斗争,而决不是为了反抗当前的压迫去斗争,不管当前的压迫多么难以忍受都是如此。法国大革命就不是一场反对一个国王的斗争,甚至也不是反对一个王朝的斗争,而是一场反对封建专制制度的斗争。路德教(Lutheranism)也不是对任何教皇的反叛,而是为了反抗已经侵入罗马天主教廷的腐败。意大利革命并不是指向外国统治,因为外国的统治在这个国家的很多地方确实是温和而宽厚的,而是表达了想变得真正文明起来的人们所不可缺少的追求独立的迫切要求。

因此,革命是通过宣传发动起来的一种追求进步的缓慢而持续的活动。在一些情况下,革命可能持续多年;在另一些情况下,革命会持续几个世纪直到整个国家,包括从最卑贱的平民到最富有的贵族都相信确有必要进行所提出的改变,大众的习惯性厌新倾向才能够得到克服,受到少数从旧制度中受益的人们保护的现行秩序才能发生改变。最后的胜利是不可避免的,即使革命运动的领导人死亡、最初的活动受到血腥镇压时,情况也会如此。不仅如此,如果某种理想有生命力的话,死亡和牺牲反而会激起更大的追求理想的热情。当我们思考基督教领导人遭受的磨难对基督教产生的推动力,埃米利奥·班迪耶拉(Emilio Bandiera)和阿蒂利奥·班迪耶拉(Attilio Bandiera)①这兄弟两人的死亡对意大利独立产生的推动力时,这一点就变得很明显了。

但是,在革命进程中并不总是必然要发生血腥事件的。匈牙利摆脱奥地利统治的胜利,几乎是一场不流血的胜利,英格兰的自由贸易实际上也是在没有暴力的情况下实现的。

由于革命意味着大众观念的转变,而不是少数人观念的转变,因此,在历史上极少发生通过选举进行的革命,也极少发生仅仅有狂热情绪的革命,如果发生了这样的革命,其效果会持久存在。实际上,在克伦威尔(Cromwell)②死后,封建制度就在英格兰消除了。

就像成熟过程引起梨子梗逐渐吸收果汁时,梨子会在秋天掉落一样,当说服所有的人民都相信有必要进行某种改变时,革命就会胜利,旧制度就会灭亡。然而,梨子的掉落并非总是缓慢的生理过程的结果,一阵大风也会吹落梨子,使梨子在果肉成熟变甜之前就掉落到地上。同样,受到胁迫的人们的造反或者武装起义,也可能导致一些改革计划的实行,不过,这样的改革计划可能过于进步、过分反动或者在其他方面不适合这个国家。

事实上,任何革命之前都会发生起义,起义会受到暴力镇压,因为起义力图实现早熟的理想,因此,起义之后往往伴随着反动分子挑起的反革命。

---

① 埃米利奥·班迪耶拉(Emilio Bandiera,1819 - 1844)和阿蒂利奥·班迪耶拉(Attilio Bandiera,1810 - 1844)弟兄两人都是在意大利领导反抗奥地利统治的人士,在这个过程中因被人出卖而被处死。——译注

② 克伦威尔(Oliver Cromwell,1599 - 1658)是英格兰军人和政治家。——译注

与革命不同,起义(insurrection)往往是少数人的活动。起义者受极度渴望或者憎恨改变的情绪的激发,试图用强制手段建立被大多数人排斥的制度或者理想。与革命不同,起义也可能仅仅由于暂时性原因而突然爆发,例如,饥荒、税收、一些官员的暴政等。起义突然扰乱日常生活的平静过程,在许多情况下,即使没有外部干涉,起义也会衰弱和平息。

然而,在实际上,区分造反(revolt)和革命是相当困难的,因为只有结果才能决定其性质,胜利才是社会大众接受理想的证据。

政治犯罪人、起义者和革命者都是把握进步的标准并且与社会大众进行说服辩论的人们,因为社会大众往往不喜欢新的秩序。进步大军来自社会的各个阶层,产生于各种环境,既包括天才人物,他们是那些最先认识到旧制度的缺陷并且设想新制度、综合人们的需要和愿望的知识分子;也包括精神病人(lunatics),他们是新理想的热情宣传者,他们以不稳定的心理所特有的激情进行传播;还包括犯罪人,他们是秩序的敌人,他们聚集起来造反,以此表现他们的特殊才能、大胆和不怕死。后几类人进行破坏性的活动,这些活动并不必然伴随所有的革命,他们确实是一类忠实的力量,情愿实现那些别人已经认识到但是缺乏实行勇气的理想。

最后,还有一些圣人(saint),他们是完全为了崇高目的而活着的人,对他们来说,革命就是真正的使命。他们高居社会大众之上,可以通过异常优美的相貌将他们识别出来,他们的相貌会使人回想起有关圣人的古老画像。他们具有利他激情,勇于自我牺牲,愿意为了理想而牺牲自己。这些人将社会大众吸引到自己身边,通过宣传、鼓动歌曲和惊心动魄的事件领导人们获取胜利。提尔泰奥斯(Tyrtaeus)[①]并不仅仅是一名诗人,他带领士兵作战,每一次起义都有自己的歌曲,歌曲中包含了对全体人民的关爱。

精神病人(lunatics)、神志失常者(the unbalanced)和圣人都是进步和革命的推动者。这些人有共同之处——他们有献身崇高理想的激情和对人类的关爱,这些激情和关爱折磨着他们,推动着他们,但是,他们总是不能实现他们为之奋斗的东西。尽管如此,无论是胜利还是失败,无论是成为君王,还是被送上断头台,他们都会进行努力。关爱就是人类的一种精神太阳,心灵放射出的光线可以传播得很远很广,传播到所有地区和种族;即使无力使寒夜中麻木的一些小花绽

① 提尔泰奥斯(Tyrtaeus)是公元前7世纪的希腊哀歌体诗人。——译注

放,它也仍然能够保存在人们的歌曲中,就像绿色植物中的光线,在未来适当的时候重新转化为光和热。

五、《太快:对新意大利刑法典的批评》

(英语 Too Soon! 意大利语 *Troppo Presto*!)

(A Criticism of the New Italian Penal Code)

这本书是在新刑法典发表之后、意大利议会批准之前的时间中写成的。在这本书中,我父亲对新刑法典进行了尖锐的批评,认为这部新刑法典不成熟。宣布意大利统一①之后仅仅过去了几十年,意大利王国中各省不同种族的人们还没有多少时间来使风俗习惯得到充分的统一,因而不便制定一部单一的法典。

但是,本书并不仅仅是进行批评,它也包含了对基本原理的说明。根据我父亲的观点,这些基本原理应当是每部严肃而有效的法典的基础。正是这部分内容,使得本书成为一本匆忙写成的反映对于犯罪学家来讲十分重要内容的书,因为在主要的标题下表明了这个新的学派对于司法问题的急迫思考。

下列的内容,简明扼要地表明了这些原理的实质内容:

1. 一个国家的立法总是要反映立法所要管理的这个国家人民的风俗。尽管由不同的刑法规范组成的法律体系适合一个国家不同地区的不同民族和风俗,而这样的法律体系可能有一些不足,但是,它们的不足往往小于由某一个统一法典引起的困难。

2. 每个法典的目的都应当是维护社会安全,而不是仔细权衡罪过和个人责任。最坏的、最危险的犯罪人应当受到最严厉的对待,但是,应当标明对轻微犯罪人的宽容。应当将前一类犯罪人终身隔离在监狱或者精神病院(asylum)中,但是,决不能经常把后一类犯罪人关进监狱,而应当用其他刑罚加以矫正,这些刑罚方法可以使他们不接触真正的犯罪人,也不必使他们在一定时间中退出正常生活。

3. 一些应受谴责但是公众并不认为是犯罪的行为,例如,堕胎、杀婴、自杀或

① 意大利的完全统一是在1870年实现的,这一年完成了对罗马教廷的兼并,使整个意大利半岛完全统一为一个国家。在此之前的1861年,意大利的大部分地区统一在国王维克托·伊曼纽尔二世(Vittorio Emmanuele Ⅱ, 1820-1878)的统治(1861-1878年任意大利国王)之下,1866年又兼并了威尼斯。——译注

者共谋自杀、激情犯罪、诅咒、通奸等,在法律中不能作为犯罪加以规定。

4. 对于生来犯罪人、悖德狂者(the morally insane)、不可救药的累犯而言,如果第一次判决之后没有迹象表明可以改善的话,就应当认为是无法救治的,就可以终身监禁在犯罪精神病院中,或者移交到流放地或判处死刑。

本书的第二版在稍后不久即出版,书名是《新刑法典随笔》(Notes on the New Penal Code)。在这一版中,拥护新学说的每个最著名的人物,包括菲利(Ferri)、加罗法洛(Garofalo)、巴勒斯特里尼(Ballestrini)、罗西(Rossi)、马斯·达理(Masé Dari)、加瑞利(Carelli)、卡拉格纳利(Caragnani)等人,都讨论了该法典的某一个问题,提出了必要的修改建议。

六、《监狱笔记:供犯罪学家使用的监狱题字集》

(英语 Prison Palimpsets;意大利语 *I Palimsesti del Carcere*)

(A Collection of Prison Inscriptions for the Use of Criminologists)

"普通人,甚至是科学观察者,都容易把监狱,特别是那些实行独居监禁制度(cellular system)的监狱,看成是一种沉默无声的、松散瘫痪的机构,犯人不能讲话,也不能自由行动,因为法律要求他们沉默和不动。然而,由于没有法令,甚至在受到体力支持、事情的本身也有益处时,这些机构也会讲话和行动,并且会用残忍的伤害和谋杀来表现自己。但是,这类情况往往在人的需要与法律发生冲突时出现,所有这些表现都是用隐蔽的、秘密的方式进行的。墙壁、水杯、犯人的床单、书籍的边缘、医疗包扎物,甚至是操场上不稳定的沙子、犯人的囚服,都可以向犯人提供表现他们的思想和感情的载体。"

这一段话是我父亲在他的《监狱笔记》一书序言中的第一段话。这本书收集了那些表明犯人的秘密思想的题字和文字材料。

在第一部分,根据不同的标题对这些题字进行分类:对监狱生活的意见,对刑罚的看法,对道德的看法,对妇女的看法等;也根据留下题字的载体不同进行了分类:书籍、墙壁、水罐、衣服、纸张等。

对于心理学家和研究人类退化的学者来讲,会对这种收集有极大的兴趣。题字之后是一系列由企图自杀者和即将被执行的犯罪人所写的诗歌、自传与书信。犯罪人在监狱图书馆的书籍边缘写下的文字材料,尤其令人感兴趣,因为它们能够使研究者进行比较:一些工作对于犯罪人产生的效果与对正常人留下的印象有何不同？犯人所写的诗歌同样令人感兴趣，因为像流行歌曲一样，它们明白地表达了诗人的愿望和志向。

在第二部分，将这些监狱题字和通常在街道上、学校桌椅上、各类公共建筑（法庭、教堂甚至国家立法机关的大厦）的墙壁上发现的涂鸦式文字进行了比较。根据这些题字表达的感情以及书写者的性别，对这些题字进行了分类，并且区分了犯人的题字和普通公众的题字。

本书最后提出了关于使用类似的收集资料的实用建议，包括作为重要线索而提示如何处理犯罪人的方法，帮助调查被告人性格的线索。

除了生来犯罪人或者悖德狂者这些最具退化特征的犯罪人类型之外，所有犯罪人都需要从事某些种类的工作或者职业，也需要引人入胜的书籍。这种需求从监舍墙壁和监狱书籍边缘的大量题字中可以看得出来：“对于一个习惯于工作和学习的人来说，不得不无所事事是多么的难以忍受！在这些人中，不少人希望并从事受人尊敬的职业！”……“克拉科夫省（Cracow）[①]的修女们乞求‘面包！面包！’而我从独居监舍（solitary cell）中发出的声音却是‘工作！工作！’”

“如果法学家离开他们的书桌和图书馆，”我的父亲得出结论说：“抛开所有先入之见，进入监狱研究犯罪问题，不仅研究监舍墙壁上的犯罪问题，而且研究他们得到的活的文字材料中的犯罪问题，他们很快就会认识到，如果没有实际经验的帮助，发展和应用所有的改造措施都只能是危险的幻想。”

七、《古代与现代的犯罪》

（英语 Ancient and Modern Crimes；
意大利语 *Delitti Vecchi e Delitti Nuovi*）

“本书包括了我在长期的犯罪人类学和精神病学研究中收集的很多事实，这些事实往往是很有价值的，但在其他时候仅仅被看成是稀奇古怪的事情。这些事实可以表明，在古代的犯罪与现代的犯罪之间，存在很大的差别。”

我的父亲在本书序言的开头就这样写道。在这个序言中，描述了近来发生的犯罪案例，并将它们与以往发生的犯罪案例进行了比较。

本书分为三部分。第一部分是对欧洲、墨西哥、美国和澳大利亚的犯罪的比

① 克拉科夫省（Cracow）在今天的波兰境内。——译注

较研究和统计研究。

第二部分描述了以往的典型犯罪人的生涯,例如,罗马的托泽斯(Tozzis),这是一个食人犯罪人的家庭以及维切尔(Vacher)、巴勒(Ballor)和肢解者杰克(the Jack4the-Ripper)[①]一类的其他暗杀者,他们的反常性本能促使他们用恐怖的方式杀害一些妇女并且肢解她们的尸体。

第三部分论述了现代犯罪人,像霍尔姆斯(Holmes)和皮斯(Peace)。他们用精致而优雅的方式完成自己的犯罪行为,以此取代比较残忍的刀具或者锤子,其犯罪方式来源于化学、物理学和现代毒物学。在其他案例中,一些现代的产品,例如,汽车、自行车,构成了犯罪的动机,或者帮助完成了犯罪行为。

"根据这些我们能够从过去的犯罪中收集的资料,"我父亲在序言中继续说:"我们可以得出这样的结论:在较为野蛮的时代,暴力犯罪和血腥犯罪绝对居多,而在现代社会中,欺诈型犯罪居多。暴力犯罪比诈骗犯罪更加原始,因此,暴力犯罪总是先于诈骗犯罪出现。确切地说,在较为原始的时代,财物是通过武力,在暴力威胁下获取或保留的,这是一种存在于通过契约调整所有权关系的状态之前的状态。犯罪总是与当时的风俗相适应的。"

"科格伦(Coghlan)的优秀著作表明,澳大利亚的犯罪属于后一种类型,它们与像墨西哥这类国家中半野蛮状态下的犯罪形成对比;这部著作向我们展示了一两个世纪之后欧洲犯罪的特征。"

"由于犯罪人的基本性质是不变的,他们的行为仍然具有同样的性质;在现代的犯罪中,暴力和狡诈交织在一起,或者交替出现。但是,尽管个人仍然是不变的,他们却受到比自身更加强有力的因素——现代进步的影响。的确,许多现代的犯罪受到现代发明的推动;但是,同样的发明往往也提供了与犯罪作斗争的手段,因此,我们可以预见,在一定时间之后,或许在并不遥远的将来,这样的反社会活动会消失,即使不能全部消失的话,也会部分地消失。"

① 肢解者杰克(the Jack-the-Ripper)是19世纪后半期英国伦敦的一个著名犯罪人。1888年,"肢解者杰克"(Jack the Ripper)3个月内杀害了伦敦的5名妓女,引起西方社会的极大关注。但是案件始终未能侦破而成为悬案,从而使该案成为西方国家十分有名的案件,引发很多的研究和探索,衍生了大量的文艺作品和犯罪学著作。——译注

八、《法律精神病学的诊断方法》

(英语:Diagnostic Methods of Legal Psychiatry;
意大利语:*La Perizia Psichiatrica Legale*)

这部著作并不是为了向普通公众介绍现代犯罪学的学说而写的,而是为了作为指导法学家、医生和专家,总之就是所有与犯罪人有联系的专业人员的教科书而撰写的。

本书包括两部分。第一部分包括大约50个根据新的方法加以诊断的案例,它们是由本书的作者和他的追随者们收集的。这些案例包括所有类型的犯罪人:生来犯罪人、悖德狂者、歇斯底里犯罪人、精神病犯罪人、酗酒犯罪人、癫痫犯罪人、倾向犯罪人和激情犯罪人等。

在每个案例中,由于诊断是为实践目的服务的,因此,对犯罪人进行了身体、心理和精神病学方面的检查,并且仔细调查了犯罪人的既往经历(antecedents)。①

第二部分是"犯罪人类学的技术方面"。在这一部分中详细论述了用来检查假定犯罪人(supposed criminal)的方法、确定其所属类型的原则、进行身体检查的方式、必须进行的测定的种类、最适合的仪器及其使用方法、审讯犯罪人的程序方法,以及为了获得有用信息而分析犯罪人智力表现(书法、绘画和作品)、运动、态度和姿势的方法。

根据本书所给出的方法方面的提示,即使没有经验的学生也能够逐渐得到进步,直到其能够进行完整的精神病学检查和医学——法律方面的检查。

第三部分论述了区分犯罪人和精神病人的方法。详细描述了不同形式的心理异常。对伪装精神病案例的检查表明,伪装精神失常的人,一般都是精神不健康的。

在结论部分,讨论了可以使用的详细诊断的不同用法。

附录包括了对于在医学——法律实践中如何使用的心理测验的研究,也包括了一个按照字母顺序排列的术语表,其中包括了犯罪人类学者常用的术语,这个术语表是由莱基阿蒂-劳拉博士(Dr. Legiardi-Laura)编制的。

---

① antecedents 一词也可以翻译为"祖先"。——译注

九、《无政府主义者》

(英语:Anarchists;意大利语:*Gli Anarchici*)

本书首先考察了无政府主义者的理论,并且通过考察得出了这样的结论:考虑到人们普遍承认对于今天的经济理想和普遍滥用权力的重要性,这些理论实际上并不像人们想象的那样荒谬可笑。荒谬可笑并且十分危险的,恰恰是无政府主义者为了实现其理想而使用的方法。

“然而,无政府主义的许多建议可能是很有价值的,”作者写道,“它们在实际上是荒谬可笑的,因为所有的改革都应当逐渐地进行,以避免必然发生的反应,这些反应会抵消以前的各种努力。”

当一些梦想家试图通过任何可能的方法,例如,盗窃、杀人并且往往杀死无辜者而达到其目的时,无政府主义者的犯罪往往与普通犯罪混杂在一起。因此,显而易见,除了少数例外情况,无政府主义者都来自普通犯罪人、精神病人和精神病犯罪人。作者的调查表明,在1871年巴黎公社的革命者中,12%的人是犯罪人一类的人,这个百分比在无政府主义者中更高(31%)。对于芝加哥的45名无政府主义者的检查表明,40%的人具有某种犯罪人的相貌。大多数无政府主义者具有犯罪人所特有的激情和缺陷(vice):冲动性、喜欢放荡、缺乏自然感情和道德感;他们也具有犯罪人所特有的智力表现,例如,俚语、歌谣、文身、象形文字。但是,在无政府主义者中,有比普通犯罪人更多的真性癫痫者和歇斯底里者以及精神病人和间接自杀者;因为激情而犯罪的人也很多。这些人是真正的英雄,他们确信,拯救如此多的社会罪恶的方法,就是杀死大量高官,这些高官似乎要对现存的制度承担最大的责任;尽管他们讨厌暴力,他们迄今为止对自己的不满超过了对同伴的不满,但是当他们认为有必要时,他们会毫不犹豫地使用暴力。无政府主义者卡塞里奥(Caserio)和布莱塞(Bresci)就属于这种类型。这些激情犯罪人的犯罪总是单枪匹马进行的;他们总是在事后立即向警察投降,并且不想为自己辩护。相反,在法庭上,他们往往总是清楚地解释促使他们进行犯罪的动机,而且坦然面对刑罚。

由于无政府主义的这种起因,也由于无政府主义的这些促进因素,处理这类犯罪的方法显然不同于在遏制普通犯罪中所使用的方法。

尽管无政府主义者往往是犯罪人,他们的观念往往是荒谬的,但是,这种事实意味着比愤世嫉俗的冷漠更加高尚的性格，而愤世嫉俗的冷漠是最坏的那一类犯罪人所具有的性格。

当局不能以暴制暴，不能徒劳地用死刑同无政府主义者的行为作斗争，而是应当将这种最危险的类型隔离开来，或者将他们发配到边缘的荒岛，把流放作为对待真性激情犯罪人(genuine criminal of passion)的刑罚。不过，政治自由和一些安全阀，即可以把非法本能转化为无害的渠道，是预防无政府主义的最佳方法。宪政和言论出版自由可能是同无政府主义作斗争的有效方法。但是，恢复流行的保民官(tribunate)，[①]就像古罗马利用它维护平衡和安宁一样，可能是仍然有效的。如果政府部门支持，而不是阻止这类机构的组织，这类机构到处建立并且反映人民的冤情，那么，就绝对不会放弃合理的诉求而拥护极端分子。

十、《法医学讲义》

(英语：Lectures on Legal Medicine；
意大利语：*Ledioni di Medicina Legale*)

如同在序言中所解释的那样，这本书试图用简明通俗的方式介绍犯罪人类学家的理论，它以作者以前在大学中发表过的一系列演讲为基础。之所以用这种方式介绍，是因为作者担心，那些缺乏自信或者准备不足的听众可能会错误地或者不完全地理解这些理论。

本书分为三部分：犯罪人类学，心理异常(mental alienation)以及伤害、杀人、投毒等严重犯罪与法医学的关系。

第一部分简要论述了作者关于犯罪人的隔代遗传及病理起源的观点。他考察了在植物、动物、原始人和儿童中发生的与犯罪类似的活动，描述了唤起隔代遗传本能的病理原因，间接提到了犯罪人所特有的其他特别的退化现象。最后，检查了犯罪人的解剖特征、功能和内部器官，仔细研究了犯罪人的智力表现和心理特征。对癫痫病人和悖德狂者进行的类似研究表明，这三种形式仅仅是同样的退化现象的不同表现。

接着考察了偶然犯罪人、习惯犯罪人和潜在犯罪人(latent criminal)，他们代表了少年犯罪的一种衰弱类型，然后考察了这些严重的犯罪形式，还讨论了矫

① 保民官(tribunate，tribune)是罗马古代各种军事和民政官员的总称，包括军事保民、平民保民官、财务保民官等。——译注

正、预防或矫治。本能犯罪人的邪恶倾向在以后的生活中会有更大的发展,也有可能仍然潜伏着。不过,从根本上讲,人们总是会发现同样的解剖和病理异常,不过可能并不明显,数量也可能不多。

激情犯罪人和政治犯罪人的起源截然不同。他们的犯罪行为起源于高尚的激情,起源于那种妨碍他们进行冷静判断、迫使他们进行突发行动并且在事后深感后悔的冲动。

在简略考察了女性犯罪及其类似行为——卖淫之后,作者讨论了矫治犯罪的司法方法和社会方法。

在第二部分论述了与法医学有关的心理异常。作者考察了心神丧失(lunacy)①的人类学特征和心理特征,并将心理异常分为不同的类型:先天型心理异常(congenital mental alienation),包括呆小病(cretinism)、白痴(idiocy)、痴愚(imbecility)、反常性(eccentricity);伴随癫痫、癔症、进行性全身麻痹(progressive general paralysis)等神经症的心理异常;因毒物影响而产生的心理异常,包括酒精中毒(包括因过度饮用苦艾酒和可可饮料产生的酒精中毒)、铅中毒脑病(saturnine encephalopathy)和糙皮病(pellagra)。对于这些不同类型的心理异常的原因所做的调查,有特别重要的司法参考价值。

第三部分专门论述医学——法律问题,考察了各种形式的暴力死亡:热死、电死、饿死、吊死、勒死、窒息死、毒死,仔细界定和区分了每类死亡的症状。然后研究了火器伤,指出了武器伤或者刀伤,研究了活体与死尸,以便仔细确定伤口的情况和致伤的方式。最后,考察了不同的投毒情况。

还有一讲论述了性精神病态和反道德犯罪。其他一些演讲讨论了法律产科学问题:堕胎、杀婴和婚姻相关问题。

① lunacy 这个术语也可以翻译为“精神病”、“精神错乱”等。

十一、《精神病学和犯罪人类学中的晚近发现及这些科学的实际应用》

(Recent Discoveries in Psychiatry and Criminal Anthropology and the Practical Application of these Sciences)

本书于1893年出版。它全面地扼要介绍了自龙勃罗梭教授的《犯罪人论》第5版出版之后、最后一版出版之前的这段时间中,[①]犯罪学家们在法学、精神病学、人类学方面的最新研究。

这些研究包括人类学在犯罪人的颅骨、骨骼、内部器官、大脑方面的发现,也包括在生物及功能方面的其他发现。之后,研究了矫治和惩罚犯罪中所使用的方法。

---

① 根据现有资料,龙勃罗梭的《犯罪人论》一共出版了5版。根据这里披露的信息推测,龙勃罗梭可能在第5版出版之后,继续准备第6版,但是最终未能出版这个版本。——译注

附录Ⅱ:

切萨雷·龙勃罗梭主要著作及出版翻译情况

Archivio di Psichiatria, antropologia criminale e scienze affini(《精神病学、犯罪人类学和类似科学档案》,英语名称:*Archives of Psychiatry, Criminal Anthropology and Kindred Sciences*)。32卷,由都灵(Turin)和洛桑(Lausanne)的Fratelli Bocca出版社出版。

L'Uomo Delinquente(《犯罪人论》,英语名称:Criminal Man)。第5版,包括3卷:第一卷650页,第二卷576页,第三卷677页。还有一卷图、地图等。由都灵的Bocca出版社在1906、1907年出版。

翻译情况:

法语版:书名*L'Hommea crimine*l。第一卷和第二卷在1895年出版。第三卷书名为《犯罪及其原因与矫治》(*Le crime, ses causes et remédes*),由费利克斯·阿尔康(Félix Alcan)翻译,1907年在巴黎出版。

德语版:书名*Die Ursachen und Bekämpfung des Verbrechens*。由柏林的Bermuheler Verlag出版社在1902年出版。①

西班牙语版:书名El *Delito, sus causas y remedios*.②由马德里的Libreía de Victoriano Suárez出版社在1902年出版。

La Donna Delinquente, la prostituta e la donna normale(《女性犯罪人,卖淫者及普通妇女》),③与古列格莫·费雷罗(Guglielmo Ferrero)合著。新版,由都灵的Bocca出版社1903年出版。

---

① 根据有关资料,德语版的翻译者是犯罪学家库雷拉博士(Dr. Kurella)及延策博士(Dr. Jentsch)。——译注

② 从这个译名来看,西班牙语版仅仅翻译了第5版的第三卷《犯罪及其原因与矫治》。——译注

③ 这本书的意大利语版是在1893年出版的。——译注

翻译情况:

德语版:书名 *Das Weib als Verbrecherin und Prostitute*。由汉堡的 Verlagsanstalt und Druckerei 出版社 1894 年出版。

英语版:书名 *The Female Offender*。由伦敦的 Fisher Unwin 出版社 1895 年出版。

Il Delitto Politico e le Rivoluzioni(《政治犯罪与革命》),与拉司奇(Rodolfo Laschi)合著。由都灵的 Bocca 出版社 1890 年出版。

翻译情况:

德语版:书名 *Das politische Verbrechen und die Revolutionen*。2 卷,1890 年出版。

法语版:书名 *Le Crime politique*。2 卷,由费利克斯·阿尔康(Félix Alcan)翻译,1890 年在巴黎出版。

Le piu recenti scoperte ed applicazioni della psichiatria ed antropologia criminale(《精神病及犯罪人类学最近的发现及其适用》)。由都灵的 Bocca 出版社在 1893 年出版。

翻译情况:

德语版:书名 *Neue Fortschritte in den Verbrecherstudien*。由威廉·弗里德里希(Wilhelm Friedrich)翻译,1894 年在莱比锡出版。

Neue Fortschritte der kriminellen Anthropologie。由哈雷(Halle)的 Marhold 出版社在 1908 年出版。

Neue Verbrecherstudien。由哈雷(Halle)的 Marhold 出版社在 1890 年出版。

Gli anarchici(《无政府主义者》)。由都灵的 Bocca 出版社 1894 年出版。

翻译情况:

德语版:书名 *Die Anarchisten*。由汉堡的 Verlagsanstalt und Druckerei 出版社 1895 年出版。

法语版:书名 *Les Anarchistes*。由巴黎的 E. Flammarion 出版社 1896 年出版。

La Perizia psichiatrico-legale(《法律精神病学鉴定》)。由都灵的 Bocca 出版社 1905 年出版。

Leziori di Medicina legale(《法医学讲义》)。由都灵的 Bocca 出版社 1900 年出版。

Troppo Presto! Appunti al nuovo codice penale(《太快! 对新意大利刑法典的批评》)。由都灵的 Bocca 出版社 1888 年出版。

Palimsesti del carcere(《监狱笔记》)。由都灵的 Bocca 出版社 1888 年出版。

翻译情况:

德语版:书名 *Kerker Palimpsesten*。1899 年在汉堡出版。

法语版:书名 *Les Palimpsestes des prisons*。由里昂的 Stock 出版社出版。

La Delinquenza e la rivoluzione francese(《犯罪与法国革命》)。由米兰的 Treves 出版社在 1897 年出版。

Criminal Anthropology(《犯罪人类学》)。这是《20 世纪的医学实践》(*Twentieth Century Practice of Medicine*)第 12 卷,第 372 - 433 页。1897 年在纽约出版。

Luccheni e l'antropologia criminale(《犯罪人类学精华》)。由都灵的 Bocca 出版社 1899 年出版。

Il caso Olivo(《奥利夫案件》),与(A. G. Bianchi)合著。由米兰的 Libreria Editrice Internazionale 出版社 1905 年出版。

Ricerche sui denomeni ipnoticie spiritici(《催眠及心理现象研究》)。由都灵的 Unione Tip. Edit 在 1909 年出版。

L'Uomo di genio(《天才》)。第 6 版。由都灵的 Bocca 出版社 1894 年出版。

翻译情况:

法语版:书名 *L'Homme de génie*。由费利克斯·阿尔康(Félix Alcan)翻译,

1889 年在巴黎出版。

英语版:书名 *The Man of Genius*。由伦敦的 Walter Scott 在 1891 年出版。

Genio e degenerazione(《天才与退化》)。[①] 第 2 版。由巴勒莫(Palermo)的 Remo Sandrom 在 1908 年出版。

翻译情况:

德语版:书名 *Entartung und Genie*。由莱比锡的 Wiegand 出版社在 1894 年出版。

Nuovi studi sul genio(《关于天才的新研究》)。2 卷。由巴勒莫(Palermo)的 Sandrom 在 1908 年出版。

翻译情况:

德语版:书名 *Neue Studien über Genialität*(Schmidt's Jahrbücher der gesammten Medizin,1907)。

Pazzi e anormali(《疯狂与变态》)。Lapi,Citta di Castello,1890 年出版。

In Calabria《在卡拉布里亚》。Niccolo Giannotta,Catania,Sicily,1898 年出版。

L'Antisemitismo e le scienze moderne(《反犹主义与现代科学》)。1894 年由都灵的 Roux 出版。

翻译情况:

德语版:书名 *Der Antisemitismus und die Juden*。1894 年由莱比锡的 Wiegand's Verlag 出版。

法语版:书名 *L'Antisémitisme*。1899 年由巴黎的 Giard er Brière 出版。

Problèmes du jour(《日光问题》)。1906 年由巴黎的 Flammarion 出版。

Il momento attuale in Italia(《当前的意大利》)。1905 年由米兰的 Casa Editrice Nazionale 出版。

① 这部著作的书名曾经翻译为《天才与变质》。——译注

Grafologia(《笔迹学》)。1895 年由米兰的 Ulrich Hoepli 出版。

翻译情况:

德语版:书名 *Graphologie*。由莱比锡的 Reclam 出版。

Trattato profilattico e clinico della pellagra(《糙皮病的预防和临床》)。1890 年由都灵的 Bocca 出版。

翻译情况:

德语版:书名 *Die Lehre von der Pellagra*。1898 年由柏林的 Oscar Coblenz 出版。

人名译名对照表

Ada　埃达
Anfossi　安佛希
Angelucci　安格卢希
Ansalone　安萨洛尼
Avril　艾弗里尔
Bain　贝恩
Balmi, Maria　玛丽亚·巴尔米
Balmi, Michele　迈克尔·巴尔米
Banti　班蒂
Barnardo　巴纳多
Beccaria, Cesare　切萨雷·贝卡里亚
Bechis　贝奇斯
Belm　贝尔姆
Bernard　伯纳德
Berruto　贝鲁特
Bianchi　比安奇
Bixio, Nino　尼诺·贝克西奥
Bompard, Gabrielle　加布里埃尔·邦帕德
Booth, General　布思将军
Bor　鲍尔
Bor gia, Lucrezia　卢克蕾西亚·保尔吉亚
Bosco, Don　唐·鲍斯高
Boulan　布兰
Bouley　鲍里
Bounin　鲍宁
Bouscaut　布尔索特
Brenner　布伦南
Brinvillers, Marquise de　布伦维勒斯侯爵夫人
Brockway　布罗克韦
Büchner　比希纳
Burton　伯顿
Buscemi　布塞米
Cabred　凯布雷德
Cagliari　卡利亚里
Caligula　卡里古勒
Camicia　卡米沙
Carmignani　卡米格纳尼
Carnot　卡诺特
Carrara, Francesco　弗朗西斯科·克拉拉
Carrara, Mario　马里奥·克拉拉
Carridori　卡里多瑞
Carvallante　卡瓦兰特
Caserio　卡西里奥
Caserio　凯斯里奥
Catanzaro　卡坦扎罗
Cavaglia　卡瓦吉利亚

Celestino,Giuliano　吉利亚诺·塞勒斯迪诺
Chalanton　查兰顿
Ciclope　克劳普
Commodus　克冒得斯
Comptois　坎普托斯
Connon,Richard　理查德·康农
Corday,Charlotte　布伦南·科戴
Crocco　科洛克
Crocco　库饶克
Cumano　库曼诺
Curti　科蒂
d'Azeglio, Massimo　马斯莫·阿泽利奥
Dante　但丁
De Blasio　德布莱西奥
Deham　德罕
Dejerine　德耶林尼
Despine　德斯皮纳
Dewson,Mary　玛丽·杜森
Dippe　迪普
Dostoyevsky　托斯陀耶夫斯基
Du Bois-Raymond　杜布瓦－莱蒙
Dumollar　杜莫拉
Eyraud　艾劳德
Fernando　P.佛南多
Ferretti　费雷蒂
Ferri　菲利
Feuerbach　费尔巴哈
Filippi　费力比
Fissore,Giuseppe　朱赛佩·费萨利
Francia　弗兰西亚
Galletto　格莱托
Garofalo,Senator　加罗法洛参议员
Gasparone　加斯帕罗尼
George　乔治
Gervaso　格瓦索
Gottheil,Rabbi　拉比·戈特海尔
Gouffré　古夫里
Grellinier　格雷里涅
Guglielmotti　古格力莫蒂
Hardouin　哈多因
Harry　哈里
Harwick　哈威克
Holland　霍兰
Holmes　福尔摩斯
Holzendorf　霍尔岑多夫
Humbert,Madame　亨伯特夫人
Ibsen　易卜生
Jack the Ripper　肢解者杰克
Jackson　杰克逊
Jean　让
Jukes,Marx　马克斯·朱克斯
Khel,Zakka　扎卡·科尔
Kleinroth　克莱因罗斯
Köpenick　克佩尼克
Kowalewsky　科瓦列夫斯基
Krafft-Ebing　克拉夫特－埃宾
La Gala　拉嘎拉
La Sola　拉索拉
Lacassagne　拉柯沙尼
Lacenaire　拉丝奈尔

Lachaud 拉绍德
Ladelci 拉戴尔赛
Landolt 兰道
Lauvergne 劳沃尼
Lemoine, Madame 莱蒙恩夫人
Lempave 兰佩伍
Leoni 列昂尼
Lest 莱斯特
Lewisohn 卢因森
Locatelli 劳科太里
Lommardo 劳玛多
Lubuc 卢巴克
Lucchesi 卢切希
Luciani 卢西阿尼
Lucke 拉克
Maccabruni 马卡布鲁尼
Magnaud 马格诺
Maino 梅诺
Malassen 马拉森
Mammon 玛门
Man 马恩
Mandrin, Louis 路易·曼德林
Mantegna 曼特尼亚
Manzoni 曼佐尼
Marey 玛丽
Mari 马里
Marro 马罗
Martinengo 马丁尼格
Mayhew 梅休
Mayor 梅厄
Michelieu 米切留
Milani 米兰尼
Misdea 米斯迪
Moreau 莫罗
Morel 莫雷尔
Morton 莫顿
Musolino 穆索里诺
Na 纳
Napoleon 拿破仑
Obermayer 奥伯迈耶
Olivo 奥利夫
Orange 奥林奇
Orsolano 奥赛兰诺
Ottolenghi 奥托兰奇
Papa 帕巴
Papor 佩迫
Patetot 帕特托
Patrizi 帕特里奇
Penta 彭塔
Perez 佩雷斯
Philippe 菲利普
Pictet 皮克泰
Pinel 皮内尔
Piz 皮茨
Polo, Marco 马可·波罗
Ponticelli 庞蒂切里
Prete, Del 戴尔·普立特
Prevost 普雷沃斯特
R, Abbot 艾伯特·阿
Rav 芮乌
Refus, Sans 桑斯·瑞佛斯
Renaud 雷诺德

Ribaudo,Brancaleone 布兰卡里昂·里包多
Ribera 里贝拉
Richet 里克特
Richet 里歇
Rizz 里兹
Rochefort 罗切福特
Rognoni 罗格劳尼
Rom 罗姆
Romagna 罗马尼阿
Roncoroni 罗恩考罗尼
Rosas 罗沙斯
Rosenbach 罗森巴赫
Rulfi 鲁尔菲
Russell 拉塞尔
Salvador 萨尔瓦多
Sand 桑德
Sand,Orsini 奥悉尼·桑德
Sbro 斯布劳
Serravalle 塞惹沃
Shakespeare 莎士比亚
Souflard 索弗拉德
Sydenham 塞丹汉姆
Tacco 塔克
Tacitus 塔西佗
Tamburini 塔姆伯里尼
Tardieu 塔迪奥
Tichborne,Roger 罗杰·泰克鲍尼
Tissié 蒂赛
Titian 提香
Tixier 泰克塞耶
Tonnini 托尼尼
Tosetti 托赛迪
Troppmann 特洛普曼
Vacher 瓦谢
Vanicek 凡尼塞克
Verano 范拉诺
Verzeni 沃齐尼
Vidocq 威多克
Vigouroux 维格饶克斯
Vilella 维莱拉
Vinci 芬奇
Voit 沃艾特
Weber 韦伯
Whitman 怀特曼
Zehen 齐亨
Zino 齐诺
Zucca 扎卡

译 后 记

翻译著名的意大利犯罪学家切萨雷·龙勃罗梭(Cesare Lombroso,1835—1909)的女儿吉娜·龙勃罗梭-费雷罗(Gina Lombroso-Ferrero,1872—1944)撰写的这本《犯罪人:切萨雷·龙勃罗梭犯罪学精义》,是我长久以来的一个心愿。

1988年11月4日,当我在中国政法大学任教期间收到美国犯罪学家戴维·琼斯(David A. Jones)教授寄来的《犯罪学史:哲学的探讨》(History of criminology:A philosophical perspective,1986)一书后,在阅读的过程中,就感到这本书是了解龙勃罗梭的犯罪学学说的重要书籍。因此,很留意这本书的情况。遗憾的是,在国内没有看到这本书的原文。

1990年7月,应美国矫正教育协会(Correctional Education Association,CEA)的邀请,我去加拿大温哥华参加了第45届国际矫正教育研讨会。会后,拜访了在埃及出生的加拿大著名犯罪学家、被害人学家伊扎特·阿布代尔·法塔赫(Ezzat A. Fattah,1929—),参观了当地的两所大学。在参观的过程中,发现了本书的英语原著,于是,设法复印一本带回国内仔细阅读。在阅读的过程中受益匪浅,对于龙勃罗梭的犯罪学研究有了更多的认识。

后来,看到以这本书为蓝本编写和翻译的中文书籍《伦勃罗梭犯罪人论》,更增加了对这本书的内容及其重要性的认识。龙勃罗梭是现代犯罪学的创始人,而这本书是简明扼要全面介绍龙勃罗梭犯罪学研究的权威性书籍,其重要性可见一斑。因此,逐渐萌生翻译此书的念头,可惜一直没有适当的机会。

随着中国社会的发展,犯罪学的教学和研究也有了较大的发展,翻译犯罪学名著成为学术界和一般读者的需要。于是,在确定进行《犯罪学名著译丛》的翻译时,我毫不犹豫地把本书列为《译丛》的第一本,希望这本书的完整中译本尽快问世,让人们更多地了解龙勃罗梭及其犯罪学研究,消除对于龙勃罗梭的无知和误解,促进中国犯罪学的发展。在经过艰苦的努力之后,就有了目前的这个中译本。

在翻译本书的过程中,遇到了很多的困难。首先,最大的困难是这本书的内容涉及到大量精神病学、生物学、生理学、心理学等方面的观点和术语,给翻译带来了很多的麻烦。所幸这些年来自己学习和研究法律心理学,特别是其中的犯罪心理学的经历,使自己积累了一些这方面的知识,才勉强解决了这些方面的问题。其次,在翻译精神病学术语和心理学术语时,也颇费精力。在我国,对于精神病学术语的翻译很不统一,尽管已经有人做了很多相关的工作,但是,一词多译的现象仍然很普遍,使非精神病学领域的人不知如何选择。而且,在精神病学与心理学之间,也存在一词多译的现象,同样的术语精神病学家和心理学家有不同的译法,这更增加了确定汉语译名的难度。尽管本人在这方面进行了长期的研究,已经编辑出版了《英汉犯罪学词典》[1],但是,对于很多术语仍然没有十分成熟和贴切的译法。还有一个问题也增加了翻译的困难,这就是英语词汇(包括其他语种的专业术语)随着时间的流失而使词意发生变化的现象:同样的术语,在不同的时代有不同的含义,如何在这个译本中反映这种变化,也是令译者感到难以决定的问题。此外,还遇到很多意大利语、拉丁语、法语等语言的词汇,而自己在长期研究西方犯罪学史的过程中对于这些语言的粗浅了解和相关准备等,也发挥了一定的帮助作用。

为了便于中国读者阅读,在翻译的过程中,根据中国书籍的常见格式,增加了一些标题,所增加的内容均一一注明。同时,为了读者更准确地理解原意,也保留了很多专业术语的原文。

本书的翻译工作主要由本人进行,但是,在翻译的过程中,很多朋友给予了支持和帮助。盛桂英、张至诚、范刚毅、刘向红、田其业、马俊驹、王家顿、张克己、王雪松、向文清、吴征义、沈志达、吴宗香、付国庆等人协助做了一些工作。在此向他们表示诚挚的谢意。

当然,本书的翻译质量应该由本人负责。尽管在翻译过程中努力准确地表达原意,但是,问题和错误肯定在所难免。读者如果发现翻译方面的问题,敬请告知本人(电子邮件地址 zongxianwu@ yahoo. cn),以便再版时加以纠正,使本书的质量日臻完善。

吴宗宪

2007 年 5 月 2 日

---

① 吴宗宪编:《英汉犯罪学词典》,中国人民公安大学出版社 2007 年版。